U0947215

教育部人文社会科学一般项目

——“刑事诉讼中目的不正当的公权力行为研究”（10YJC820168）成果

中央高校基本科研业务费专项资金资助

Xingshi Susong
de Zhengdangxing
Wenti Yanjiu

中国政法大学出版社

2013 · 北京

图书在版编目（CIP）数据

刑事诉讼的正当性问题研究/赵旭光著.—北京：中国政法大学出版社，2013.12

ISBN 978-7-5620-5097-1

Ⅰ.①刑…　Ⅱ.①赵…　Ⅲ.①刑事诉讼—研究—中国　Ⅳ.①D925.204

中国版本图书馆CIP数据核字(2013)第267866号

出 版 者　中国政法大学出版社

地　　址　北京市海淀区西土城路25号

邮寄地址　北京100088信箱8034分箱　邮编100088

网　　址　http://www.cuplpress.com（网络实名：中国政法大学出版社）

电　　话　010-58908289(编辑部)　58908334(邮购部)

承　　印　固安华明印刷厂

开　　本　880mm×1230mm　1/32

印　　张　8.125

字　　数　205千字

版　　次　2013年12月第1版

印　　次　2013年12月第1次印刷

定　　价　26.00元

前 言

本书是笔者承担的教育部人文社会科学一般项目——“刑事诉讼中目的不正当的公权力行为研究”（10YJC820168）的结项成果，是笔者近年潜心研究刑事诉讼正当性问题的结晶。

与正义相比，正当是一个程序标准，是所有程序都尽力追求和秉承的一个标准。正当程序是一个举世公认的程序正义标准，在刑事诉讼法学研究领域，学者们穷经皓首地研究程序的细节，如程序公开、程序参与、程序理性、程序及时、程序终结，等等。然而，在笔者看来，总有一些痒处没有搔到。比如，符合上述所有要求的刑事诉讼程序我们就能肯定地说它是正当的吗？很显然不是。因为正确的逻辑是，符合上述要求的程序未必正当，但是不符合上述要求的程序一定不正当。那么，本书的目的在于增加一些正当的要求。尽管从表面上看，本书也是从刑事诉讼的程序、制度等方面着手进行研究，但是与其他相似著作不同，本书独辟蹊径，研究的多是相关程序中为学界所普遍忽视的部分。

本书共分六章，在逻辑体系上，第一章为总论，为刑事诉讼程序正当性建立了法哲学基础；其余各章为分论，分别对刑事辩护、刑事侦查、刑事起诉、刑事证据制度、死刑程序的正当性问题进行分析和研究。具体而言：

第一章“刑事诉讼的功能”从哲学中的价值、目的、构造、功能的关系着手，对目前我国大陆地区刑事诉讼基础理论体系进行分析，发现该体系在逻辑上的重大空缺：目前刑事诉讼目的论、价值论、构造论被称为刑事诉讼三大基础理论，却对功能论毫无涉足。这种理论上的缺失导致了实践中的很多问题，而这些问题长期以来被局限在价值、目的、构造三大理论的范围内进行研究，始终未有有效的突破。笔者在本章建立了刑事诉讼功能理论的框架，并意图以此为基础引领全书的正当性问题。从逻辑上讲，价值、目的、构造都是主观的内容，而功能是客观的。我们以良好的愿望构建主观上“完美”的刑事诉讼制度，却在实践中屡屡受挫，其根源在于这些制度的客观功能受到种种不可为主观控制的因素影响。刑事诉讼的运行有表面上的规则，更有背后不可告人的“潜规则”。实际上，是“潜规则”在决定着整个刑事诉讼的走向，表面规则只是在有了“潜规则”之后再去寻找的、能够拿上“台面”的所谓“正当程序”规则而已。

第二章“刑事辩护程序的正当性问题探讨”在对辩护的本来含义进行探讨的基础上，指出刑事辩护在我国刑事诉讼中含义变得狭窄，这就导致刑事辩护徒有虚名，在侦查阶段实际上只是一种帮助，而非真正意义上的辩护。本章另外分析了辩护律师的职责、保密义务与作证拒绝权，这些都是刑事辩护正当性的基础，辩护律师以维护委托人利益为第一职责，让其承担过多的维护法律和司法公正的职责未免太过牵强，也会发生控诉、辩护职能上的冲突。我国刑事辩护律师的“辩而不护”、畏首畏尾，与此有非常大的关系。为此，必须自制度上确立并且帮助律师履行保密义务，对其于职业过程中知悉的有关信息（附条件地）有免予出庭作证的特权，这既是对辩护律师自身保护的需要，也是对当事人保护的需要，更是对整个社会维持社会所必需的信任关系的需要。

第三章“刑事侦查程序的正当性问题探讨”对侦查权滥用的两个特殊方面进行了专门研究，即一是侦查权极易滥用的领域——民刑交叉案件；二是侦查权滥用的特殊方式——报复性侦查。在这两方面的阐述之后，对一个看似与正当性无关、实际却是侦查权滥用背后的根本原因的问题——警察违法暴力进行了分析。当前我国刑事诉讼的研究，乃至于整个公法的研究都集中在制度正当性问题的研究上，规范的是手段不正当的刑事追诉行为，而对目的不正当的刑事追诉的研究基本处于空白。本章即针对目的不正当，尤其是手段正当但目的不正当的侦查行为进行研究，在某种程度上开创了我国大陆地区刑事诉讼研究新的方向。对于民刑交叉案件，尤其是游走在民事侵权和刑事犯罪边缘或者边界线上的案件，往往是极易被侦查机关勾兑其自身意愿的案件。而侦查机关勾兑的意愿，若是善良目的，倒也可以成为一种正当；但若是恶意，如出于打击报复而实施的侦查，则肯定是不正当的。

第四章“刑事起诉的正当性问题探讨”紧随前章侦查正当性而来，针对的是两个特殊方面的正当性问题：一是公诉转自诉制度，二是选择性起诉。公诉转自诉案件其实本质上是公诉案件，只是由于政策或者经济的考虑而转为自诉的案件。选择性起诉是基于某些不正当的目的而有选择地实施追诉。这二者实际上都是起诉裁量权的表现，公诉转自诉案件是裁量不起诉，而选择性起诉是裁量起诉，本质是相同的。公诉转自诉制度设立的本意在于为遭遇不起诉的被害人提供一种救济的机会，从而间接地制约起诉裁量权，但问题在于对于本来应是公诉的案件而言，被害人作为个人来实现刑事起诉，是不可能完成的任务。而选择性起诉，至今在我国刑事诉讼法学界，还是一个研究的荒漠。

第五章“刑事证据制度的正当性问题探讨”对犯罪嫌疑人的口供、共犯的攀供、被害人陈述三个言辞证据的相关制度正当性问题进行了探讨。在我国，犯罪嫌疑人的供述和辩解是最为重要的犯罪证据，是在我国目前的刑事诉讼制度下，侦查机关最容易获取的证据。正因为如此，逼取犯罪嫌疑人供述的违法手段也是最不能忍受的，是各国刑事诉讼重点规制的对象。口供有着更为细致的学术分类，包括犯罪嫌疑人对自己犯罪的供述，也包括对同案犯犯罪的供述，后者被称为共犯攀供。很明显，攀供的证明力问题更应该受到关注，因为该证据受到犯罪嫌疑人自己脱罪意愿的影响更有可能不真实。而更为复杂的问题在于，本着“孤证不能定案”的原则，单凭口供不能认定犯罪，但是与口供相互印证的证据是共犯攀供呢，还是被害人陈述呢？表面上被害人陈述来自于控诉方，如果与来自辩护方的犯罪嫌疑人口供印证，那么证明力会更高。然而，被害人陈述仍然会受到追诉机关意愿的控制，甚至强迫、威胁、伪造。本章针对这些问题进行了细致的探讨，力图找到制度上的原因，提出相应的解决方案。

第六章“死刑程序的正当性问题探讨”研究的是刑事诉讼中最应当讲究正当的领域——死刑程序。出于对死刑适用的审慎，我国规定了死刑复核制度。然而，如果我们仔细考究死刑复核的发展历史，就会发现，死刑复核实际上并不单纯是一种刑法制度，而更是一种便于贯彻刑罚政策的法律制度安排。有了这个制度，更为方便地“要宽则宽、要严便严”。当然，这并不能绝对否定其正当性，但是很明显需要正当的方式安排。而2013年6月间，沉寂多年却始终未被遗忘的聂树斌案件重新回到了法院的审判轨道。回顾该案，其中一个细节问题自始至终地被忽视了，也即制度上的一个小小的漏洞，导致程序上可以上下其手——犯罪嫌疑人亲属及其辩护律师的及时获知裁决权。死刑犯被执行死刑之后才通知亲属，而辩护律师则压根儿不会被通知到，这显然不是正当的。对于普通刑事犯罪而言，也许这只涉及参与一个程序就应该获知结果的尊重感，可是对于死刑犯而言，则涉及他可能永远失去了最后的机会。

正当是一个宏大的课题，穷吾一生能够研究透彻其中一个要素，已属不易，在今天浮躁的中国就更为难得。吾叹吾无此志，不得不向烦扰之考核、世俗之标准低头，对于本书提出的这些问题多浅尝辄止，若有贡献，愿为研究者提供一线索足矣。

赵旭光
2013 年 9 月

目 录

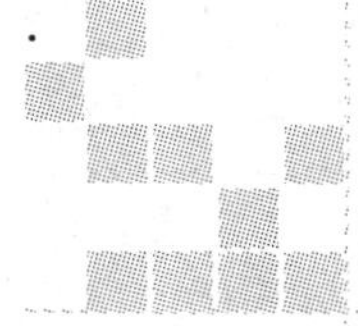

第一章

刑事诉讼的功能

一、现代刑事诉讼基础理论体系的不完整

现代刑事诉讼，无论大陆法系还是英美法系，在关于刑事诉讼的价值、目的、构造等基础理论方面，日益达成一种共识，显现出一种同化趋势。注重人权保障、实现社会正义，为世界各国所共同关注与追求。在刑事诉讼的价值方面，两大法系都在重视刑事诉讼工具性价值的同时更加注重刑事诉讼自身的程序价值；在刑事诉讼目的方面，惩罚犯罪与保障人权一直为各国所兼采，在二者之间寻求一个最适合的平衡点一直为各国刑事诉讼法改革的方向；在刑事诉讼的构造方面，控、辩、审三方的职能分工已经成为各国刑事司法的基本框架。尽管不同的国家由于不同的法制传统、法制观念而表现出千差万别的特点，但这种趋同化的趋势是不容抹杀的。因为人之为人，人之组成社会，总是有着一些共同的东西的，不同的种族、国别中总是“存在着一些最低限度的正义要求，这些要求独立于实在法制定者的意志而存在，并且

需要在任何可行的社会秩序中承认”。[1] 人类的这些共同正义的要求，根源于人作为人而区别于动物的共有的“生理构造、心理特征和知性能力”。这些共同的正义具体反映在人类对自由、平等、安全的追求上的趋同。“而一个法律制度若要恰当地完成其职能，就不仅要力求实现正义，而且还必须致力于创造秩序”，“法律旨在创设一种正义的社会秩序（just social order）。”[2] 刑事诉讼作为一种“解决争端的程式化的程序”，也必须在各国中普遍存在“最低限度的有序常规性”。

然而，在这种价值、目的与构造趋同的背景下，我们可以发现这样一个矛盾之处，即世界各国，不管是两大法系之间还是同一法系的不同国家之间，尽管刑事诉讼的理论相似，构造相似甚至相同，但在社会中所表现出的作用、功效却大相径庭。导致这种差别的原因是多方面的，从历史传统、社会环境、民族习惯等各个领域都可以找到相应的因素。对这些因素怎样和在多大程度上影响着一国的法治是一个横跨诸多学科的研究领域，非一本著作所能阐述清楚的，亦不在本书的探讨之列。现在我们关注的是在这些因素与刑事司法实践之间究竟是什么中介在起作用，使得各国的刑事司法展现出千差万别的特点。我们知道无论历史文化传统还是民族习惯要实现对一国司法的影响，必须在综合、交叉作用的过程中形成一定的法治观念，这种观念具体体现在一国法制的理论体系中。历史、环境、习惯等因素正是通过对法制理论及司法实践观念的影响，才使得不同国家的司法表现出不同的特点。因此理论体系应当是前面我们提到的介于诸种因素与司法实践各因素中最重要的一环。

---

〔1〕［美］E. 博登海默著，邓正来译：《法理学：法哲学与法律方法》，中国政法大学出版社 1999 年版，第 273 页。

〔2〕［美］E. 博登海默著，邓正来译：《法理学：法哲学与法律方法》，中国政法大学出版社 1999 年版，第 318 页。

在刑事诉讼的基础理论中，大致存在以下几个方面，即刑事诉讼价值论、刑事诉讼目的论、刑事诉讼构造论、刑事诉讼阶段论、刑事诉讼职能论、刑事诉讼法律关系论、刑事诉讼主体论、刑事诉讼客体论以及刑事诉讼行为论。〔1〕其中前三论被誉为刑事诉讼三大基础理论，之所以将价值、目的、构造提出来是因为此三论与其余各论不同，因为严格地讲其余各论应当都属于广义的构造论的范畴，无论是阶段、职能、法律关系、主体、客体还是行为都逃不出构造的某个或者某几个因素。对三大理论进行系统地分析，我们会发现刑事诉讼的价值与刑事诉讼的目的其实存在着很明确的辩证体系。所谓价值，一般被认为是客体所具有的能够满足主体自身需要的某种功能或属性。〔2〕而刑事诉讼的价值是指“一项刑事审判程序在具体运转过程中所要实现的价值目标，又是人们据以评价和判断一项刑事审判程序是否正当合理的价值标准”〔3〕。刑事诉讼的价值可以分为两个层面，即外在价值与内在价值。目的是表示在人的有意识的活动中，按照自己的需要和对象本身的固有属性预先设计，并以观念形式预先存在于人们头脑之中的活动结果，是人对自身需要同客观对象之间的内在联系的主观映象。〔4〕刑事诉讼的目的，“就是以观念形式表达的国家进行刑事诉讼所要期望达到的目标，是统治者按照自己的需要和基于对刑事诉讼及其对象固有属性的认识预先设计的关于刑事诉讼结果的理想模式”〔5〕。刑事诉讼的目的反映了刑事诉讼的价值，

---

〔1〕参见陈瑞华：《刑事诉讼的前沿问题》，中国人民大学出版社2000年版，第74～190页。

〔2〕陈瑞华：《刑事诉讼的前沿问题》，中国人民大学出版社2000年版，第82页。

〔3〕陈瑞华：《刑事审判原理论》，北京大学出版社1997年版，第25页。

〔4〕宋英辉：《刑事诉讼目的论》，中国人民公安大学出版社1995年版，第2页。

〔5〕宋英辉：《刑事诉讼目的论》，中国人民公安大学出版社1995年版，第3页。

而且这种反映不仅仅是目的自身的反映，实现目的所采用的“手段、方法、程序”同样也反映了特定的价值，在刑事诉讼中，这种实现目的的“手段、方法、程序”即刑事诉讼的程序本身。

可见，价值与目的事实上是一个问题的两个方面，价值是客体相对于主体而言的，是一个客观到主观的过程，而目的是主体相对于客体而言的，是一个由主观到客观的过程。主体为了实现一定的目的，而采取一定的手段，在这个过程中这种特定的“手段”会表现出一定的价值。具体到刑事诉讼，这个逻辑应该是这样的：刑事诉讼主体为了实现刑事诉讼的目的，而采取特定的刑事诉讼程序，这种程序的实行表现出其价值，即工具性价值和刑事诉讼程序自身的价值。

应当看到这种表述是不完整的，因为其中并没有回答这种刑事诉讼的程序是什么的问题。在三大理论中，这种程序被视为刑事诉讼的构造及子系统（阶段、职能、法律关系、主体、客体、行为）。根据辩证法的理论，与构造（或称结构[1]）相对应的是一个很重要的方面，即功能。刑事诉讼法学理论界对刑事诉讼的功能研究一直是个空白，在以下的论述中，我们将着重围绕刑事诉讼的功能的界定来展开。

从上面我们分析的刑事诉讼基础理论的逻辑构成来看，价值与目的相对，价值是客观到主观的过程，目的是主观到客观的过程。那么同样，构造是主观到客观的过程，而功能是与构造相对应的客观到主观的过程。目的与构造都是人为的，而价值与功能则都是自在的。可见，刑事诉讼基础理论中，功能论的缺失不能不被认为是理论体系的不完善。

---

〔1〕“构造”或称“结构”，是指事物内部构成要素之间合乎规律的相互关系。参见宋英辉：《刑事诉讼目的论》，中国人民公安大学出版社 1995 年版，第 11 页。

二、刑事诉讼功能的界定

功能，即功效、作用，是指物质系统自身所具有的，以及在作用于外部环境过程中所表现出的能力。[1] 研究刑事诉讼的功能，首先，要承认刑事诉讼是一个哲学意义上的物质系统，这个系统的存在体现于刑事诉讼的构造，即构成刑事诉讼的各因素及他们在相互作用的过程中形成的完整体系；其次，刑事诉讼是客观存在的，同时跟其他物质系统一样也处于普遍联系的客观世界之中，刑事诉讼有其自身的功效、作用，而这种能力又是在与其所存在的外部环境的相互作用中表现出来；最后，刑事诉讼所存在的外部环境是指一国的法治环境，包括法治传统、法治意识、社会法治状况等因素。因此，我们可以这样定义刑事诉讼的功能，即刑事诉讼的功能是指刑事诉讼自身所具有的，在与一国法治环境的相互作用的过程中所表现出的功效、作用。

根据自然辩证法的理论，功能具有两个特性：其一，它潜在于结构之中，依赖于结构而存在，然而它只有在系统与环境相互作用时，或者只有在系统活动过程中才表现出来；其二，系统功能包含目的性，无论生物界还是非生物界，物质系统运动及其功能的活动变化，总是趋向于某个目标或方向。[2] 由此，我们可以得出刑事诉讼功能与其他理论要素的一系列关系。

---

〔1〕 查汝强等主编：《自然辩证法百科全书》，中国大百科全书出版社 1994 年版，第 249 页。

〔2〕 查汝强等主编：《自然辩证法百科全书》，中国大百科全书出版社 1994 年版，第 249 页。

三、刑事诉讼的构造与刑事诉讼的功能

结构（构造[1]）与功能在辩证法中是一组相对的概念。结构是指物质系统内部诸要素的秩序，是诸要素相互联系和相互作用的方式；功能是系统自身所具有的，以及在作用于外部环境过程中所表现出的能力。结构与功能是相互影响、相互作用、相互制约的。功能潜在于结构当中，依赖于结构而存在；结构体现着功能，是功能的载体。结构与功能的辩证关系具体可以概括为如下几种情况：①系统的结构相同，功能也相同。结构是功能的基础，它规定着功能的性质，控制着功能的范围和大小。②同一结构系统同时具有多种功能。这种情况主要由于功能不仅受结构的控制，而且与系统的组成要素，特别是系统所处的环境有关。③系统的结构不同，却具有相似或相同的功能。功能对于结构具有相对独立性。系统功能在外部环境不断作用下，经常地发生变化，这种变化反过来引起结构的变化，当系统功能的变化发展到某种程度，就会导致旧结构的瓦解，新结构的产生。

从以上理论出发，将之以考察刑事诉讼，我们就会发现，一些问题就有了理论基础，本书开头所提出的疑问也就迎刃而解了。就第一种情况而言，刑事诉讼的构造是刑事诉讼功能的客观基础，从根本上规定着刑事诉讼功能的性质，规范着其范围和大小。刑事诉讼构造的内容是控、辩、审三方的法律地位和相互关系。[2]

---

〔1〕 结构与构造是两个意思相近似的概念，在西方语言中并没有什么区别，比如英语只有 structure 一词，拉丁文中也只有 *structura*，并没有与之相近义的词汇。因此国内学者大多将此二词等同使用，比如宋英辉《刑事诉讼目的论》中就将二词划了等号（参见宋英辉：《刑事诉讼目的论》，中国人民公安大学出版社 1995 年版，第 11 页）。

〔2〕 李心鉴：《刑事诉讼构造论》，中国政法大学出版社 1992 年版，第 15 页。

考察现代各国刑事诉讼的构造，不难发现无论是当事人主义还是职权主义，控、辩、审的三方构造是一致的，所不同的是，三方的法律地位和相互关系上的差异。也就是说各国的诉讼构造既有相似之处，又有较大不同，这就决定了不同国家在刑事诉讼的功能上，既有共同之处，又会有所不同。具体表现在：其一，控诉职能决定了打击、惩罚犯罪都是各国刑事诉讼的共同功能之一，无论是当事人主义还是职权主义，无论刑事诉讼的目的是打击犯罪还是保障人权，因为控诉职能的分立、对犯罪追诉的独立进行，决定了刑事诉讼必有惩罚犯罪的共同功能；其二，控审分离，决定了各国刑事诉讼法都必然具有保障程序公正、保障人权的功能，无论诉讼的进行由谁来主导，法官的独立审判是各国的共同特点，控方的攻击与辩方的防御是各国刑事诉讼都予以保障的权利。在这样的构造中，保障程序公正，保障犯罪嫌疑人、被告人的合法权益自然是各国刑事诉讼应有之共同功能。

就第二种情况而言，刑事诉讼的功能不仅仅受刑事诉讼构造的控制，而且与刑事诉讼的组成要素，以及所处的法治环境有关。这就可以完美地解释本书一开始就提出的疑惑，即为什么许多国家的刑事诉讼理论相似，构造相似甚至相同，但在社会中所表现出的作用、功效却往往大相径庭。影响功能发挥的因素是不可胜数的，尽管有些因素的作用微乎其微，但各种因素相互联系、相互作用的合力却是巨大的，足以影响甚至改造构造的功能。在刑事诉讼中，对刑事诉讼功能影响最大的莫过于刑事诉讼所处之法治环境了。法治环境是一个非常复杂的概念，大致包括以下几个因素，即政治体制、社会法制心理、法制传统习惯、社会法治现状等。这些因素的不同，决定了刑事诉讼的功能并不因构造的相同而相同。这对我国的司法改革与刑事诉讼理论研究具有非常重大的意义。考察一种诉讼模式，一项具体的诉讼制度，并不能因为其在其他国家发挥了很好的合乎目的的功能，就想当然地认为也会在本国长出同样甘美的果子。“橘生江南，逾江北为枳”，我们的祖先早就给我们提出了很好的警示，然而我们仍在不停地犯这方面的错误。就目前的刑事诉讼构造而言，笔者认为关键的问题并不在于构造的不合理与不完善，而在于设立的构造、程序并没有发挥其应有的功能。比如关于辩护律师会见权的规定，我们的法律并非对此没有严格而详细的规定，然而司法实践中却很难落实，为什么？我认为还是一个环境的问题，法治环境不改善，单单改造司法结构是难以奏效的。

第三种情况，刑事诉讼的功能与刑事诉讼的构造具有相对的独立性。在法治环境的作用下，刑事诉讼作为一个物质系统，其功能也会经常地发生变化。这种变化积累到一定的程度，就会发生质变，从而改变现有的构造，导致新的刑事诉讼构造的产生。或许这对于中国目前正在进行的司法改革，具有一种全新的理论意义。在司法实践中，我们可以看到，当法治环境改变的时候，刑事诉讼的功能也就不可避免地发生着微妙的变化。最典型的莫过于“严打”政策了，在这种政策的影响下，我们的刑事诉讼惩罚犯罪的功能就会突显，而对犯罪嫌疑人、被告人的人权保障则相应降低。这同样也影响到了刑事诉讼的构造，我们的死刑复核制度也就是在这种政策的感召下，转移了部分复核权，造成了一定的混乱。可见，如何成功地进行司法改革，实现既定的刑事诉讼的目的，法治环境的改革应该先行。

四、刑事诉讼的目的与刑事诉讼的功能

目的，是人对某种对象的需要在观念上的反映，是人在行动之前在观念上为自己设计要达到的目标，目的的实现是一个由主

观到客观的过程。[1] 目的与功能是辩证的，目的是主观的，功能是客观的。人为了实现目的，而采取的种种手段究竟会具有什么样的作用、能力和功效是客观的，不以人的目的为转移的。功能反映了目的，体现了目的，目的是功能的基础。在刑事诉讼中，为了实现刑事诉讼的目的，设立了刑事诉讼的构造，这种构造究竟会发生什么样的功能，这与刑事诉讼的目的是既有区别又有联系的。刑事诉讼的功能一般而言反映于刑事诉讼的目的，比如，惩罚犯罪与保障人权，可以讲既是刑事诉讼的目的，也是刑事诉讼的功能。但功能又是相对独立的，刑事诉讼的功能可能并非由目的来规定，因为刑事诉讼功能的发挥会受到法治环境的影响。如果我们在确定目的的时候，正确地考虑到了现实的法治环境，那么刑事诉讼的功能就会忠实地反映目的；反之，若不顾实际，乱定目标，那么结果就会相反。

我国目前的法治环境究竟是不是达到了可以将保障犯罪嫌疑人、被告人的人权放在刑事诉讼目的的首位，笔者认为是值得商榷的。当一个犯罪嫌疑人仅仅因其特殊的身份犯罪而触犯众怒，全国上下一片喊杀声，于是遭致与其罪不相称的刑罚；当一个罪犯因非法取证而由死刑改判死缓，仅仅因为他是黑社会分子，万人痛恨，于是改判遭到了全国人民的唾骂。在这种观念中，在社会的法治心理还不健全的情况下，一味推行西方诉讼理念，而不顾中国的实际土壤，这种做法是否恰当，笔者认为值得商榷。

五、刑事诉讼的功能与刑事诉讼的职能

尽管刑事诉讼基础理论中，并未见刑事诉讼的功能论，但对

〔1〕 辞海编辑委员会编：《辞海》，上海辞书出版社1989年版，第1345页。

刑事诉讼的职能的研究还是比较深入的。[1] 一般认为，职能具有两层含义："职"指执掌，司职，专司其职，含有责任或义务的意思在内；"能"表示一种倾向性，指功能或效能。所谓职能，即指专司其职并因此具有相应的效能。[2] 从这种定义来看，似乎刑事诉讼的功能包含于刑事诉讼的职能当中。但深入研究，就会发现，刑事诉讼职能论与本书所提出的功能论根本就不是一个层面上的问题，二者建立的基础有着本质上的不同。通说的定义认为，刑事诉讼职能是指根据法律规定，国家专门机关和诉讼参与人在刑事诉讼中所承担的职责和所应发挥的作用。[3] 由此出发，出现了刑事诉讼的"三职能说"（即刑事诉讼中存在三种基本职能：控诉、辩护和审判）[4]、"四职能说"（除以上三种职能，再加上法律监督职能）[5]、"五职能说"（上述四职能再加协助司法职能）[6]、"七职能说"（侦查、控诉、辩护、审判、执行、协助诉讼与诉讼监督）[7]。其实，这些所谓的诉讼职能与其说是刑事诉讼的职能，倒不如说是刑事诉讼主体的职能。无论是几种职能，这些职能都只是刑事诉讼某一方或几方主体的职能。刑事诉讼职能论是建立在刑事诉讼主体论的基础上的，讨论的是刑事诉讼主

---

〔1〕 详见归溟、极远：《程序法论》，中国政法大学教务处印，第315～325页；陈瑞华：《刑事诉讼的前沿问题》，中国人民大学出版社2001年版，第160～169页；陈瑞华：《刑事审判原理论》，北京大学出版社1997年版，第211～232页。

〔2〕 樊崇义、张建伟："刑事诉讼职能论"，载《现代法学》1992年第4期。

〔3〕 陈瑞华：《刑事诉讼的前沿问题》，中国人民大学出版社2001年版，第161页。

〔4〕 参见陈瑞华：《刑事审判原理论》，北京大学出版社1997年版，第211～212页。

〔5〕 参见陈卫东："谈谈刑事诉讼职能"，载《法学杂志》1990年第3期。

〔6〕 参见张仲麟、吉达珠："论我国刑事诉讼主体的若干问题"，载樊崇义主编：《刑事诉讼法学》，法律出版社2004年版，第39页。

〔7〕 参见樊崇义主编：《刑事诉讼法学》，法律出版社2004年版，第38～41页，转引自陈瑞华：《刑事诉讼的前沿问题》，中国人民大学出版社2001年版，第164页。

体在整个诉讼程序中的职责分工以及功能、作用问题。而本书所提出的刑事诉讼功能论，所建立的基础是将整个刑事诉讼看做是一个客观的物质系统，宏观地论述刑事诉讼在人类社会中的功效、作用和能力。与之相对应，职能论则是在微观的角度进行讨论，因此两者由于建立的讨论平台并不相同，也就不存在冲突的可能性。

但刑事诉讼主体的职能与刑事诉讼的功能也并非完全不相关，因为主体是刑事诉讼构造的重要组成要素，主体的职能不同势必会影响到刑事诉讼的功能。我们在前面讨论过，同一结构系统，同时具有多种功能，不仅与系统所处环境有关，而且与系统的组成要素有着密切的联系。通观我国刑事诉讼主体的职能，不难得出这样的结论：我国的刑事诉讼功能侧重于打击、惩罚犯罪。这里仅举其中微小几例，以起管中窥豹之效：如在我国虽然侦查职能、控诉职能由公安机关、检察机关分别实施，但同时这两个机关，特别是检察机关也是司法机关，其部分权限亦有着裁判的味道；再有，虽然审判职能由人民法院行使，但人民法院亦有调查取证的权力，承担部分追诉的职责。以上两方面都可以看出我国刑事诉讼对犯罪追诉力量的偏重，而另一方面辩护职能尽管由法律作出了明文规定，但辩护权并不是完全意义上的赋予，辩护的力量在整个刑事诉讼中仍然远远不能与追诉的力量相比肩。可见职能对功能是具有非凡的意义的。

六、刑事诉讼功能与程序正当性问题

如前文所言，刑事诉讼功能是客观的，它受刑事诉讼系统本身影响，也受系统所处环境的影响。而同时，在人类特定阶段，刑事诉讼程序正当性标准也是客观的。那么，一国刑事诉讼能否在功能实现上契合正当标准则成为一个难题。法治思想和理论发展至今，包括我国在内的大多数国家都在寻求刑事诉讼程序正当性之路，因为程序不正当就决定了刑事诉讼制度的存在本身不具有合法性和正当性，那么政府的存在便岌岌可危。但是由于决定刑事诉讼功能的因素的复杂性，一国刑事诉讼未必按照人们设计的正当路径来演变。换言之，一项初衷良好的刑事诉讼制度，在功能实现上有可能未必是正当的。

首先，理论基础的缺陷会影响到刑事诉讼的正当性。比如，究竟何为辩护，辩护权的核心要旨是什么，如果探讨不清晰，那么随后的制度建设便会走入歧途，辩护制度的功能便会发生偏差。我国刑事诉讼辩护作用有限，辩护在相当大程度上并没有起到与控诉对抗以制约强大控诉权的作用，这与理论上的定位错误有很大的关系。尤其在侦查阶段，律师对犯罪嫌疑人徒有辩护之名而没有辩护之实，导致犯罪嫌疑人在侦查阶段中的权利很难得到保障，这本身即违反了正当性要求。而这种不足传导到审判中，便会屡屡酿成刑事错案。

其次，制度设计的缺陷会影响到刑事诉讼的正当性。刑事诉讼法贵为“小宪法”，是公民的权益保障法，那么它的程序、制度设计必须严谨、规范而明确、具有可操作性。一部到处是漏洞的权利保障法，无异于拿一个到处是洞的筛子来做盾牌使用。如我国刑事诉讼法在侦查阶段赋予了嫌疑人律师辩护权，却并没有将权利落到实处，调查取证、阅卷、会见、在场等权利，要么笼统规定，要么总要规定例外情形，这就导致侦查阶段律师辩护如无本之木、无源之水，根本没有起到应有的作用。

再次，刑事诉讼缺乏系统性考虑会影响到刑事诉讼的正当性。刑事司法的法治化是一项艰难的系统工程，单纯刑事诉讼法的修改和完善如果没有相应的配套制度加以保障，同样无法实现其正当目的。如解决刑讯逼供的问题，仅仅依靠非法证据排除规则能够奏效吗？很显然无法实现。如果律师在侦查阶段不在场，那么侦查人员就可以采取任何辩护方无法证明的手段来逼取口供。如果羁押场所依旧控制在侦查机关手中，那么即便是侦查的全程录音录像也可以被轻而易举地避免。如果公安机关的办案经费无法得到保障，那么一切依靠证据、不依赖口供的提法都是可笑的。

最后，刑事诉讼主体的主观目的也同样严重地影响刑事诉讼功能正当性的实现。如死刑复核制度，如果该制度设立的初衷并非为了控制和限制死刑，而是为了贯彻和实施刑罚政策的便利，那么就会出现，想严刑时便将复核权下放，想宽刑时便将复核权收回的现象。再如，若刑事追诉不是出于正当目的，而是基于歧视某一群体，或者报复某个对追诉者不利的人，那么即便被告人罪大恶极我们也很难说它是正当的。

本书将针对这些影响刑事诉讼功能正当性实现的问题于后文进行剖析，希望能够从不同的视角发现新的问题。

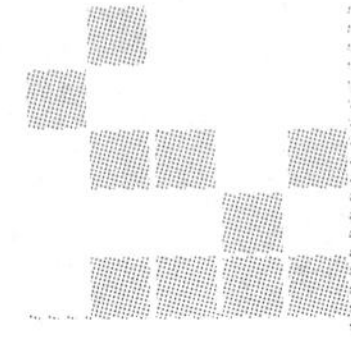

第二章 刑事辩护程序的正当性问题探讨

一、辩护的含义

（一）辩护的本来含义

“律师是基于信托关系，以其特有的法律知识和专业技术，为社会提供法律服务的自由职业者。律师是连接国家法律与公民权利的中介人，是调节公权与私权冲突的平衡器，他们和法官一起构成法律共同体的主体，是推动法律机器运转的两支最主要的力量。”〔1〕按照现在的认识，律师最重要的工作之一便是辩护（defense）。然而何为辩护却是我们首先必须搞清楚的。按照现在学术界的认识，律师的最初萌芽可以追溯到古罗马时期，但现代律师

〔1〕程汉大、李培锋：《英国司法制度史》，清华大学出版社2007年版，第179页。

制度的真正发源地却在英国。[1] 12 世纪中叶以前，英国出现了两种早期的律师职业——法律代理人（attorneys）和法律辩护人（narrators），“法律辩护人直译是讲述人，指的是协助当事人完成法庭陈述和答辩的人”[2]。可见，最初的辩护专指一种法庭活动。按照《元照英美法词典》的解释，辩护是指“民事诉讼中被告对原告起诉状中的主张和请求，或者刑事诉讼中被告人对控诉方的指控所作的否认、反驳，以及支持被告人反驳主张的理由、证据等”[3]。根据英美法的理解，辩护是一个在民事、刑事乃至行政诉讼领域都适用的词。关于辩护的理解，熊秋红博士有一个非常通俗而准确的解释，“所谓辩护，顾名思义，即是以‘辩’为方法、手段，达到‘护’的目的”[4]。辩护从本质上讲是一种被告方采取的防御活动，“辩”其实对应的是“诉”，有“诉”才有“辩”，在英语中，“defense”本身即可译为“防御”。根据上述见解，我们可以归纳出辩护的三个本来特征：其一，辩护是一种法庭活动；其二，辩护是被告方的一种活动；其三，辩护是一种通过防御来维护自身合法权益的活动。

（二）刑事辩护的含义

前文可知，辩护实际上是诉讼中被告方应对原告告诉的一种防御，包含民事辩护、刑事辩护乃至行政辩护。但是在我国，辩护被赋予了专属于刑事的意义，也即在我国现行法律规定中，辩

〔1〕 公元5世纪，萌芽于古罗马帝国的律师职业伴随着罗马帝国的灭亡而夭折，8个世纪后，律师职业重新诞生于英国及欧洲其他国家，但直到近代初期英国才建立起律师职业和制度。

〔2〕 程汉大、李培锋：《英国司法制度史》，清华大学出版社 2007 年版，第 181 页。

〔3〕 薛海波主编：《元照英美法词典》，法律出版社 2003 年版，第 387 页。

〔4〕 熊秋红：《刑事辩护论》，法律出版社 1998 年版，第 3 页。

护专指刑事辩护。根据我国学者的定义，辩护或称刑事辩护，是指被指控人及其辩护人为维护被指控人的合法权益，从事实和法律方面反驳控诉，提出有利于被指控人的证据和理由，证明被指控人无罪、罪轻或者应当减轻、免除其刑事责任的诉讼活动。[1]刑事辩护权是法律赋予被指控人的一项权利，该权利的实质是保证受到刑事指控的人能够针对自己的不利指控进行有效辩解，对指控的内容和根据发表自己的意见，提出自己无罪、罪轻或者应当减轻、免除刑事责任的材料。刑事辩护权是一种民主权利，即保障任何人都能够参与到决定自己命运的过程中来并发挥积极的作用，反映了人的主体地位，而不是被作为对象和工具看待。

那么刑事辩护是否仅仅是指被告方的一种法庭活动呢？回答是否定的。尽管从本来意义上看，辩护是一种法庭活动，但这种法庭活动必须有其他活动给予强大的支撑。在法庭上辩护要从事实方面提出有利于被指控人的证据和理由，然而这些证据和理由都不是凭空遐想、闭门造车创造出来的，也不是由诉讼中的其他各方主动提供的，而是要依靠辩护方法庭之外的调查取证、查阅卷宗等活动。另外，辩护的基本出发点在于维护被指控人的合法权益，这种合法权益并不仅仅是指被指控人所面临的刑事指控所威胁到的人身、财产或者其他权益，在人权思潮澎湃的今天，还要包括在整个刑事诉讼过程中，被指控人所受到的来自国家的任何威胁，包括实体权利也包括程序权利，防止被指控人受到不公正的待遇和不应有的侵犯。那么这种维护活动显然不能仅仅限于法庭活动这样狭小的时间范围和空间区域，而应该向前延伸到审判前阶段（尤其是侦查阶段，因为这个阶段被指控人面临来自国家控诉方的威胁比其他任何诉讼阶段都大），向后延展到执行

---

〔1〕 张仲麟主编：《刑事诉讼法新论》，中国人民大学出版社 1993 年版，第 196 页。

阶段。

二、辩护与帮助之辨

（一）律师帮助的意义

刑事辩护是犯罪嫌疑人、被告人的一项基本权利，而辩护律师在刑事诉讼中的作用有二：一是直接为犯罪嫌疑人、被告人辩护；二是帮助犯罪嫌疑人、被告人实现辩护权。所以，犯罪嫌疑人不仅享有辩护权，还享有获得律师帮助的权利，这种权利的存在建立在三种需要之上〔1〕：

1. 保障犯罪嫌疑人辩护权的有效行使和切实兑现

对于被追诉人而言，由其自己行使辩护权确实存在诸多困难。首先，被追诉人大多缺乏专门的法律知识，这在法律体系和程序日益复杂和精密的今天，很难实现有效辩护；其次，被追诉人是案件的直接利害关系人，受到其立场、情绪的影响也很难保持清醒、理智的心态；最后，被追诉人很有可能被采取了强制措施，人身自由受到限制，使他们无法进行深入的防御活动。为此，就必须保障嫌疑人切实享有获得律师帮助的权利。

另外，就辩护权的实质——防御权而言，防御既是指对指控的防御，也是指对其他一切来自追诉方公权力的非法侵犯的防御。侦查实际是向追究犯罪的功能和价值倾斜的诉讼程序，在这个阶段，嫌疑人的主体性难以保障，人格自治受到了极大的压抑，这就更需要律师有效介入，以增强侦查程序的透明度。这是防止犯

---

〔1〕 参见宋英辉、吴宏耀：《刑事审判前程序研究》，中国政法大学出版社 2002 年版，第 377～384 页。

罪嫌疑人的正当权益遭受非法侵害的重要屏障，是保障犯罪嫌疑人程序主体地位的最低要求。[1] 而律师介入侦查程序，能对侦查活动进行有效的监督和制约，及时发现办案人员的违法侵权行为，提出纠正意见，保证侦查工作依法正确进行；维护犯罪嫌疑人的合法诉讼权利；保证律师有充分的时间了解案情、调查必要的证据，使律师能够切实有效地履行自己的辩护职责。[2]

2. 从程序上制衡国家追诉权

在刑事诉讼中，控辩不平衡是显而易见的，以国家权力为基础的控诉方和即便富可敌国也仍势单力薄的被追诉者在刑事追诉过程中的力量悬殊无可否认。这种悬殊在刑事审判前程序（特别是侦查）中表现尤甚。在侦查程序中，追诉犯罪的效率价值、打击犯罪维护社会安全的秩序价值较之其他阶段要更重一些。所以，侦查程序中，就不得不赋予国家追诉机关积极主动并可以灵活运用的权力，以适应追诉犯罪的情势需要。但侦查权力的恣意在侦查程序中却更容易出现，因此，尽管所谓“平等对抗”在侦查程序中是不可能实现的，为了防止强大的追诉机关对权力的滥用，也必须引入平衡和对抗的因素，这便是律师的帮助。“认真负责，积极热心的辩护律师是自由的最后堡垒——是抵抗气势汹汹的政府欺负它的子民的最后一道防线。辩护律师的任务正是对政府的行为进行监督和挑战，要这些权势在握的尊者对无权无势的小民百姓做出出格行为前再三思考，想想可能引起的法律后果；去呼吁，去保护那些孤立无援、无权无势的民众的正当权利”。[3] 在刑事诉讼中，辩护人的参与增加了被控方的力量，使控辩在程序上接近平等，并通过保护犯罪嫌疑人的人权维护了程序公正。在

---

〔1〕 熊秋红：《刑事辩护论》，法律出版社 1998 年版，第 213 页。

〔2〕 熊秋红：《刑事辩护论》，法律出版社 1998 年版，第 215 页。

〔3〕 ［美］艾伦·德肖微茨著，唐交东译：《最好的辩护》，法律出版社 1994 年版，第 482 页。

此意义上，刑事辩护尽管指向的是具体案件中的犯罪嫌疑人，作为一种制度存在，刑事辩护所维护的却是公共利益和法制的有序运行。[1]

3. 维护刑事诉讼程序顺利进行

现代社会，刑事诉讼程序日益技术化、专门化、精密化、复杂化。为了保障刑事诉讼这部现代化的机器能够顺利运转，熟悉法律并拥有丰富经验和独特思维的法律专业人员的参与就成为必要了。作为中立裁判者的法官是这样的专业人士，提起和支持控诉的检察官也是这样的专业人士。只有在被追诉人方面也获得这样的专业人士的支持，这场游戏才能顺利地、公平地玩下去。而这样的专业人士主要指的是律师。

（二）侦查阶段律师的地位问题：辩护还是帮助？

律师在侦查阶段到底是辩护人还是法律帮助人，这个问题曾在学术界和实务界引起较大争论。那么辩护与帮助的区别究竟在哪里呢？

仅从语义上看，帮助似乎是比辩护更上位的概念，因为辩护也是一种帮助。但进一步分析，情况却并非如此。一般认为，辩护人的独特性主要在于其独立的诉讼地位，从辩护职能的承担者——辩护人与被指控人之间的内部关系看，辩护人原则上不受被指控人意志约束；从辩护人与公安司法机关的外部关系看，辩护人独立于公安司法机关之外起作用。[2] 就辩护人与被指控人的关系来看，尽管辩护人是因为和被指控人有着特殊的关系（委托或者指定或者援助）而参与诉讼，但辩护人的活动并不受被指控人意志约束，法律赋予辩护人许多不需被指控人同意即可独立行

---

〔1〕 宋英辉、吴宏耀：《刑事审判前程序研究》，中国政法大学出版社 2002 年版，第 381 页。

〔2〕 熊秋红：《刑事辩护论》，法律出版社 1998 年版，第 163 页。

使的重要权利，在台湾法学界，这些权利被称为“固有权”，即以法律上赋予的以辩护人的地位为基础而取得的权利。典型的如与被羁押的嫌疑人或被告人会见和通信的权利、查阅卷宗和相关证据材料的权利、讯问在场权、辩论权、交叉诘问权、申请调查取证权、异议权等[1]。就辩护人与公安司法机关的关系来看，西方学者一直将律师视为一种独立的阶层或自治的社会力量，认为“律师独立于政府是自由社会的标志”，“律师在为个人权利辩护时，必须维护当事人的利益，而不受外界的干扰，尤其是不受国家官员的干扰”[2]。

可见，辩护确实有着其独特的意义，非法律帮助可比。除了上述理由外，我们还认为辩护讲究有效性，无效的、形式上的辩护即便是赋予它“辩护”之名也只是一种帮助（如我国刑事诉讼法中所赋予的辩护律师的权利大多起不到辩护的作用，法庭上“你辩你的我判我的”，法官的判决大多不能反映辩护律师的意见，我们认为这种辩护实在只能称为帮助）。辩护权本质上是一种民主权，而民主的含义之一便是参与到决定程序中来，并且有效地发挥作用。帮助则不同，帮助并不讲究效果，只要提供一种协助，哪怕只是建议、咨询服务都是帮助。

---

〔1〕 参见陈朴生：《刑事诉讼法实务》（增订版），海天印刷厂有限公司 1981 年版，第 78 页以下；林山田：《刑事诉讼法论》，刘幸一出版，第 111 页以下，转引自熊秋红：《刑事辩护论》，法律出版社 1998 年版，第 159 页。

〔2〕 Elizabeth Bennett，“The Defense of the Criminally Accused in Canada”，*For the Beijing Symposium of Criminal Procedure*，May 1996，转引自熊秋红：《刑事辩护论》，法律出版社 1998 年版，第 162 页。

三、我国侦查阶段律师辩护的正当性问题探讨

（一）我国侦查阶段辩护律师的地位和作用

在我国，侦查阶段律师的介入和作用问题一直饱受诟病，在2012年《刑事诉讼法》修改之前，质疑主要集中在辩护律师的介入时间、律师会见权、通讯权、调查权、讯问在场权等方面。其本质是，无法实现真正意义的辩护。

根据1996年《刑事诉讼法》第96条的规定，犯罪嫌疑人在被侦查机关第一次讯问后或采取强制措施之日起，可以聘请律师为其提供法律咨询、代理申诉、控告。犯罪嫌疑人被逮捕的，聘请的律师可以为其申请取保候审。涉及国家秘密的案件，犯罪嫌疑人聘请律师，应当经侦查机关批准。受委托的律师有权向侦查机关了解犯罪嫌疑人涉嫌的罪名，可以会见在押的犯罪嫌疑人，向犯罪嫌疑人了解有关案件情况。律师会见在押的犯罪嫌疑人，侦查机关根据案件情况和需要可以派员在场。涉及国家秘密的案件，律师会见在押的犯罪嫌疑人，应当经侦查机关批准。这就是1996年《刑事诉讼法》对犯罪嫌疑人在侦查阶段获得律师帮助的所有规定。总结立法和实践的情况看，可以用一句话简单概括，即在侦查阶段律师的地位和作用就是提供简单的法律帮助。在侦查阶段，只有律师而没有辩护律师，也就是说律师在侦查阶段并没有辩护人的地位，这是我国刑事诉讼程序一直遭到学界诟病的地方。

确实如此，我国刑事诉讼法从来也没有将辩护律师的参与延伸到侦查阶段。而辩护权在侦查阶段不存在主要表现在以下两个方面：

（1）在这个阶段律师的活动不能独立于有关的国家机关，甚至必须依赖于国家机关的活动才能顺利提供法律服务。这就使得刑事诉讼法所赋予律师有限的提供法律帮助的权利也无法得到落实。表面上看，1996年《刑事诉讼法》确立了律师可以在侦查阶段介入刑事诉讼，会见犯罪嫌疑人，提供法律帮助。但法律条文却同时将会见权与侦查机关的批准联系起来，使得实践中会见难的情况非常普遍。这表现在：其一，律师的会见率很低，侦查机关拒绝律师会见的情形很普遍；其二，律师会见的审批程序太严，律师提出的会见申请经常被任意拖延；其三，律师会见的次数、时间受到严格限制，侦查人员在会见时普遍在场，这大大损减了律师会见的效用。[1]

（2）很多关系到律师实现有效辩护的权利都没有规定。首先，我国《刑事诉讼法》并没有赋予律师在侦查阶段的调查取证权。关于律师收集证据、申请调查取证的权利自审查起诉阶段才有所规定。这样，侦查阶段的律师在收集无罪、罪轻或者应当减轻或免除刑事责任的证据方面毫无作为，而这方面的证据只能寄希望于辩护的对立方——侦查机关“依照法定程序，收集能够证实犯罪嫌疑人、被告人有罪或者无罪、犯罪情节轻重的各种证据”（1996年《刑事诉讼法》第43条），由侦查机关收集于己不利的证据，简直滑稽可笑，无异于天方夜谭。其次，没有赋予律师讯问在场权。这就使讯问成为一种秘密的、力量极端悬殊，而同时获取的材料又极端重要的程序。在这种背景下，刑讯逼供得以泛滥，嫌疑人的权利极易受到侵犯。最后，一些保障嫌疑人获得律师帮助的权利没有确立。我国《刑事诉讼法》并没有规定侦查人员有义务告知犯罪嫌疑人有获得律师帮助的权利；在侦查阶段只

---

〔1〕以上情况都有学者进行的调研数据为证明，具体可参见房保国、张青松：“律师会见难的现状与出路”，载陈瑞华主编：《刑事辩护制度的实证考察》，北京大学出版社2005年版。

有委托律师帮助一种方式，没有指定辩护或者帮助的规定；法律也没有确立对于侦查人员侵犯犯罪嫌疑人的辩护权所获得的证据予以排除的规定。

1996 年《刑事诉讼法》的修改将律师介入刑事诉讼的时间点提前并完善了辩护权的部分规定，但是实践表明，修改之后刑事辩护率反而逐年下降，刑事辩护律师的执业环境日益恶化，刑事辩护质量与辩护律师的职业操守屡受质疑。[1] 2007 年《律师法》率先修改，在侦查阶段的重大突破有两点：其一，规定律师凭三证（律师执业证书、律师事务所证明和委托书或者法律援助公函）可以会见犯罪嫌疑人、被告人，而无需侦查机关批准，并且会见不被监听（2007 年《律师法》第 33 条）；其二，规定律师凭两证（律师执业证书和律师事务所证明）可以自行调查取证。但是，由于 2007 年《律师法》的位阶较之《刑事诉讼法》低，而 1996 年《刑事诉讼法》并未作出相应修改，导致 2007 年《律师法》中上述条文基本沦为空文。

时隔 15 年之后，2012 年，《刑事诉讼法》终于迎来了颁行之后的第二次修改，本次修改在侦查阶段对律师的地位和作用做出了重大修改，主要体现在：其一，明确了律师在侦查阶段的辩护地位，明确规定“犯罪嫌疑人自被侦查机关第一次讯问或者采取强制措施之日起，有权委托辩护人；在侦查阶段，只能委托律师作为辩护人”，并且规定侦查机关在侦查阶段有义务告知犯罪嫌疑人有权委托辩护人（第 33 条）。其二，明确规定辩护律师在侦查阶段的职权，有“为犯罪嫌疑人提供法律帮助；代理申诉、控告；申请变更强制措施；向侦查机关了解犯罪嫌疑人涉嫌的罪名和案件有关情况，提出意见”（第 36 条）。其三，明确规定辩护律师在

---

〔1〕 陈卫东：“辩护权的发展完善与刑诉法再修改”，载《法制日报》2011 年 8 月 10 日。

侦查阶段可以同犯罪嫌疑人会见和通信，对接《律师法》规定三证可以会见无须侦查机关批准，要求看守所安排会见至迟不得超过48小时，但规定，三类犯罪（危害国家安全犯罪、恐怖活动犯罪、特别重大贿赂犯罪案件）在侦查期间会见须经侦查机关许可，同时规定，辩护律师会见在押的犯罪嫌疑人，可以了解案件有关情况，提供法律咨询（第37条）。其四，规定律师自行调查取证须经证人或者其他有关单位和个人同意，并且向被害人一方取证除经本人同意还须经人民检察院或者人民法院许可。

我们可以看到，2012年《刑事诉讼法》在侦查阶段的辩护方面有所进步，但有限。虽然赋予了律师辩护人之名但并未赋予其相应的有效行使辩护权的利器。这一点，在第36条规定辩护律师在侦查阶段的职权时表现地非常明显。“为犯罪嫌疑人提供法律帮助；代理申诉、控告；申请变更强制措施；向侦查机关了解犯罪嫌疑人涉嫌的罪名和案件有关情况”，这与1996年《刑事诉讼法》规定没有什么变化，唯一增加可以“提出意见”的规定。2012年《刑事诉讼法》第37条在规定辩护律师会见权时尤其耐人寻味，其第4款规定：“辩护律师会见在押的犯罪嫌疑人、被告人，可以了解案件有关情况，提供法律咨询等；自案件移送审查起诉之日起，可以向犯罪嫌疑人、被告人核实有关证据……”潜台词是，辩护律师在侦查阶段会见只能了解案情，提供法律咨询。而什么叫了解案情，并没有明确规定，但规定不能了解有关证据的情况。因为该款规定了，在移送审查之日起才可以核实有关证据。那么，我们就完全可以推知，虽然这个阶段律师被称为辩护人了，但他也只能问问嫌疑人犯了什么事、有没有控告、申诉，至于罪轻或者无罪的这个意义上的辩护，则无法提出。因为所谓的辩护人无法了解证据情况。并且，也无法在本阶段收集证据，因为调查取证仍然如1996年《刑事诉讼法》一样，基本未作修改。

所以，我们可以清晰地看出，在我国刑事诉讼侦查阶段，辩护律师并无辩护的实质作用，而仅仅起到提供一定范围内的帮助的作用。

（二）确立侦查阶段律师辩护地位、保障律师切实发挥辩护职能的构想

律师在侦查阶段绝不应当仅仅是羁押场所中的犯罪嫌疑人、被告人与外界沟通的信使，也绝不是犯罪嫌疑人、被告人的心理慰藉者，律师的根本职能是辩护，而这种职能也绝不应仅仅限定于审判阶段，它应该涵盖整个刑事诉讼的全过程，尤其是犯罪嫌疑人、被告人更需要实质性帮助的审判前阶段。因此，首先必须在法律上确立律师的辩护地位，明确犯罪嫌疑人在被采取强制措施之日起就有权聘请辩护律师为其辩护。其次，必须通过以下制度的确立来保障这种辩护权能够得到切实实施：

（1）对犯罪嫌疑人采取强制性侦查措施时，辩护律师有在场权和签字确认权。这主要是为了监督和保障嫌疑人人身、财产、人格不受侦控机关、人员的非法侵犯，防止侦查权的滥用。包括在采取讯问、搜查、扣押等措施时，犯罪嫌疑人必须被告知有权要求律师在场，如果嫌疑人要求，则律师必须在合理的时间被通知到场，在此之前，相关的措施不得采取。对于讯问笔录、搜查笔录、扣押笔录，必须有律师签字（如有律师在场），否则所取得的相关证据材料不得作为证据使用。

（2）辩护律师应当享有不受限制的自由会见犯罪嫌疑人、被告人的权利。这是辩护律师在审前实现实质意义的有效辩护之根本前提。只有了解案件情况，辩护才有可能。那么，就需要确立这样一种制度，即辩护律师必须有权在任何合理的时间，在谈话不被任何人监听的情况下会见犯罪嫌疑人、被告人。这样，就必须取消任何借口（包括涉及国家秘密）的会见审批制度；禁止侦查人员或者监管人员在会见时在场，他们可以在只能见而不能听

的状态下实行在场监督；明确赋予辩护律师在会见时的录音、录像和拍照权。

（3）赋予辩护律师调查取证的权利。调查取证权是辩护律师能否实现有效辩护的一个关键性权利，只有富有实质意义的调查取证权利的获得，“平等武装”才能落到实处。当前关于认为辩护律师在侦查阶段不能享有调查取证的权利的主要理由是唯恐他们妨害侦查。实际上，无论从技术力量还是从权能上（比如辩护律师即便是拥有调查取证的权利也并不具有采取强制措施的权力）看，辩护律师的调查活动都不足以对侦查造成威胁。更何况，辩护律师介入侦查，实际上是在嫌疑人被采取强制措施后的预审阶段，在这个时候，侦查已经不再是秘密，辩护律师的调查也就不会妨碍侦查的进行。相反，辩护律师的调查行为，会有力地补充侦控机关因立场而发生的侦查空白，有利于事实真相的发现。

总之，只有在侦查阶段确立律师的辩护地位，切实保障辩护权的实现，刑事侦查程序才能走到法治化、民主化的轨道上来。

四、辩护律师的职责、保密义务与作证拒绝权

（一）刑事辩护律师的职责

“职业律师是古罗马时期经济发展的产物，是罗马社会的经济制度、政治制度、司法制度发展中的一个必然现象。”[1] 根据罗马法的规定，辩护人在诉讼中的主要职责是给被告人以法律指导。罗马法学家保罗说过：“辩护是使被告摆脱惩罚或减轻对其惩罚的条件。”可见辩护律师的职业活动是围绕着被告人进行的。刑事辩

---

〔1〕 徐静村：《律师学》，四川人民出版社1988年版，第10页。

护律师是处于首要地位的辩护人，有优于其他辩护人的诉讼权利，能够充分、全面了解和核实案情，从而取得较为理想的辩护效果。刑事辩护律师的职责是在法律允许的范围内积极、有力且充分地为其当事人辩护。[1]

1. *辩护律师职责原因探讨*

辩护律师之所以应当站在被告人的立场上履行自己的职务活动，是有着深刻的原因的，具体讲来有以下几点：

（1）查明案件事实的需要。作为一项社会纠纷解决机制，刑事诉讼对纠纷的解决必须以查明案件的事实真相为前提。只有在查明案件事实真相的基础上，作为裁判者的法官才能从中裁断，提出相对公正的解决方案。这样才能让当事人双方真正从心理上接受法院的裁判，从而有利于纠纷的解决。而刑事诉讼是由国家公诉机关（检察院）所提起的，由于检察院与被告根本对立的诉讼地位，以及认识能力的局限性，决定了其不可能提交关于案件的全部证据事实。如果法官仅仅凭控方所提供的证据和意见，就认定被告人有罪，理由显然是不够充分，这就很难保证审判结果的正确性与可接受性。这就在客观上要求刑事诉讼程序在结构上必须设置控方和辩方两个对立双方。通过两个对立面的对话、交流以及相互质问从而使案件的事实从正反两个方面得以充分反映，为法官居中裁判提供充足的依据。这也是符合辩证法思想的。

（2）平衡控辩双方诉讼地位、保护被告人合法权益的需要。诉讼职能的区分是现代刑事审判程序和审判制度中的一项重要原则，甚至有学者认为是“纠问式程序与控诉式程序之间的基本差异之一。”现代刑事审判诉讼职能的区分一般是指控、辩、审三方诉讼主体在角色、功能和作用方面的分工。整个刑事审判活动也

---

〔1〕［美］克里斯蒂娜·阿库达斯：“刑事辩护律师的职责”，转引自江华礼、杨诚主编：《美国刑事诉讼中的辩护》，法律出版社2001年版，第22页。

就是在控诉、裁判和辩护这三项诉讼职能的区分以及相互制衡中进行的。

诉讼职能背后存在的是诉讼主体的利益机制，诉讼职能的区分是与诉讼主体各自独立的实体利益和诉讼目标有着密切的联系的。检察机关作为代表国家对犯罪活动进行追诉的机关，在诉讼中所要维护的是国家和社会的利益，维护社会的安定秩序，恢复被犯罪行为破坏的社会秩序和关系，其诉讼目标相应的就是证实被告人的罪行，促使法官对被告追究刑事责任。而与检察机关相对立，被告人是检察机关追诉的对象，其直接面对的是可能的生命、财产以及自由的损失。这样为了维护自己的上述利益，被告人在诉讼中就会竭力证明检察官的指控不成立，促使法官作出无罪或罪轻的判决。在诉讼活动中，由于这两种根本对立的利益与诉讼目标，就形成了两种根本对立的诉讼主体：控诉方与辩护方。这种职能上的对立是在否定封建纠问式诉讼模式的基础上形成的，旨在维护刑事审判程序的正当性从而保障被告人的人权。现代司法的正义性不仅要追究、惩罚犯罪，而且需要对被追究者的权利加以保障。既然控辩双方是根本对立的，要实现这种对立的价值，就必须使双方力量达到平衡。

而在整个刑事诉讼程序中，控辩双方在参与诉讼的能力方面存在着较为严重的不平等，就导致了双方诉讼地位的不平衡。检察官在犯罪追诉活动中有强大的国家司法资源作为后盾，与被告作为个体参加诉讼地位差异极大，为了解决这个问题，赋予辩护律师在诉讼活动中更多的辩护“武器”就是十分必要的了。既然这样，那么辩护律师应当完全代表被告人的利益，站在被告人的立场上进行诉讼的职责立场就应该是题中应有之意了。如果辩护律师不能够完全与检察官对立，即其因某些原因的掣肘不能够完全站在被告人的立场上，他就不能够在诉讼中全力与控方对抗，那么无论在法律上赋予被告人以及辩护律师多么有利的“武器”，都会由于辩护律师“立场的不坚定”而导致控辩双方力量的平衡无从谈起了。

2. 我国辩护律师职责立场

在我国，传统的理论认为，辩护律师与公诉人的关系既是对立的也是统一的。我国《刑事诉讼法》第35条规定：“辩护人的责任是根据事实和法律，提出犯罪嫌疑人、被告人无罪、罪轻或者减轻、免除其刑事责任的材料和意见，维护犯罪嫌疑人、被告人的诉讼权利和其他合法权益。”可见在原则上，辩护律师的职责是为被告人进行辩护。根据《刑事诉讼法》以及《律师法》的有关规定，辩护律师在接受委托后，可以阅卷、会见被告人、进行必要的调查，在法庭上询问被告人、证人、鉴定人，对物证、书证及有关书面证据材料进行调查，提出辩护证据，与公诉人进行辩论，从而发现案中证据的疑点，反驳不利于被告的材料和公诉观点，阐述被告人无罪、罪轻或者应予减轻、免除刑事责任的辩护观点。

但是，我国的辩护律师并不是完全站在被告人的立场上的，同时也站在国家和人民的立场上，强调积极维护国家法律的正确实施。于是就经常出现这样的尴尬情况：一方面，律师接受被告人的委托，与被告人之间存在着一种商业性雇佣关系，他因此应当服务于被告人的利益；另一方面，他又负有维护法律和司法公正的责任，应当将自己的辩护观点建立在法律和事实的基础上。律师的这种立场，是跟我国类职权主义诉讼模式有关，与我国犯罪控制主义的刑事诉讼目的有着不可分割的联系的。当然，并不是说中国的这种刑事诉讼模式、刑事诉讼目的不如英美法系好。我们不能武断地根据是否是国际社会的主流，来判断一种刑事诉讼模式、一国刑事诉讼目的的优劣，而应当从一国的法律土壤、法律文化、社会环境以及公民的接受度来衡量其诉讼模式、目的究竟是否适合本国的国情。这不在本部分的讨论范围之内，所以不作深入的探讨。

无论现在的模式是否适合，有一点是明确的，就是刑事诉讼不仅仅是追究犯罪的工具，而且在很大程度上也具有保障当事人诉讼权利的正当程序价值。我们在前面讨论过，要更好地保障被告人的合法权益，必须平衡控辩双方的力量。现在的情况是，人民检察院站在国家和人民的立场上，代表国家行使刑事追诉权与刑事审判程序发动权，被告人的辩护律师也站在国家和人民的立场上，为被告人进行辩护，同时也负有维护法律和司法公正的责任。这其实是违背律师设立的初衷的，设立辩护律师的原因之一就是为了平衡追诉方与防御方的力量。但在实际上，辩护律师的参与很难说是加强了平衡还是加剧了不平衡，这在不同的具体案件之中的表现是不同的。因此，笔者认为律师应当明确地定位于被告的立场上。

我国的立法则是担心律师会完全倾向于委托人，从而采取一切手段（甚至于非法的手段）来为被告人辩护，比如为被告提供伪证来进行辩护等。因而在《刑法》中规定了“辩护人、诉讼代理人毁灭证据、伪造证据、妨害作证罪”这一专门针对特定群体的犯罪，通过《刑法》来限制律师的非法辩护。这本身就是加剧控辩双方不平衡的表现，因为对于控诉方来讲，同样也有可能提供伪证，也有可能采取非法手段来收集对被告不利的证据，也有可能隐瞒对被告有利的证据。就平衡控辩双方的力量而言，立法应给予控辩双方违法行为相同的惩戒措施，如果不能倾向于保护处于弱势的被追诉方，最起码应该是一致的，而不能倾向于保护处于强势的追诉方。笔者认为对于伪证等非法行为，应当通过相应的证据规则来约束控辩双方的行为，在制度上加强对司法公正的保障，而非针对辩护人、诉讼代理人这一群体进行歧视性立法。

辩护律师应当完全代表犯罪嫌疑人、被告人的利益，根据法律（包括证据法）来为犯罪嫌疑人、被告人进行无罪或罪轻的辩护，同时也不能实施任何不利于犯罪嫌疑人、被告人，可能使犯罪嫌疑人、被告人承担任何不利后果的行为。维护法律和司法公正不应当是律师的职责，当然这样讲并不是说律师就可以置法律与司法公正于不顾了，因为律师的职务行为也是有法律底线的，这个底线就是法律的禁止性规定。如果其辩护行为不符合法律或者违背了司法公正的原则，违反了禁止性的法律规定，那么其委托人也将因此而受到不利的裁判结果，辩护律师也将因此而承担相应的法律责任。

（二）辩护律师保守职业秘密的义务

辩护律师在其职务活动中，为了维护被告人的权益，获得充分的证据以在辩护中使被告人获得有利的地位，需要较为充分地了解被告人的情况。这些情况可能包括被告人的个人隐私、商业机密、国家机密，还可能包括被告人的尚未被司法机关所掌握或指控的犯罪事实或证据。被告人的这些秘密之所以会为辩护律师知晓，一般是出于对代理律师的充分信任。这里就涉及辩护律师保守职业秘密的规则。律师的职业特点以及前面所讲的辩护律师的职责就决定了其必须保守所知的秘密。首先，这是维护被告人权益的需要，律师作为被告人的辩护人必须真诚维护其权益，不做对其利益有威胁的事情。其次，这也是维护律师信誉的需要，律师与其委托人之间必须具有一种相互信任的关系。特别是刑事辩护中，律师与被告人必须能够始终保持一种合作、信任的关系和气氛，这样律师的辩护活动才能得到被告人的认可与配合。[1]而如果律师一旦将这些秘密泄露出去，特别是将涉及被告人犯罪事实的秘密向司法机关告发，将会置被告人于极为不利的境地，

〔1〕 陶髦、宋英辉、肖胜喜：《律师制度比较研究》，中国政法大学出版社 1995 年版，第 90 页。

遭受十分不利的诉讼后果。这种情况的发生，会使被告人乃至整个社会对该律师甚至整个律师行业丧失应有的信心和尊重，这样受损的将会是律师这一职业的声誉。

目前，世界各国律师制度大都将保密义务作为律师一项重要义务或道德规范明确加以确认。在许多国家，尤其是欧洲大陆国家，律师保守职业秘密的义务是绝对的、普遍的，没有任何折扣。比如法国的《刑法》规定，律师绝对不得泄露任何涉及职业秘密的事项，对于违反者，无论实际后果如何，都按“既遂”处理。在比利时、卢森堡等国家也采取相似的立场：掌握职业秘密的人如果泄露了有关情况即构成犯罪。[1] 其他绝大部分国家国家如日本、意大利、美国等也都有类似的规定。例如，日本《律师法》第23条规定：“律师或曾担任律师的人，对保守由其职务上所得知的秘密，享有权利、负有义务。”美国《律师执业行为标准准则》规定：“除非委托人同律师磋商后表示认可，律师不得公开与代理有关的案情。”[2]

我国2012年《刑事诉讼法》第46条规定，“辩护律师对在执业活动中知悉的委托人的有关情况和信息，有权予以保密……”《律师法》第38条第2款也明确规定：“律师对在执业活动中知悉的委托人和其他人不愿泄露的有关情况和信息，应当予以保密……”但是《刑事诉讼法》第60条第1款同时规定：“凡是知道案件情况的人，都有作证的义务。”第108条第1款规定：“任何单位和个人发现有犯罪事实或犯罪嫌疑人，有权利也有义务向公安机关、人民检察院或者人民法院报案或者举报。”从中我们可以看到法律规定的矛盾之处：一方面律师作为特殊行业的从业人员，有保守职业秘密的义务，而另一方面，作为普通公民的一员，

[1] 王丽：《律师刑事责任比较研究》，法律出版社2002年版，第243页。

[2] 张耕主编：《中国律师制度研究》，法律出版社1998年版，第179页。

又负有举报犯罪事实或犯罪嫌疑人的义务，这使律师在执业活动中经常处于十分尴尬的地位。在司法实践中，律师因违反后一种义务而被追究刑事责任的也屡见不鲜。[1]

可见，现阶段我国律师尚未被赋予绝对地保守职业秘密的权利与义务，这样做的弊端很大。首先，不利于保障刑事案件中犯罪嫌疑人、被告人的权益，律师未被赋予绝对的保守职业秘密的权利与义务，这就使得当事人向律师陈述案情时，总是有所顾及不敢吐露真言甚至隐瞒一些事实，这就使辩护律师很难全面了解案情无法开展有效的辩护，被告人的权益无法得到充分的保障。其次，这会使整个律师行业的信誉度受到质疑，使得被告人对辩护律师的信任大打折扣，进而影响到整个社会对律师业的看法。最后，不利于控、辩、审完整的法治体系的形成。我们知道无论是职权主义还是当事人主义，审判方、控诉方和辩护方都是相互独立的，如果律师不遵守保密义务，将其所知道的涉及被告人犯罪事实的秘密向司法机关告发，那就在事实上做了控诉方的证人，其独立性、其为被告人辩护的职责也就无从谈起了。

（三）辩护律师的作证拒绝权

根据上面两点的论述，辩护律师的职责应是站在被告人的立场上，为被告人提供有力的辩护。这就需要辩护律师的诉讼行为必须不能不利于被告人，而律师的保守职业秘密的义务也就自然是其中之意了。但是如何使律师的保密义务、辩护职责得到充分的保障和实施，首要的一点就是要赋予律师充分行使作证拒绝权。律师对因职业获悉的秘密有拒绝作证的权利，这已经成为了西方国家证据法之通例，并在立法上为世界各国和地区普遍加以采纳。

---

〔1〕 何泽宏、余辉胜：“应当赋予律师绝对保守职业秘密的权利和义务”，载《中共四川省委党校学报》2002年第2期。

例如，美国《律师职业道德准则》第4条规定：“律师应当保守当事人的秘密和隐私”。德国《刑事诉讼法》第53条规定：“以下人员有权拒绝作证：①神职人员……；②被指控人的辩护人……；③律师……，对于在行使职务时被信赖告知或者所知悉的事项。”日本《刑事诉讼法》第179条规定：“医师、牙科医生……律师……宗教在职人员或担任过这些职务的人，对于受业务上的委托而得知的有关他人秘密的事实，可以拒绝证言。”各国的这些保障律师作证拒绝权的规定，从根本上来讲都是为了便利律师保守职业秘密，便利律师职责的实现，从而最大限度的保障被告人的合法权益。

根据国内外的司法实践和通行的做法，辩护律师为保守职业秘密，维护当事人的合法权益和律师的整体利益，应当有权拒绝作证。如果立法不能赋予律师这项权利，律师必须将其担任被告人的辩护人时所了解的犯罪事实作为不利于被告人的证据提供，必然会失去当事人对其的信赖，辩护制度乃至律师制度也将名存实亡。同时赋予律师拒绝作证的权利也是保障其人身、人格不受侵犯的重要保障。因为“公民有作证和揭露犯罪的义务”这是常态，而律师拒绝作证则是例外。只有前一条法律有规定，那么就极有可能导致（而现实中也不乏这样的例子）律师根据该条被追究法律责任，还会受到来自社会的谴责和压力，甚至对律师人格、人身的侵犯。如果对于律师的拒绝作证权也在法律上加以明确的规定，那么这种情况就可以避免了。

赋予律师作证拒绝权也会带来这样一个问题，就是有可能会导致一些事实上有罪的被告人因此而逃避法律的制裁。关于这一点，陈瑞华教授认为，相对于不放纵事实上的有罪者而言，不冤枉事实上的无罪者具有更为重要的保障价值，而辩护制度对无罪者不受追究的维护要比对不放纵罪犯的保障显得更加明显和有效，辩护制度维护了程序正义，也避免了无罪者受到惩处这一结局的出现，因而是具有充分正当性的。[1] 我觉得还应该补充一点理由，就是从律师的立场、职责出发，辩护律师在为被告人辩护时并没有打击犯罪的职责和义务。（当然这只是针对其所代理的被告人而言的，作为一个普通的公民，律师也有作证和揭露犯罪的义务。）辩护律师在刑事诉讼过程中作为辩护方是相对于控诉方而言的，应该讲控、辩双方是对立的和平等的。公诉方通过在法庭上提出主张、证据并进行抗辩和论证的方式来完成追诉犯罪的目的，相对于此，辩护方则针对控方的指控提出有利于被告人的主张、证据来进行防御和论证以实现保护被告人权益的职责。挖掘尚未发现的犯罪事实及相关的证据，这是控诉方的职责所在，辩护律师越俎代庖不仅没有必要，相反还会破坏控辩双方的平衡，破坏控、辩、审三方构成的完整的、旨在追求公平、正义的诉讼体系。

当然，赋予辩护律师保守职业秘密的义务、拒绝作证的权利也不是没有例外的，笔者认为在以下几个方面应属例外情形：

第一，辩护律师如果以保守职业秘密拒绝作证为借口，帮助被告人实施犯罪行为的，应该禁止并作为一种犯罪加以惩罚。

第二，如果涉及律师自身的利益，以所掌握的职业秘密为自己辩护的应属例外。比如被告人在结案后控告律师，而律师只以所知秘密为证据来反驳，则可以不负保守职业秘密的义务。

第三，涉及重大犯罪的预谋，如果律师不揭发、制止将会给国家和社会利益造成重大损失的；涉及国家安全、国防利益的犯罪，威胁到国家根本利益的犯罪，律师有义务揭发并作证。目前我国《刑事诉讼法》将其定位于辩护律师在执业活动中知悉“委托人或者其他人准备或者正在实施危害国家安全、公共安全以及严重危害他人人身安全的犯罪事实和信息”的，应当及时告知司法机关。

---

〔1〕 参见陈瑞华：《刑事审判原理论》，北京大学出版社1997年版，第288页。

第三章

刑事侦查程序的正当性问题探讨

一、民刑交叉案件中的侦查权控制

（一）问题的提出

民刑交叉案件，是指在同一个案件中，出现民事法律关系和刑事法律关系的相互交叉、牵连、相互影响或者区分不清的情况。按学者之前的研究，民刑交叉案件可以分为三类：因不同法律事实分别涉及刑事法律关系和民事法律关系，但法律事实之间具有一定的牵连关系而造成的民刑交叉案件；因同一法律事实涉及的法律关系一时难以确定是刑事法律关系还是民事法律关系而造成的民刑交叉案件；因同一法律事实同时侵犯了刑事法律关系和民事法律关系，从而构成的民刑交叉案件。[1]

随着市场化进程的加快，法律关系日益呈现复杂化的态势，

---

〔1〕 江伟、范跃如："刑民交叉案件处理机制研究"，载《法商研究》2005 年第 4 期。

司法实践中民刑交叉案件的数量也随之不断攀升，这给我们迟滞的司法提出了相当大的挑战。近年，学界对于民刑交叉案件的研究多着眼于司法管辖，即司法对于民刑交叉案件的管辖权限划分，是“先刑后民”，还是“先民后刑”，甚或“边民边刑”。诸多问题似已厘清，然仍多有未及之处。

民刑交叉案件特殊与复杂，司法在调处时之所以必须慎重，其原因并不仅仅在于此类案件涉及之法律关系跨刑、民两界，还在于其涉及公权力与私权利的界限、分野。诉讼区别于其他纠纷解决机制的本质在于国家公权力的介入。在民事诉讼中介入的公权力为被动之司法权，即司法得依当事人之请求（诉）介入民事纠纷中，居中裁断，定分止争，诉讼所需费用由当事人承担。在刑事诉讼中，介入的公权力为主动的控诉权与被动的司法权，即疑有犯罪发生，代表国家公权力之机构即介入刑事冲突中，依法律赋予之职权进行侦查、控诉，依靠国家之强大权力与公民私权利进行攻防，而由司法裁断犯罪之有无、责任之轻重，诉讼费用由国家承担。民事诉讼双方均为平等之主体，而刑事诉讼乃国家对私人的战争，在刑事诉讼中，对抗双方力量极不均衡。因而，刑事诉讼的首要任务在于防范国家公权力对私权利的不正当侵犯。

民刑交叉案件之必须慎重其最重要原因之一即在于其面临强大国家公权力的侦查权的主动介入。随之而来的问题就是，所有侦查权力运行之弊端皆有可能在民刑交叉案件中出现。而此类案件，因其涉及本是平等主体之民事法律关系，一旦遭遇侦查权的不当行使，对公权之公信力，对法律的公信力，对司法的尊严的冲击，较之单纯刑事案件，更为严重。而不当侦查行为之于民刑交叉案件的影响主要表现之一即为侦查权的滥用。下文的论述将针对此不当行为的表现展开，并提出相应对策。

从理论上说，既然将该类案件称之为民刑交叉案件，那么必然会涉及刑事法律关系。既然有犯罪或者有可能存在犯罪，侦查权的介入是应当且必要的，犯罪乃侦查之天敌。侦查之介入，应只有一个目的——调查犯罪，而不能为其他目的或者掺杂其他目的启动侦查程序。经济纠纷本绝缘于刑事犯罪侦查权，然而其中若有行为涉嫌刑事犯罪，侦查权自然可以涉足，问题在于是否涉嫌犯罪，也仍然是侦查之后的结果。那么，必然存在一种可能：侦查权可以任意介入它想要介入的任何一个民事案件，只需要以涉嫌犯罪为名。这当然并非仅仅是可能，而是实践中大量的客观存在。公安机关以刑事侦查为名插手经济纠纷的问题由来已久，公安部自 1989 年 3 月 15 日，已三次发出通知，严禁公安机关越权插手、干预经济纠纷。但是，这种情况并未见根本好转，1995 年公安部《关于严禁越权干预经济纠纷的通知》中说的非常清楚："为了防止公安机关和民警越权干预经济纠纷，公安部已经三令五申，要求各地公安机关不得干预经济纠纷，切实纠正办理经济案件中的各种违法行为和不正之风。但近来不断发现仍有一些地方公安机关和少数民警有令不行、有禁不止，我行我素，为了本地方或某部门的经济利益而置国家法律和党纪政纪于不顾，越权办案，把不属公安机关管辖的经济纠纷、债务纠纷立为诈骗案件，为一方当事人追款讨债，有的故意混淆经济纠纷与诈骗案件的界限，谋取私利；有的采取违法收审、扣押人质、非法拘禁等手段强行抓人，长期关押，"还款还人"；个别地方竟以已经检察机关批捕来转嫁责任，应付上级公安机关追查，严重侵犯了公民人身权利和合法权益，造成严重后果和极坏的社会影响。2003 年 8 月 13 日公安部召开电视电话会议，安排部署全国公安信访举报积压案件集中清理工作，主要解决七个方面的"因公安机关和公安民警执法不公、处理不当引发的重点疑难信访举报案件，以及群众反映强烈的涉及公安机关和公安民警的其他信访举报问题"，其中第五点即是"反映公安机关和公安民警越权办案，插手经济纠纷，扣人扣款扣物的"。公安部的道道"禁令"效果如何呢？

我们看看近年媒体报道的一些标题就很清楚了："越权办案　法院说不"（《南方周末》2003年10月30日）；"个体户7年间被无辜羁押551天　终判无罪索赔300万"（《华西都市报》2004年10月21日）；"插手经济纠纷　人大代表拍案"（《浙江法制报》2006年3月21日）；"说法：警方插手经济纠纷谁之罪?"（《兰州晨报》2006年9月18日）；"方宏进律师称是民事纠纷　以涉嫌诈骗逮捕不合理"（《新文化报》2009年10月22日）。

自然，经济利益是公安机关插手经济纠纷的首要驱动力。民刑交叉案件之所以成为侦查权滥用的集中地其原因也在于此。民刑交叉案件往往牵涉到经济纠纷，牵涉到巨大的经济利益。有很多民刑交叉案件，本来就是普通的经济纠纷，当事人一方以对方涉嫌经济犯罪到公安机关报案，利用国家侦查权达到解决纠纷、获取经济利益的目的。经验表明，少数侦查人员出于私利（如收受一方当事人贿赂）或者公安机关出于本单位利益亦乐于插手此类经济纠纷。侦查机关往往无视案件是否真的存在犯罪，只要想侦查的案件，莫不能找到涉嫌犯罪的理由而公然介入。此类民刑交叉案件，实际上是实在的民事案件，虚假的刑事案件，刑事法律关系的存在只是为了侦查权介入经济纠纷的方便而虚构的。在此类案件中，公共权力为不正当目的所滥用，极大地损害了政府的信用。那么，为什么公安部的道道"金牌"都如空文，民刑交叉案件中侦查权滥用仍如杂草丛生呢？接下来笔者将具体分析其中制度原因，以求对症。

（二）民刑交叉案件中侦查权滥用之制度原因

当然，道德问题是内在原因。但是，解决这个问题，我们并不能寄希望于当事人和侦查人员的道德自律。追求利益最大化乃人之本性，如果当事人通过侦查权解决民事纠纷以及侦查人员通过侦查权介入民事纠纷是方便的并且利益巨大，而成本非常小，那么这很快就会成为一种人人都愿意选择的办法。而我们制度上的缺陷恰恰给这种权力和利益的交换创造了方便。

1. 民事诉讼的无效与刑事诉讼的有效

实际上，很多经济纠纷的当事人的确认为当遭遇欠债不还时，最便捷有效的讨债方式就是借助公安机关的权力逼迫对方还债。[1] 造成这种情况，我们的民事司法在解决纠纷上的无力是需要承担部分责任的。当事人若选择民事诉讼解决纠纷，需要缴纳诉讼费用，需要忍受诉讼拖延（据一项调查，某基层法院一审民事案件由简易程序转成普通程序的原因，大约60%是审判人员的主观原因或者明明案情简单却不明原因“突兀转换”[2]），而且面对的审判结果也是未知的，即便胜诉能否执行也无从知晓（在我国，执行难是长期存在的顽疾，最高人民法院执行局局长曾公开承认有相当一部分“执行难”的问题是由于法院自身原因造成的，主要表现为“不作为”和“乱作为”[3]）。但如果借助刑事侦查，那么便可以无偿地使用国家司法资源，因为刑事诉讼并不需要被害人缴纳任何诉讼费用。而且刑事侦查的相应强制措施比民事诉讼要有力得多，迅速得多。即便将来被证明刑事追诉错误，相应赔偿也完全由国家赔偿来埋单。有这样便捷、有力的途径去解决民事纠纷，当事人何乐不为？

之所以会出现这样的情况，除了民事诉讼本身在解决问题上的无力使得当事人不愿意选择以外，“先刑后民”的传统思路和

---

〔1〕 张伶：“公安机关插手经济纠纷的矫治对策”，载《湖南公安高等专科学校学报》2009年第4期。

〔2〕 邹守宏、张辉：“审理程序由简转繁的动因与矫正”，载《人民法院报》2009年11月1日。按该文解释，所谓突兀转换，是指“案情比较简单，在3个月内未及时开庭审理，也没有发现确切的迟延审理的理由，在审理期限即将届满时，突兀转为普通程序的”。

〔3〕 “中国各地法院破解‘执行难’ 已执结标的额3430亿”，载《人民日报》2009年10月23日。

做法也给操纵侦查插手民事纠纷创造了机会。尽管很多学者对“先刑后民”的绝对化提出了质疑，认为“先刑后民”是一种公权优先的价值观念，不符合现代法治理念，并且会带来很多问题，因此主张应当区分具体的案件，若刑民可分，可以先刑后民；刑民难以区分时，应当反过来“先民后刑”；在刑民各不影响的情况下，也可以“边民边刑”。[1] 但是，由于“先刑后民”源于最高人民法院司法解释确立的处理民刑交叉案件的一个司法原则，所以只要没有相应的立法或者司法解释做出不同的规定，司法机关一定会将其奉为圭臬。而在实际上，由于我国侦查权的强势地位和司法权的相对弱小，“先刑后民”是极易为侦查机关所用的，其他如“边民边刑”、“先民后刑”若无侦查机关配合根本不可能得以实行。本章所探讨的民刑交叉案件，大多属于民事纠纷之一方当事人或者公安机关故意“制造”刑事案件以侦查为借口介入民事纠纷，其所凭借之依据就是“先刑后民”，怎么可能会有其他的处理选择呢？

2. 不受制约的侦查权与相对人的救济无门

依我国现行《刑事诉讼法》，公安机关对于公民报案、控告、举报，都应当立即接受；“公安机关接受案件后，经审查，认为有犯罪事实需要追究刑事责任，且属于自己管辖的，经县级以上公安机关负责人批准，予以立案……”（《公安机关办理刑事案件程序规定》第175条）。那么，根据以上规定，立案侦查只需要公安机关自我审查，自我授权即可，也就是说，是否介入民事案件，完全可以由侦查机关自己决定，而决定的依据则是自己认为有犯罪事实需要追究刑事责任。如果我们这里说的侦查只是一种调查，并不涉及对公民人身和财产的强制措施其实倒也无可厚非，毕竟

---

〔1〕 陈兴良：“关于‘先刑后民’司法原则的反思”，载《北京市政法管理干部学院学报》2004年第2期。

侦查以犯罪为对象，讲求及时有效，进行侦查也并不意味着定罪，由侦查机关自主决定是否介入相应案件符合以上要求。但问题的关键就在于，在我国，一旦进入侦查程序就意味着相应强制措施的使用几乎不受制约，限制人身自由的强制措施（包括拘传、取保候审、监视居住、拘留、逮捕五种法定强制措施，以及传唤、通缉等涉及人身权利但不被我国法律列为强制措施的侦查行为）除了逮捕需要由人民检察院批准以外，其他都可由公安机关自行决定；对于搜查、扣押、查询、冻结等限制公民财产权的侦查措施也完全可由公安机关自行决定。因此，实际上我国《刑事诉讼法》赋予了侦查机关是否进行侦查，以及是否对涉案人的人身自由和财产权进行限制的自由裁量权。

另一方面，这种自由的裁量权又在制度上、程序上没有受到有效的制约。在刑事诉讼法律程序内，制约的途径主要是检察机关的立案、侦查监督，这主要是通过检察机关对于应当立案而不立案的案件进行的监督以及在审查逮捕、审查起诉过程中对侦查机关的侦查行为进行的监督，这些内容明确规定在《刑事诉讼法》中。当然，《刑事诉讼法》第 8 条也明确规定，“人民检察院依法对刑事诉讼实行法律监督”。理论上，除了对不立案的监督以及在审查逮捕、审查起诉过程中对侦查活动进行监督外，检察机关有权力对所有侦查机关的公权力行为进行监督，当然也包括对侦查机关以侦查为由介入民刑交叉案件所涉及之不应当立案而立案、不应当搜查而搜查、不应当扣押而扣押、不应当冻结而冻结等行为的监督。但是，这些监督程序都没有规定在《刑事诉讼法》中。那么仅仅有第 8 条的规定是否足够？第 8 条是一个笼统的授权，在讲究明确、详细并具可操作性的刑事程序法中，笼统的授权等于没有授权。如果说有第 8 条笼统授权就足够了，那为什么《刑事诉讼法》会对应当立案而不立案，会对审查逮捕、审查起诉过程中对违法侦查行为的审查监督又做了明确的规定呢？

这不免会让检察机关产生种种顾虑，有理不直气不壮的感觉。当然，我们可以在人民检察院《刑事诉讼规则（试行）》（以下简称《规则》）尤其是第十四章“刑事诉讼法律监督”中找到有关的规定。但是，仔细研究，我们会发现人民检察院的立案监督和侦查监督并没有强制效力，并不能起到监督的作用，大多是一纸空文。比如第555条第2款规定：“有证据证明公安机关可能存在违法动用刑事手段插手民事、经济纠纷，或者利用立案实施报复陷害、敲诈勒索以及谋取其他非法利益等违法立案情形，尚未提请批准逮捕或者移送审查起诉的，经检察长批准，应当要求公安机关书面说明立案理由。”第557条规定：“公安机关在接到要求说明理由通知书后7日以内，书面说明不立案或者立案的情况、依据和理由，连同有关证据材料回复人民检察院。”“人民检察院审查后认为公安机关不立案或者立案理由不能成立的，经检察长或者检察委员会讨论决定，应当通知公安机关立案或者撤销案件”（第558条第1款）。“……对通知撤销案件书没有异议的应当立即撤销案件，并将立案决定书或者撤销案件决定书及时送达人民检察院”（第559条）。对于公安机关拒不撤案的，《规则》第560条也作了相应规定，人民检察院应当发出纠正违法通知书予以纠正，公安机关仍不纠正的，报上一级人民检察院协商同级公安机关处理。不可否认，新刑诉法修改后新的《规则》较之前在监督力度上做了相当大的努力。但是仍然无法避免监督无力的困局。首先，公安机关拒不说明理由怎么办？其次，“通知纠正”或者“提出纠正意见”在多大程度上会被公安机关接受呢？这恐怕完全取决于公安机关的认知程度和自觉行为，如果公安机关拒不纠正，那检察机关并没有任何有效途径进行制约。监督必须有效，而不能空喊口号，如果是一种无效的监督，那么它只具有监督之名，不具有监督之实。

无制约就意味着无救济。从刑事诉讼法律文本上来看，若犯罪嫌疑人认为侦查行为违法，只有一个救济途径——提出控告，而向谁控告、怎么控告、接受控告后怎么处理法律没有明确的规定。《规则》第58条规定："辩护人、诉讼代理人认为其依法行使诉讼权利受到阻碍向人民检察院申诉或者控告的，人民检察院应当在受理后10日以内进行审查，情况属实的，经检察长决定，通知有关机关或者本院有关部门、下级人民检察院予以纠正，并将处理情况书面答复提出申诉或者控告的辩护人、诉讼代理人。"提出纠正意见，又回到了那个不能解决问题的无效监督上了。所以，面对侦查的强制介入，民刑交叉案件的当事人确无任何有效的程序内救济途径，除了忍气吞声外也只能上访了。这样，矛盾没有在程序内解决，反而积累了更多、更尖锐的矛盾和冲突，那么"瓮安事件"、"孟连事件"的发生也就不足为奇了。

3. 侦查行为的不可诉导致相对人诉讼无门

长期以来，关于侦查行为的属性及是否可诉的争论一直在持续，我国立法上采侦查行为不可诉论，认为公安机关既是行政机关又是司法机关，其所行使的行政管理权（如行政处罚）属于行政行为具有行政可诉性，而其侦查行为是司法行为，不是行政行为，不具有可诉性。[1] 最高人民法院《关于执行〈中华人民共和国行政诉讼法〉若干问题的解释》（以下简称《行政诉讼法解释》）第1条第2款第2项规定，"公安、国家安全等机关依照刑事诉讼法的明确授权实施的行为"，"不属于人民法院行政诉讼的受案范围"。那么公安机关的行为是否是行政行为就成为了是否行政可诉的关键。按照目前理论和司法实践部门的理解，对公安机关以侦查的名义做出的行为并非绝对不可诉，只要能够界定为具体行政行为而非侦查行为即可。界定的依据目前并不能达成一致，

〔1〕 张志强："对公安机关刑事侦查行为可诉性的探讨"，载《前沿》2002年第10期。

大致有行为的目的、行为的程序、行为的机构、行为的种类、行为的最终结果、法律授权等，尚未有一个明确、统一的认定标准和方法，这就导致实践中此类案件是否可诉在各地司法实践中的混乱。对于相对人来说，几乎只能凭运气，若法官认定为是具体行政行为那么就可以得到及时的救济；若不能那只能等待错误追究之后的国家赔偿。侦查行为不可诉，这种立法认识直接导致了大部分遭遇不正当侦查的犯罪嫌疑人告状无门，只能消极等待或者上访。

（三）控制民刑交叉案件中侦查权滥用的思路

公共权力只能为公共目的而服务，不能掺杂其他，这是不需要证明的，是天然成立的。权力必须得到制约，否则便会被滥用，最终伤害的恰恰是权力的根基。遏止民刑交叉案件中侦查权的肆意妄为，必须在制度上建立相应的制约机制，在程序内给予遭遇侦查权滥用的民事纠纷当事人以救济途径。

1. 取消“先刑后民”的司法解释，确立民刑交叉案件的多种调处机制

“先刑后民”实质上反映的是在公权与私权发生冲突的情况下优先选择公权的一种价值理念，是“重刑轻民”的传统思维的体现，这早已为现代法治所摒弃。随着法治的发展和民主观念的深入，私权越来越被认可为这个社会最基本的权利，[1] 归根到底还是公民权利优先。[2] 当然，在当下中国，谈私权优先尚早，但至少公权与私权并重应该是可以为各方接受的。那么当面对刑事法律关系与民事法律关系的交叉混合的时候，简单绝对地坚持“先刑后民”就会引发很多问题，它往往会成为公权力介入私权

〔1〕 陈杰人：“打破‘先刑后民’是私权回归的要求”，载《法律与生活》2005年第1期。

〔2〕 邹云翔：“对于刑事优先的反思”，载《检察日报》2002年12月27日。

领域的借口。所以“先刑后民”应当只是处理民刑交叉案件多种机制中之一种，不能绝对化。不同的民刑交叉案件，民事法律关系和刑事法律关系交叉混合的程度各不相同，那么具体调处机制也应有所不同。对于民事法律关系和刑事法律关系能够明确分开，民事诉讼和刑事诉讼的处理结果不会发生矛盾、互不影响或者互不依赖的案件，司法应采取“民刑并行”的调处模式，民事诉讼和刑事诉讼分别审理。对于民事诉讼和刑事诉讼发生冲突，一个程序的处理必须以另一程序处理的结果为前提时，司法应当采取“先刑后民”或者“先民后刑”的处理模式。[1] 因此，在笔者看来，应当取消关于“先刑后民”的司法解释，给司法权以自由选择的权力选择适用何种处理模式。

“先刑后民”原则的取消虽然从理念上抽掉了侦查强行介入民事纠纷的借口，但并不能解决我们的问题，因为处理模式的选择说的是司法裁判的选择，问题在于案件最初受理的时候如何落实以上多种调处模式。比如一方当事人向法院提起民事诉讼，另一方当事人向公安机关举报犯罪；或者一方当事人向法院提起民事诉讼，同时向公安机关举报犯罪；或者民事诉讼审理过程中发现有可能存在刑事犯罪。如何确立管辖权？刑事侦查优先还是民事审判优先，还是边侦查边审判？那么问题随之就会出现，是“先刑后民”、“先民后刑”还是“边民边刑”？此时案件并未进入审判阶段，怎么判断刑事法律关系和民事法律关系是否能够独立？怎么判断是否会出现一个程序的处理必须以另一个结果的处理为前提？由谁来判断呢？

笔者认为，案件未进入审理阶段时出现的刑民冲突（即侦查管辖与审判管辖），应该采以“边民边刑”为基础，辅以特殊情

---

〔1〕 江伟、范跃如：“刑民交叉案件处理机制研究”，载《法商研究》2005 年第 4 期。

况下的“先刑后民”和“先民后刑”。所谓“边民边刑”是指公安机关对涉嫌犯罪的事实进行立案侦查，同时人民法院对涉及的民事法律纠纷进行民事审判，当然前提是不同法律事实分别涉及刑事和民事两种法律关系。若民事诉讼和刑事侦查针对的是同一法律事实，那么就需要判断刑事侦查程序的启动是否须要以民事诉讼的结果为前提，[1] 如果是，那么民事诉讼必须优先于侦查，也即“先民后刑”。这种案件最典型的表现是在知识产权类案件中，因为知识产权犯罪均是侵权行为达到一定程度后对同一行为判令承担民事责任的基础上再科以刑事处罚，其刑事侦查的首要前提是对权属、侵权能否成立等民事问题的判断。[2] 如果不是，那么就需要适用“先刑后民”的调处原则，一旦公安机关决定立案侦查，民事诉讼即须中止。因为由于取证能力的差异、证明标准的差别，对于同一法律事实很有可能在刑事诉讼和民事诉讼中产生截然不同的审判结果。此时，应当选择刑事优先，由刑事诉讼先针对同一法律事实作出犯罪与否的裁判，再在民事诉讼或者附带民事诉讼中解决侵权问题。那么，程序上怎么处理呢？也即刑事、民事是否能够分离，怎么判断，什么时候判断，由谁来判断呢？我们提出以“边民边刑”为基础，就是说对所有的民刑交叉案件，侦查机关和民事审判机构都可以分别立案，各自进行，在立案侦查和民事诉讼推进过程中，如果一个程序发现必须以另一个程序的裁判结果为前提，那么该程序中止；如果完全能够分离，那么分别继续进行到终了。

当然，其中肯定会存在需要互相配合的问题，突出反映在两个问题上：一是民事审判的被告人被侦查机关羁押；二是需要执

---

〔1〕 宋阳：“论侦查程序中‘刑民交叉’案件的处理”，载《中国人民公安大学学报》（社会科学版）2007 年第 3 期。

〔2〕 孙海龙、董倚铭：“知识产权审判中的民刑冲突及其解决”，载《法律适用》2008 年第 3 期。

行的财产被公安机关扣押、冻结。对于前者其实程序上并不存在困难，在监狱中服刑的囚犯亦可以进行民事诉讼，完全可以参考民事诉讼中相关规定即可。对于后者，出于私权保护的需要，被告人的财产应当按照刑事被害人的赔偿、民事诉讼的返还和赔偿、罚没犯罪所得这样的顺序来处理。

那么，如果出现侦查权拒不退出也即侦查权强制介入民事纠纷的情况怎么办？这是接下来我们要解决的问题。

2. 在诉讼轨道内确立对侦查权的有效监督机制

侦查权的强制介入，可能存在三种情况：一是对本来就不存在犯罪的案件强制立案侦查；二是对需要侦查中止等待民事诉讼裁判的案件强行继续侦查；三是实践中也并不排除涉案法律关系一时难以确定是刑事法律关系还是民事法律关系的“边缘案件”。

对于这些案件怎么处理，直接涉及能否从制度上斩断侦查权在民刑交叉案件中的滥用，从根源上断绝国家公权力被不正当目的污染之可能性问题。前文分析过，对于此类行为检察监督不力同时由于侦查行为的不可诉也使得其无法受到司法的正当性审查。彻底的解决办法必须依赖于侦查行为司法审查机制的建立。目前，反对侦查行为可诉的主要理由有两个：一是将侦查行为作为行政行为提起行政诉讼违反我国现行《行政诉讼法》；二是否定侦查行为是行政行为因而不能提起行政诉讼。法学研究工作并不能囿于现行法律框架，我们需要注释，但也需要构建，否则法治无从进步，所以实际上第一个理由并不能成为我们建构新的制度和程序的障碍。至于第二个理由，我们暂且不论近年来理论界对侦查行为的行政属性的论证，抛开它理论上的属性不谈，无论谁都不能否认，侦查行为是一种政府公权力行为，并且是一种侵犯公民基本权利的公权力行为。依照现代法治理念，一切公权力行为都必须得到有效制约，而不能有所例外，否则便会被滥用。制约政府公权力行为不能依赖政府自身，只能将此功能赋予司法机关。

对政府侵犯公民基本权利的行为进行司法审查的理念被作为一种最低限度的正义要求被纳入了《世界人权宣言》、《公民权利和政治权利国际公约》等国际公约。西方各国都强调法院或法官对侦查程序的介入，使侦查活动纳入司法权的控制领域，〔1〕学者们对各国的做法也做过比较详细的总结和介绍。当然，由于司法制度的差异，各国具体的制度设计各不相同，但有两点是共通的：其一，由司法权对侦查行为进行正当性审查；其二，审查的程序是依诉讼构造进行。很多学者亦就将司法权延伸到侦查程序中进行了很多研究并提出了很多设想，大致说来有两种方案：一是在法院设置专门的法官或法庭（司法审查庭、侦查法官、〔2〕预审法官〔3〕或者专职轮值法官〔4〕）负责审查侦查行为的正当性，评估强制侦查行为采取的必要性，据此签发相应令状，并受理公民对强制侦查行为不服而提起的申诉或者上诉；二是将司法审查的权力赋予行政诉讼，将侦查行为作为一种具体行政行为赋予其可诉性，由法院行政审判庭来受理、审查其合法性〔5〕。这两种方案各有其合理性和不足。第一种方案参考了西方预审法官制度，以令状主义为原则，对强制侦查行为进行正当性和必要性审查，对强制侦查行为（尤其是涉及人身自由的强制侦查行为）的控制是可预期的，但对于任意侦查行为（即非涉及对人身、财产、隐私等公民重要权益进行限制的侦查行为）却无规制。然而是否任意侦查行为绝对对公民权益无涉，并不尽然，尤其对活在看重“名声”的

〔1〕 陈卫东、李奋飞：“论侦查权的司法控制”，载《政法论坛》2000年第6期。

〔2〕 刘梅湘、刘文化：“论侦查行为的可诉性”，载《新疆社会科学》2006年第5期。

〔3〕 王彬：“侦查行为行政诉讼化的可行性研究”，载《贵州警官职业学院学报》2009年第3期。

〔4〕 陈卫东、李奋飞：“论侦查权的司法控制”，载《政法论坛》2000年第6期。

〔5〕 魏秀玲：“论行政审判权对公安机关刑事侦查行为的监督”，载《公安研究》2003年第8期。

熟人社会的中国的千千万万普通公众来说，只要涉及刑事案件，无论是否受到强制措施规制，都会使名誉受损。所以，即便是任意侦查行为，若是被侦查对象认为侦查错误，亦应有途径得以救济，所诉求之结果虽因未受到强制权力侵犯而无需求偿，但仅是宣告侦查行为错误，亦是被错误侦查人所欲求之“恢复名誉”的理想结果。更何况，即便是任意侦查行为，若必要时（即民事诉讼和刑事侦查针对的是同一法律事实，而刑事侦查程序的启动又不需以民事诉讼的结果为前提）也必须采“先刑后民”，民事法律民事诉讼行为须等待刑事诉讼之结果，所以虽然形式上看任意侦查行为无权益限制，但实质上仍然限制了公民权益，因为民事权益此时因刑事侦查而无法得到及时实现和处置。因此，对于任意侦查行为也应该受到司法控制，这是第一种方案所考虑未及的。第二种方案，将所有侦查行为都作为行政行为来审查其合法性，虽然从根本上解决了可诉性问题，但在我国由于法庭专业分工的细化，由行政法官来判断是否存在犯罪需要追究刑事责任、需要采取何种侦查措施为必要等刑事问题却会力所不逮。

综合以上两种方案，在笔者看来，最恰当的方案应为二者之结合，即在各级法院独立设置司法审查机构，审查所有侦查行为的正当性问题，对于强制侦查行为除了紧急情况之外都必须得到法官审查授权才能实施。非经授权的强制侦查行为，若侦查机关不能提供紧急情况证明或者证明不成立，即被裁判为违法侦查行为，作为行政责任追究和国家赔偿的依据。对于强制侦查行为和任意侦查行为，行为对象若认为（目的或手段）违法或者不正当可以（对已经法官授权实施的强制侦查行为）提起诉讼或者申请复议，对于裁判结果不服可以上诉。诉讼程序采诉讼主义构造，学者已有详细建构，本书不再赘述。鉴于侦查的紧迫性，对侦查行为进行合法性、正当性裁判期间，侦查行为不中止，但法官必须优先审查强制侦查行为的合法性和正当性，迅速作出变更与否的裁决。

3. 检察机关对侦查的控制和监督

司法审查机制的建立并不意味着排除检察监督。其实，司法历来都是用尽其他方法之后的最后救济和控制手段。司法以公平、公正作为首要目标，效率只能兼顾，司法监督以诉讼构造来实现，势必是相对滞后的，它一方面会有碍侦查效率，另一方面也会使得侦查相对人救济的获得相对迟缓。同时，若所有的审查都集中到法院，那无疑是一种灾难，其成本之大无异于再建一套审前法院系统。所以，对侦查行为的审查必须要在进入法院之前进行分流，这个重要的分流器就是检察监督。当前检察监督不力的原因很多，学者们也做过详细的归纳和总结，在笔者看来，最主要的原因是检察意见和建议没有强制力，公安机关若置之不理，检察机关别无良法。问题的解决一方面在体制上要依赖于“检警一体化”，即检察领导、指导侦查的体制的建立〔1〕；另一方面必须在刑事诉讼司法实践中真正实现非法证据排除规则。〔2〕如此，若检察机关不能有效抑制非法侦查行为，那么所依据之证据就有可能会在法庭上被排除，在诉讼上就有可能承担不利之后果，这就反过来给了检察机关以控制侦查的动力，而检察领导地位的确立又使得这种控制能够得以实现，从而达到侦查、检察的良性互动。

---

〔1〕 陈卫东、李奋飞：“论侦查权的司法控制”，载《政法论坛》2000年第6期。

〔2〕 2012年《刑事诉讼法》修改以及之前的最高人民法院、最高人民检察院、国家安全部、司法部《关于办理死刑案件审查判断证据若干问题的规定》、《关于办理刑事案件排除非法证据若干问题的规定》（以下简称“两个证据规定”）虽然在立法上基本确立了非法证据排除规则，但是实践情况并不如意，被法庭认定为非法证据排除的情形非常少见，这与我们的经验明显相悖。

二、报复性侦查及其规制

（一）侦查之目的正当性

刑事诉讼程序的出发点之一在于防范以侦查权为代表的国家公权力的滥用，从而确保公民的基本权利不受来自公权力的非法侵犯。关于这一点，学术界已日益达成共识，并对此进行了深入的讨论和精细的制度设计。即便如此，我们仍然会时常感到困惑，因为有些权力的滥用具有合法的外壳，并且其直接追求的目的也具有正当性，然而在一切正当的行为背后却隐藏着根本目的（或者说启动运行该行为的目的）的不正当。在我们看来，不正当的行政行为可以分为两种形式的“恶”，即“手段不正当的恶”和“目的不正当的恶”。前者是指为了实现正当目的（如打击犯罪、查获犯罪嫌疑人、获得有罪证据等）而采取不正当的手段（如刑讯逼供、诱供、超期羁押、诱惑侦查等）；后者则是为了实现不正当的目的而采取正当的手段。在刑事诉讼中，侦查的正当法律目的是查明犯罪事实、搜集证据，为起诉和审判作准备。为了保证诉讼程序的顺利进行，法律必须授予侦查机关必要的侦查手段、强制措施。由于这些必要的侦查措施不可避免地严重侵犯宪法所保护的基本权利（如人身权、自由权、财产权、通讯自由、隐私权等），所以，对其适用必须加以严格规范，使目的与手段之间保持合理的联系与比例。

在司法实践中，“手段不正当的恶”的表现比较明显，因为什么样的手段是正当的，可以为侦查机关在何种条件下、通过何种程序来实施都能过通过立法明确加以规定，凡是违反该法律（即《刑事诉讼法》）的手段都被视为不正当，属于程序违法，应该受到相应的制裁。当前刑事诉讼法学界的研究焦点主要集中于此，也即对手段不正当的侦查行为的防范和控制，并且相应的理论也比较成熟。然而，对于“目的不正当的恶”这种污染源头（目的）的“恶”的规制，我国则暂时处于空白状态。相对于“手段不正当的恶”，“基于目的不正当的恶”更为隐蔽，因为它处于一切都正当化的直接目的和正当行为的掩盖之下，它的“恶”更多的潜藏在意志领域。对于主观的“恶”，在私法领域，法律一般对此保持沉默，那大多是道德的范畴，法律直接调整的是外在行为而不能规范内心世界。但在公法领域却有大不同，现代公法理论认为，公法与私法不同，它强调权力主体行使公权力的目的和动机的正当性。公权力行使的目的，在法治发达到一定程度时，逐渐被纳入法律的视野。在公法理论上，这种对公权力尤其是政府权力运行的目的、动机、主观考虑因素进行规范的原则，被称为合目的性原则或者合理性原则。“目的不正当的恶”在刑事诉讼领域有很多表现形式，本部分论述其中一种——“报复性侦查”，下一章将会论述另外一种：选择性追诉。

（二）对两个案例的分析

何为报复性侦查，报复性侦查在司法实践中的出现是否具有现实的可能性？如何判断报复性侦查的存在？报复性侦查的特征有哪些？对报复性侦查应当如何规范和控制？要回答这些问题，我们就需要考察报复性侦查的实际状况，探究其背后隐含的法理。鉴于报复性侦查的隐蔽性，展开大规模的实证调研困难极大，我们仅能通过近年见诸报端的两个典型案件来展开实证研究。

案例1：“黄金高案件”

黄金高，原福建省福州市连江县县委书记。2004年8月11日，人民网全文刊登了其题为“为何防弹衣随我6年”的来信。黄金高在信中提到，他因为在任福州市财委主任时查处轰动全国的“福州猪案”、在任连江县委书记时查处连江县江滨路改造建设腐败案（即后文所称“连江地案”），成为某些人的眼中钉，生命受到威胁，不得不穿着防弹衣并由警方护送其上下班。黄金高在信中大胆写道，“查办此案过程中，不断有各种阻力进行干扰，似乎有一张看不见的大网，试图盖住这个腐败案件。面对这种政治漩涡，我对此困惑难解。”“我知道自己的许多行为违反了官场的潜规则，让一些人感到很不舒服。正是这些潜规则纵容了腐败，腐蚀着我们党和政府的肌体。然而这些约定俗成的官场潜规则又往往拥有巨大的力量，让与其相抗衡的人举步维艰。”[1] 黄金高来信在人民网刊出，全国震动，黄金高立即成了全国文明的“反腐斗士”。该事件时称“8·11”事件。

文章上网当晚，由福建省政府新闻办公室主办的东南新闻网刊登长篇文章，中共福州市委、市政府以通报的形式正面回应黄金高致信人民网事件。通报中指出，“连江地案”是一起政府和开发商对签订的合同具体条文理解不同以及合同规定不够明确而引起的用地纠纷，不存在黄金高所称的“黑幕”。相反，在处理“地案”过程中，黄金高屡次“唱反调”，干扰、破坏正常的处理工作，甚至擅自对开发商采取强制措施。

2004 年 8 月 13 日，福州市委通报黄金高致信人民网的有关情况，指出“这是不讲政治、不讲大局、个人主义恶性膨胀、严重违反组织纪律的极端错误行为。其行为的直接后果是为敌对势力利用，引发了社会政治不稳定，成为严重的政

[1] “连江县委书记致信人民网：为何防弹衣随我 6 年”，载 http://www.people.com.cn/GB/shehui/8217/36443/36446/.

治事件”[1]。

2004年8月17日，福州市委下派一个工作指导组，赴连江“指导工作”。

2004年10月8日，有关黄金高腐败问题在纪检部门立案，黄金高被监控。

2004年12月16日，黄金高被“双规”。

2005年8月3日，南平市人民检察院向南平市中级人民法院提起公诉。

2005年9月13日，福建省南平市中级人民法院在福州市中级人民法院大法庭一审公开开庭审理黄金高受贿案。黄金高被指控犯有50项受贿行为，受贿人民币、美元、金砖、白金项链等折合共计人民币580余万元。从庭审反映的事实看，对黄金高的侦查（包括举报）是在“8·11”事件以后才有的。公诉人当庭宣读证据的同时列举了取证时间，均是在“8·11”事件后进行的。

2005年11月10日，南平市中级人民法院作出一审判决，判处黄金高无期徒刑，剥夺政治权利终身。黄金高不服，于2005年11月21日提起上诉，福建省高级人民法院经过书面审理于2005年12月15日终审裁定驳回上诉，维持一审判决。[2]

随着福建省高级人民法院“驳回上诉、维持一审判决”的终审裁定的作出，似乎“黄金高案件”终于大白于天下了。原来，曾经的“反腐斗士”自己就是一个大腐败分子！然而，我们沉重的心情并没有因此尘埃落定。相反，总有一种深切的遗憾，因为又一个绝好的本可以成为中国刑事法治

---

〔1〕“‘防弹衣书记’万言书枪手代劳”，载《重庆晚报》2005年9月14日。

〔2〕以上案件进展，参见段宏庆：“黄金高案一审开庭”，载《财经》2005年9月19日。

建设的里程碑的机会丧失了。回顾"黄金高案件"，我们总觉得有一些不对劲的地方，尽管整个案件的查处都是符合法律程序的，但是我们并没有因此感受到司法的正义！问题出在哪里？我们来梳理一下案件透露给我们的信息：

其一，"黄金高受贿案"的侦查、公诉、审判符合法律程序，其犯罪行为已经得到了司法判决的确认，也即法律上已经确认了黄金高受贿罪成立；其二，福建省、福州市有关党委纪检部门、司法机关对"黄金高受贿案"的调查、侦查、公诉、审判，是在黄金高致信人民网揭示其在查处"福州猪案"、"连江地案"中的遭遇和"感悟"（即"8·11"事件）之后进行的，也即从外观上看，二者具有时间上的承继性；其三，"8·11"事件黄金高的来信内容对地方党委、政府等国家权力机关有着不利的影响，用黄金高的话说，"违反了官场的潜规则"。将以上三点联系起来看，任何一个谨慎的人都会作出这样的判断：对黄金高受贿行为的追诉是那些受到黄金高来信"伤害"的人或者机关（或者说所谓"官场潜规则"维护者）的"报复"行为。而且这种判断在另一个侧面被不断加强着，即表面上看案件为了"程序公正"而由南平市（而非福州市）人民检察院公诉、南平市中级人民法院审理，然而审理的地点却在福州市！

案例2："辽宁西丰县公安进京抓记者案"〔1〕

2008年1月4日，辽宁省铁岭市西丰县公安局多名干警赶到地处北京的法制日报社对该报记者朱文娜进行拘传，理由是该记者的一篇报道涉嫌诽谤西丰县委书记张志国。据《中国青年报》记者电话询问西丰县政法委书记周静宇证实，

〔1〕案件相关情况，参见刘万永、宋广辉："报道涉及县委书记　西丰公安进京抓记者"，载《中国青年报》2008年1月7日。

西丰县公安局对朱文娜确实以涉嫌诽谤罪立案侦查。周静宇表示，记者朱文娜采写的报道通篇失实，严重影响了西丰的形象，《法人》杂志应当立刻采取行动补救，“我们不采取相应措施，是对全县人民不负责任”。朱文娜的这篇名为《辽宁西丰：一场官商较量》的报道发表在2008年1月2日的《法人》杂志上。该文主要报道了发生在西丰的一起强制拆迁引发的涉及公权力滥用的纠纷。文章涉及县委书记张志国动用公安力量对不服强制拆迁、四处上访的商户赵俊萍及其姐姐赵俊华以诽谤罪和偷税罪进行侦查，并经法院宣告有罪判决的事情。有意思的是，朱文娜报道的这个事情恰恰也对属于本文所探讨的“报复性侦查”之列：

2006年，西丰县商户赵俊萍拥有的沈丰加油站被列入拆迁范围，拆迁办委托的县房产局评估事务所第一次拆迁补偿评估为364万元，但开发商不同意。第二次评估为22万元，赵俊萍不同意。协商未达成协议。2006年5月，加油站被强制拆除。赵俊萍因此先后向多个部门反映此事。2007年2月28日，县委书记张志国表态：不能给赵俊萍补偿；赵俊萍的两个加油站（另一个加油站与拆迁无关）都不准开业；要把赵俊萍的企业从西丰县地图上抹去；和县里对着干没有好下场，要用公安力量对赵俊萍采取措施。2007年3月3日，西丰县公安局称接到“举报”，反映赵俊萍的自选商场涉嫌偷税，对赵俊萍立案侦查，并在县电视台播发通缉令，通缉赵俊萍。

赵俊萍激愤之下编了一条短信，发给西丰的部分领导干部：“辽宁西丰有大案，案主姓张是正县，独霸西丰整六年，贪赃枉法罪无限。大市场案中案，官商勾结真黑暗，乌云笼罩西丰县……”

短信发出的当天，西丰县公安局“根据县领导指示”以涉嫌诽谤罪将参与发短信的赵俊萍二姐等人抓捕。

听到家人被抓后，赵俊萍于2007年3月15日携带关于县委书记张志国涉嫌违法的举报材料进京，打算向中纪委反映情况。2007年3月21日，西丰警方从北京将赵俊萍抓回西丰，没收了全部举报材料。

2007年10月30日，赵俊萍被羁押7个多月后，西丰县法院开庭审理赵俊萍涉嫌“偷税、诽谤”一案。2007年12月28日，西丰县法院作出一审判决。关于诽谤罪，判决书说，被告人赵俊萍为泄愤伙同他人捏造事实诽谤他人，情节严重，危害社会秩序的行为，已构成诽谤罪。公诉机关指控的罪名成立，应予处罚，在诽谤罪中系共同犯罪。

法院认定，赵俊萍犯偷税罪，判处有期徒刑2年6个月。犯诽谤罪，判处有期徒刑1年6个月。决定执行有期徒刑3年6个月，并处罚金17万元。

分析以上报道，我们可以很清晰地发现：《法制日报》记者朱文娜的报道存在对西丰县委书记张志国不利之处；西丰县公安局对朱文娜的拘传发生在该报道见报之后；对朱文娜的侦查行为与该篇报道有着直接的关系。对于赵俊萍：赵俊萍不服强制拆迁到多个部门反映问题对当地县委、县政府不利；西丰县公安局在此之后接到“举报”，遂以赵涉嫌偷税对赵立案侦查；赵随后发出的短信又被认定为涉嫌诽谤罪；之后赵进京上访的行为无疑对西丰县更为不利；最后，赵俊萍的偷税罪、诽谤罪为司法程序所最终认定。与前案“黄金高案件”不同的是，本案对朱文娜、赵俊萍以涉嫌诽谤罪的追诉行为，违反了《刑事诉讼法》，是程序违法行为。因为根据《刑事诉讼法》、《刑法》及相关司法解释的规定，侮辱诽谤案件，除严重危害社会秩序和国家利益的以外，属于告诉才处理的案件。在本案中，诽谤的受害人张志国并未直接向法院提起自诉，而是将本来属于自诉的案件直接转成公诉案件，由当地公安机关立案侦查。并且，从报道的情况来看，无论赵俊萍的“诽谤”短信还是朱文娜的“诽谤”报道，都不存在《刑法》所规定的侮辱诽谤案转公诉案件所需要的“严重危害社会秩序和国家利益”的法定情形。因此，公安机关对赵俊萍、朱文娜以涉嫌诽谤进行的立案侦查行为是根本违法的。

（三）报复性侦查的理论基础

1. 报复性侦查的含义与特征

报复性侦查是报复性公权力行为的一种。报复性公权力行为是指公权力的享有者为了报复某一主体（人或组织）的合法行为、正义行为，而对该主体的其他非法行为，以法律授予的或者实际上拥有的自由裁量权为手段，并以法律的名义启动、使用相关程序或者滥用法律授权，使该主体处于不利地位的一种恶意行为。这种报复性的公权力行为，在大陆法系如德国，被称为不当连接，对其规范的是禁止不当连接原则，并认为该原则是适用于整个公法的宪法原则；在美国被称为报复性追诉、报复性司法行为，并在20世纪的60～70年代被联邦最高法院以违反宪法平等保护条款而予以禁止。[1]

报复性公权力行为，可以发生在立法、行政、司法等各个领域。对于侦查这种特殊的行政行为，即表现为报复性侦查。所谓

---

〔1〕 C. Peter Erlinder and David C. Thomas, “Prohibiting Prosecutorial Vindictiveness While Protecting Prosecutorial Discretion: Toward a Principled Resolution of a Due Process Dilemma”, *Northwestern School of Law Journal of Criminal Law & Criminology Summer*, 1985, p. 76; Robert Heller, “The Need for Meaningful Judicial Review of Prosecutorial Discretion”, *The Trustees of the University of Pennsylvania University of Pennsylvania Law Review*, 1997, p. 145.

报复性侦查是指侦查机关或其人员为了报复某一主体（人或组织）的某种对其不利的合法行为、正义行为，而对该主体采取的恶意侦查行为。在典型意义上，报复性侦查行为本身是合法的，也即该目的不正当的报复行为所使用的手段是合法的，比如对黄金高涉嫌受贿的侦查、对赵俊萍涉嫌偷税的侦查，这些侦查行为本身的指向就是犯罪行为，侦查行为的实施本身即是侦查主体的法定义务，但正是这种合法性掩盖了其中的目的不正当性，我们可以将其称为“典型的报复性侦查”，这种报复性侦查指向的是实质有罪或者涉嫌犯罪的人。但实践中的情况大多不尽如此，也很有可能该侦查行为本身即违法，比如第二个案例中公安机关对赵俊萍、朱文娜“诽谤”的侦查即属无权侦查，另外侦查机关也很有可能干脆虚构犯罪，针对无罪的人实施侦查，借此报复其正义行为，我们将此称为“非典型的报复性侦查”。

“非典型的报复性侦查”因为其侦查行为的明显违法性，易于为人们所发现，要么符合《刑法》中的“报复陷害罪”的构成要件，由刑事实体法来规范；要么属于学界所论之程序性违法，可寄希望于程序性裁判机制的建立。唯“典型的报复性侦查”由于侦查行为本身合法，且其本身即为侦查主体之义务，具有相当的隐蔽性，因此尚未进入研究之视野，本章的研究主要针对“典型的报复性侦查”（为简化起见，后文凡无特别注明，所言报复性侦查即是指“典型的报复性侦查”）。“典型的报复性侦查”一般具有以下特点：其一，实施报复的主体是有法定侦查权的机关如公安机关、检察机关、监狱管理机关、安全机关等。其二，被报复的主体有两个在法律上有意义的行为：一个是合法的行为，可以是主张自己基本权利的行为，也可以是对自己、对别人合法权益维护的行为，也可以是任何对社会、对公益有利的行为，另一个是涉嫌违法、犯罪的行为。其三，实施报复的主体对被报复主体的违法犯罪行为有法定的侦查权。其四，被报复的主体的合法行为引起实施报复主体或者有权决定实施报复主体的怨恨和反感。其五，实施报复的主体即侦查机关，因此对被报复主体的犯罪行为启动或者重新启动侦查。其六，在一般人看来，被报复主体的合法行为与实施报复的侦查行为直接有因果联系。以上特征简单总结即是，被实施报复性侦查的对象实施了两个行为，一个是正义、合法的，一个是违法犯罪的，该正义行为引发了有权主体对其违法犯罪行为的侦查，那么这个侦查就是报复性侦查。关于报复性侦查的相关理论，本书称为报复性侦查理论。

2. 报复性侦查理论的出发点

在英美普通法上，有一个法律适用、法律解释的基本原则（Principle）或曰推定（Presumption），即“禁止不正义推定”（Presumption against injustice）原则。该原则“是最基本的原则，而其他的原则则被看做是其派生的原则”[1]。从该原则派生出的原则中有“禁止荒谬推定”、“禁止从错误行为中获利的推定”[2]。其中，适用“禁止从错误行为中获利”原则最早的案例是1889年发生在美国的一个案件：“1882年埃尔默在纽约用毒药杀害了自己的祖父。他知道他的祖父在现有的遗嘱中给他留下了一大笔遗产。埃尔默怀疑这位再婚的老人可能会更改遗嘱而使他一无所获。埃尔默的罪行被发现后，他被定罪，判处监禁几年”[3]。案件的焦点集中在“从法律的角度看，埃尔默有合法权利获取其祖父在最后的遗嘱中提供给他的遗产吗?”[4] 最后，否定埃尔默继承权的意见成为多数派而占了上风，并形成了判决。

---

〔1〕 Ian McLeod, *Legal Method*, Palgrave Macmillan, 2011, p. 295.

〔2〕 Ian McLeod, *Legal Method*, Palgrave Macmillan, 2011, pp. 295 ~ 311.

〔3〕［美］德沃金著，李常青译：《法律帝国》，中国大百科全书出版社1996年版，第14页。

〔4〕［美］德沃金著，李常青译：《法律帝国》，中国大百科全书出版社1996年版，第14页。

在论证中，代表多数派的厄尔法官论证道："法官应该构思出一种法规，使他与法律中普遍存在的正义原则越接近越好。……首先，假定立法者具有一种普遍和广泛尊重传统正义原则的意图，那是合乎情理的，除非他们明确表示相反的态度。其次，既然一条法规是一种更大的智力体系即整个法律的组成部分，那么法规的构思就应使它与那种更大的体系在原则上相符。……在任何地方，法律都尊重下述原则，即任何人不得从其错误行为中获得利益。因此，遗嘱法应被理解为否认以杀人来获得遗产者的继承权"[1]。在1934年英国的一个类似的案例中，法官没有简单的根据《1925年遗产管理法》（Administration of Estates Act 1925）第46条（在遗嘱继承中，死者的财产应当依照遗嘱来分配）的规定判决。该法院强调："由于儿子杀死了其母亲，第46条不能适用。因为如果适用的话，他将继承其母亲的财产，并因而从其错误的行为中获利。"[2] 需要说明的是，该原则适用于整个法律领域，包括公法、私法，实体法与程序法，甚至是证据法。

通过前面的分析，我们可以看到报复性侦查所要打击和报复的其实是一种正义的行为。不管其真实目的如何，黄金高的网文在客观上勇敢地揭露了开发地产的黑幕和官场潜规则，遗憾的是没有任何高层的、足以得出外观公正、令人信服的针对黄金高网文所反映问题的真实性的调查，但仅从其网文在全国所引起的轩然大波以及凭借我们的经验就足以说明此类事件绝非空穴来风，其真实存在的可能性很大，至少已经在公众中引起了强烈共鸣。第二个案例中赵俊萍的上访所揭示的乃是公权力对私权利的侵犯，这仅从赵俊萍的加油站两次悬殊的估价（第一次364万，第二次22万）就足以让任何一个理智的人产生其中存在腐败、权钱交易

〔1〕［美］德沃金著，李常青译：《法律帝国》，中国大百科全书出版社1996年版，第18页以下。

〔2〕 Sigsworth, Re, Bedford v. Bedford, 1935; Ch 89.

的可能性的判断。记者朱文娜的文章更是从中立的角度对案件做了客观的报道，提出了案件处理中的种种可能牵涉腐败的问题。所以，无论黄金高、赵俊萍还是朱文娜，他们招致报复性侦查的行为都是一种对有权机关不利的正当的行为。对于这些行为的打击和报复，违反了上文所阐述的“任何人不能因其正当行为而遭受不利”的原则，同时，对这些报复行为的漠视，也会导致强势群体不会为其违法行为而遭受不利，反而从中获益这种严重违背法治精神的局面出现。所以，在刑事诉讼领域，必须确立禁止报复性侦查原则，而其中的意义也并不仅仅体现在刑事司法领域，实际上这个原则的确立有着更为深远的社会学价值。

3. 确立禁止报复性侦查原则的意义

（1）确立禁止报复性侦查原则对社会正义观念有着良好的塑造效应。法律乃至一个司法的判决应当对一个良好的制度、风俗和社会风情的建立、形成、维护起到积极而非消极乃至打击、摧毁的作用。一个决定的做出，不仅要考虑当前，有时候，更重要的要考虑决定做出以后对未来行为的影响、指导、刺激作用。对于报复性侦查而言，“基于对未来可能的行为的理性评价，法院的眼光也许还要放得长远些，并为了挫败某些非财产方面目的的违法受益而适用该推定（即禁止从非法行为中获利推定）。这种主观上非财产方面的目的却是重要的”[1]。报复性侦查之危害在于：

首先，尽管很多报复性侦查行为（如对黄金高贪污罪的侦查、对赵俊萍偷税罪的侦查）从法律上看无可非议，但它是对正义、合法的行为甚至念头的一种残酷摧残。任何人，无论是嫌疑人、还是罪犯，无论是“净手”还是“污手”，都享有主张宪法、法律保护的，未被限制、未被剥夺的权利的资格，都享有为本人、他人的利益、为社会的公益而主张正义的资格。这是不言而喻的。

---

〔1〕 Ian McLeod, *Legal Method*, Palgrave Macmillan, 2011, p. 311.

但是，如果允许报复性侦查的存在，无疑是剥夺了所有人的上述资格。任何人只要以前有违法的行为，那么之后的任何时候，你都不能为自己、为其他人、为社会公益而伸张正义、主张权利。因为你以前曾经有过一次违法，所以在你以后有正义感冲动而欲为自己、为他人、为社会主张正义时，你时刻面临着被挑选出来侦查、起诉乃至入狱的危险。这种“一次为贼，一生为贼”，“只有圣人才能主张自己合法权利、只有圣人才能为其他人伸张正义、只有圣人才能说话”的规则，将导致整个社会成员对正义的冷漠、抛弃。也许，最后只有刚刚出生的婴儿才有资格、才不至于被报复而正大光明地主张、要求正义，才能安全无恙地抵制强加在自己、别人身上的不正义。也许，这种无形的、对人性善的复苏、发展的残酷摧毁，才是最为严重的后果。

其次，报复性侦查的得逞会对凡是公权力所能及的所有领域起到一个不良的示范效应，即任何政府权力的拥有者、具体执行者都可能效法这种不受限制的报复行为，凡是对自己不利的言行尽可以肆意以公权力予以打击，只要行为人曾经有过污点。这种情形演变到最后无疑会助长一种绝对的、不受监督、失去控制的权力，而且这种权力很有可能会成为权力的拥有者为自己谋取私利的工具。其实，近些年来在一些高级领导干部的腐败案件中，我们也并不难发现报复性侦查的影子，比如当初仅仅因为在网络上转帖了一篇揭露国家药监局原局长郑筱萸及多名国家药监局官员与浙江康力元投资集团保持不正当关系的网文的张志坚，就被海口市公安局保税区分局以涉嫌损害商业信誉罪为由拘留（2006年4月26日）、批捕（2006年6月1日），直到2007年2月，在被羁押近10个月后，在郑筱萸被查处以后才得以被变更为取保候审的强制措施。[1]

禁止报复性侦查对正义的塑造效应即在对以上危害的预防中体现出来。一方面，禁止报复性侦查鼓励公民的正义行为，告诉他们不必担心自己的“污点”，只要是主张正义的行为都应当受到奖励，这种奖励就是国家对于“污点”的追诉在一定程度上被减轻或者排除（或许在这一点上有点类似于《刑法》中的“立功”）。另一方面，禁止报复性侦查也禁绝一种利用合法的公权力行为为自己谋取不当利益的行为。当然，禁止报复性侦查牺牲了一定意义上的正义（犯罪者可能因此而减轻处罚或者免除处罚），但却获得了整个社会更深远的正义观念的确立。

（2）禁止报复性侦查有效保证了法律的正义性，维护了行政与司法的纯洁形象。对于报复性侦查，如果检察机关、法院仅仅狭隘地适用法律，将主张正义而又有污点的人依法追诉、作出有罪判决。无疑，是充当了侦查机关报复性追诉的帮凶，对于法律的纯洁性，检察机关、司法机关的正义形象无疑是莫大的讽刺和嘲弄。

如果我们禁止报复性追诉，即对被报复对象的犯罪行为根据个案情况予以免于处罚、减轻处罚或者终止诉讼程序如撤销案件、不起诉、不予受理等，那么，其积极功能是：首先，这是对人类正义追求的重唤、促进、鼓励；其次，可以惩罚邪恶，从根源上对报复性侦查釜底抽薪，剥夺其因报复性侦查而获得的利益；最后，鼓励任何人、包括曾经违法犯罪的人抵制非法、不正义。

---

〔1〕 参见杨燕生：“网上转帖揭露郑筱萸网文　竟被逮捕关押近10月　张志坚终获国家赔偿”，载《法制日报》2007年7月23日。

（四）对报复性侦查的正当性规制——确立禁止报复性追诉原则

如前所述，报复性侦查分为典型的和非典型的两种，对于非典型的报复性侦查，由于该侦查行为本身即违法甚至涉嫌犯罪，我们很容易进行规制，只需要进行程序制裁和刑事实体制裁即可，当然这其中也涉及诸多的制度设计，如程序性制裁机制的建立和完善、国家赔偿制度的完善等，这些前辈们多有论述，本书不再赘述。问题是如何规制典型的报复性侦查。

在国内，对于报复性的侦查、起诉行为的研究基本属于起步阶段，原因是学界与实践的隔离，加之报复性的目的、行为在表面严格执法的面具下不易为外界发现，而受报复者又因为自己的被侦查的行为确实违法（甚至犯罪），在没有建立相应的禁止报复性侦查、报复性起诉的制度或原则的情况下，即使能证明对方的报复目的和动机，自己的违法行为也照样会被追究，所以只好哑巴吃黄连，有苦说不出。不可忽视的是，正如本书案例所揭示的那样，报复性侦查、报复性起诉在中国是现实存在的，并且因其隐蔽性、黑暗性，以及其必然产生的对正义、合法行为的摧毁性后果，使人类的善性和良知在那种戴着合法面具的暴力之辊的拷打、血腥魔刀的恐吓之下逐渐消逝，长此以往，在不远的将来，我们将面临的是黑吃黑、以毒攻毒的恶性循环。因此，我们必须禁止报复性侦查原则在司法实践中的适用。在具体制度建构上：

首先，应当在法律或司法解释中明确确立“禁止报复性侦查原则”。在英美法系国家，禁止报复性追诉原则是通过判例确定下来的。我国属于成文法国家，因此应当在《刑事诉讼法》或其司法解释中明确规定禁止报复性追诉。实际上，报复性追诉并不仅仅针对侦查机关的报复性侦查，也同样针对检察机关的报复性起诉。在西方国家侦检一体化的构造下，报复性起诉自然包括了报复性侦查与报复性起诉。但我国侦查、检察是分离的，那么用报复性追诉可能更合适一些。基于本章主要探讨的是侦查行为，因此多采用报复性侦查字眼。其实，本书对报复性侦查的论述同样适用于报复性起诉。

其次，应当建构有效禁止报复性侦查的制度。禁止报复性侦查其实是一种裁量行为，也即关键在于裁量是否存在报复性侦查。根据我国刑事司法体制，裁量的主体应该有两个，即检察机关和司法机关。那么就需要一个程序来判定是否存在报复性侦查的情况，笔者认为这个程序应当这样建构：对于报复性侦查的审查程序应当依申请而启动，启动的主体是认为其受到侦查机关报复的人或者组织。接受申请（或称裁量）的主体是检察机关或人民法院。向哪个机关提出申请，要视具体案件而定。如果检察机关本身即为侦查主体则只能向人民法院提出申请。一般而言，申请人应当先向检察机关提出申请（或称为控诉），如果对于检察机关拒绝禁止报复性侦查的决定不服，可以再向司法机关提出申请，也即司法是最后的救济手段。申请人提出申请应当提交相关理由和支持理由的相关证据。检察机关和司法机关对相关理由和证据进行审查，听取侦查机关的辩解，必要的时候，可以组织听证，也可以主动调查。检察机关和司法机关在这些审查和调查的基础上，作出是否确认报复性侦查存在的裁决。如果报复性侦查被确认，那么根据报复性侦查的诉讼阶段作出相应的裁决。如果在审查起诉阶段，检察机关可以作出不起诉的决定或者将报复性起诉的存在向人民法院书面说明，提出从轻或减轻处罚的量刑建议。如果在审判阶段，人民法院应当作出从轻或减轻乃至免除处罚的判决。而如何裁决，是否不起诉或者从轻、减轻或免除处罚，则由检察机关和人民法院自由裁量。裁量的依据是对申请人（或者称嫌疑人、被告人）正义行为所保护的那个利益和申请人受到报复性追诉的行为所损害的利益进行利益上的衡量。如上文第二个案例中，赵俊萍因不服强制拆迁四处上访而引起控诉机关对其偷税罪的侦查、起诉。那么衡量该案的关键即在于比较偷税的社会危害程度与其主张正义行为的社会效益孰轻孰重。如果偷税的数额很少，刚刚达到入罪数额，那么这种危害明显要比反抗明显不公（364 万与 22 万的巨大落差能够很清晰地反映不公的存在，并且其中是否存在腐败都是令一个正常人生疑的）的强制拆迁所获得的社会效益小得多。对于这种情况，检察机关完全可以作不起诉的决定，法院也完全可以免予监禁刑，而代以罚金刑。而如果偷税数额较大，那么鉴于报复性侦查的成立，人民检察院应当作出从轻或者减轻处罚的量刑建议，人民法院应当作出相应从轻或者减轻的判罚。当然，这也会存在例外的情况，比如申请人受到报复性追诉的行为所损害的利益远远大于其正义行为所保护的那个利益，那么从轻处罚是不合适的，对于这种情况，只能裁决确认报复性侦查，而不能在量刑上有所减轻，但实际上也应该有所考虑，这就是如果不能从轻的话，那也不能从重。也就是说，必须在案件的实体或者程序裁判中显示出对报复性侦查的否定性评价和对正义行为的鼓励。

最后，无论是检察机关还是人民法院，在确认报复性侦查成立之后，应当向实施报复性侦查人员所在的机关或其上级机关提出检察意见或者司法建议，建议追究相关人员的行政责任。还有一点，如果侦查人员在其中涉嫌犯罪（比如报复陷害、徇私枉法），则应当另案侦查。已经提起的确认程序及追究被报复主体刑事责任的诉讼应当中止，待追究侦查人员犯罪的案件审理终结后再进行审理。

最近，一系列“打击报复”举报人、政治评论者的案件又屡屡引发全社会的强烈关注：如“山东高唐‘侮辱’县委书记案”中几个居民因在网上发表对当地经济社会发展的一些看法触怒了当地领导，以涉嫌“侮辱”、“诽谤”高唐县委书记孙兰雨被刑事拘留、逮捕[1]；“阜阳‘白宫’举报人蹊跷死亡案件”中举报阜阳市颍泉区豪华办公楼“白宫”的李国福在上访回来后即被以贪污罪、受贿罪、伪造国家机关公文、印章罪、伪造公司印章罪四项罪名立案侦查，并被拘留、逮捕，随后在安徽省第一监狱死亡，并强行火化[2]。这一系列案件的背后，我们都可以看到报复性侦查的魅影。这些活生生、血淋淋的案件都在不断警示着我们报复性侦查已经不仅仅是一些特殊的情况，它大有蔓延之势。报复性侦查亟待规制，否则它对于整个社会正义观念的打击，对于公权力公信力的污染会是致命的。

三、侦查正当性的题外话——警察违法暴力问题

近些年，人民警察在执行公务、日常生活中的暴力违法案件屡见报端，孙志刚案件、“警察打死警察案件”、“麻旦旦处女嫖娼案件”、“黑龙江警察枪击孕妇案件”……当然，这些警察暴力违法案件毕竟是少数，人民警察的主流还是“爱人民”、“为人民服务”的。但人民警察作为“一支具有武装性质的国家行政执法和刑事司法相结合的专门力量”，作为“维护国家安全，维护社会治安秩序，保护公民的人身安全、人身自由和合法财产，保护公共财产，预防、制止和惩治违法犯罪活动”的国家机器，其行为直接关乎国家政权的稳定，关乎国家的尊严和执法的公信力。因此，少数警察违法暴力案件，影响却极为恶劣和广泛，这些案件损害的不仅仅是行政执法的形象，由于普通公众很难区分行政

〔1〕 参见刘畅：“山东高唐‘侮辱’县委书记事件调查”，载《中国青年报》2007年12月20日。

〔2〕 参见李润文、李菁莹：“阜阳‘白宫’举报人蹊跷死亡调查”，载《中国青年报》2008年4月22日。

执法与司法，也直接损害了司法的尊严和公信力。其实，警察违法暴力是个全球性的问题，即便是在西方比较健全的法治社会也屡见不鲜，探究其产生的根源，建立相应的防治措施就很有必要了。

（一）对警察违法暴力的界定

1. 何谓警察违法暴力

警察违法暴力，“是指具有警察身份的人实施的违法暴力行为”[1]。警察违法暴力既可能是在执行职务的活动中所为，也可能是在非职务活动中所为；既可能属于触犯《刑法》的犯罪行为，也可能是触犯其他法律的违法行为；实施的对象既可能是犯罪嫌疑人，也可能是普通群众。其基本特征有三：一是须是具有警察身份的人实施的行为；二是该行为具有暴力特征；三是该行为违法。

2. 警察违法暴力与刑讯逼供

刑讯逼供是指侦查机关采用让侦查对象产生肉体或精神上的痛苦的手段以逼迫其供述与犯罪有关的事实或证据材料。显然，刑讯逼供的主体更为广泛一些，它不仅仅包括公安机关，还包括检察机关的侦查部门及其他依《刑事诉讼法》享有侦查权的机关。但就警察实施的刑讯逼供而言，其具有暴力特征，《刑法》中规定有刑讯逼供罪，《刑事诉讼法》中明文严禁刑讯逼供，也具有违法特征，因此是符合我们上面所界定的警察违法暴力的三特征的。所以，警察的刑讯逼供是警察违法暴力的表现形式之一，它是警察在履行侦查职务过程中的暴力违法行为。

之所以将刑讯逼供与其他警察违法暴力加以区分，是因为就中国公众的法治观念而言，引起人们对公安机关更强烈的负面反

---

〔1〕 李玫：“警察违法暴力心理原因分析”，载《公安大学学报》2001 年第 1 期。

映的，更多的来自于刑讯逼供以外的其他警察违法暴力行为。对于中国的群众，无产阶级专政的思想是深入人心的。在案件事实的发现上，实事求是的倾向极为强烈，人们对实质理性的追求远大于对形式理性的追求。在刑事诉讼领域，很少有普通群众会关心到保障犯罪嫌疑人的合法权益问题，也很少有人能够将犯罪嫌疑人与经过法庭审判为有罪的罪犯区分开来。人们更关心的是公安机关侦破案件、打击犯罪是否有力和迅速。因此，对于目前比较泛滥的刑讯逼供，多数人还是给予了一定程度的同情，毕竟是为了侦查。而对于少数警察倚仗其身份实施的其他暴力行为，人们才从根本上深恶痛绝。虽然，群众的这种看法是有所偏颇的，但我们在探究警察违法暴力时却不得不加以区分，这样才能更清楚地找到问题的症结所在。

（二）警察违法暴力产生之源

1. 社会心理之源

理论上，警察的合法暴力所针对的应当是违反国家统治秩序的行为。那么，只要公民没有实施这样的行为，是不会成为警察暴力实施对象的。但人们似乎天生对警察有一种畏惧感与对抗感，其原因在于：其一，警察是一个暴力机关，法律赋予警察拥有普通公众所不能拥有的暴力工具与权力，人们对警察的天生畏惧感更多的来自于对国家暴力机器的畏惧，而这也正好符合国家的目的。其二，中国人对警察的天生对抗更多的，更微妙的来自于中国人的传统心理。在中国两千多年的封建专制历史上，人民一直处在社会的最底层，一直是被统治的对象。为了维护其统治秩序，统治者建立了一整套完备的国家机器，警察即是其中重要的一环。尽管现代意义上的警察制度是在清朝末期的“新政”中从西方引进的，但就警察的职能和具有这种职能的机构设置来说，则可以追溯到国家产生的最初时期。《尚书·舜典》记载，舜告诫皋陶：

“蛮夷猾夏，寇贼奸宄。汝作士，五刑有服，五服三就；五流有宅，五宅三居，惟明克允。”意思是作为“士”，应当用“五刑”来对付“寇贼奸宄”，这样才能让人们服从。这个“士”既具有司法官的性质，也兼有后代警察的某些职能。

到了周朝，则出现了分工明细的“警察机构”，据《周礼》一书所载，春秋战国时期执行警察职能的官吏主要有：①司民，负责“掌登万民之数目，自生齿以上，皆书于版，辨其国中，与其都鄙，及于郊野，异其男女，岁登下其死生”。其管理事务为进行户口登记，颇似现今的户籍管理。②司市，负责市场的治教政刑，量度政令。类似现今的管理市场的治安人员。③司（武虎），“掌宪市之政令，禁其斗器者，与其（武虎）乱者，出入相陵犯者”。即负责维持社会治安秩序，禁止暴乱。④司稽，负责巡逻、拘拿盗贼及司察犯禁者等。⑤司寤氏，为掌禁夜的官员。⑥禁暴氏，执行镇压暴乱，打击行为欺诈、违反禁令和制造谣言者职能，并有权诛杀敢于触犯禁令的人。⑦禁杀戮，“掌司斩杀戮者，凡伤人见血而不告者，攘狱者，遏讼者，以告而诛之”，即对相互杀戮者；见殴斗伤害不告者；官方有文书追捕的逃犯；遏止他人向官告发犯罪者等四种人，禁杀戮应及时报告上司而进行诛杀。⑧司垣氏、司爟，为主管消防监督的官吏。⑨野庐氏，掌通达道路，往来顺畅，类似今天的交通警察。⑩司厉、司隶、司圜、掌囚、掌戮，均为管理奴隶、俘虏、劳役、囚徒及追捕逃犯的狱吏。⑪司门，负责京城诸门管辖，稽查走私。⑫司关，负责检查出入关的货物、税收及查验过关人员的证件等。⑬司险，平时执行修路架桥任务；战时行使边防保卫的职能，类似现今的边防警察。[1]

中国的封建中央集权制的统治历史之长，在世界上是绝无仅

---

〔1〕 宋占生等主编：《中国公安百科全书》，吉林人民出版社 1998 年版，第 1420 页。

有的，这造就了旧中国人的独特“国民性”——“奴才”与“专制者”这两种性质的交错混杂。鲁迅先生对旧中国国民的“坏根性”的批判最为尖锐，他有两句话非常深刻地点破了这种性情：“畏强者，未有不欺弱的”〔1〕，“临下骄者事上必谄”〔2〕。封建社会的中国，是一个等级特权思想泛滥的国家，广大人民群众受封建思想的毒害十分的严重。在这样一个社会中，不可能存在平等的原则，当自己统治别人的时候，是凶残的专制者，而当自己被别人统治的时候，则又变成了驯服的奴才。鲁迅分析的尽管是旧中国的国民，可是今天的人们反躬自省，是不是仍旧留有这种国民性的影子呢？当前我们的警察队伍中，少数人其严重的特权思想极是导致警察违法暴力的一个非常重要的因素，这种特权思想是与“国民性”的影响有一定关系的。

此外，在我国，由于受几千年封建专制统治和儒家文化思想的熏陶，人们已经形成了“温、良、恭、俭、让”的民族性格。我们的公民普遍接受的是“个人服从集体、集体服从国家”的集体主义观念，而对人作为个体的权利并没有给予像西方社会那种关注。这些思想和观念牢固地扎根于每一个中国人心中，沉淀于中华民族的民族精神之中。在这种观念的支配下，人们对公权力表现得极端信任，对破坏社会的犯罪行为深恶痛绝，同时对被害者表现出极大的同情。在我国国民的心目中，打击犯罪中的些微不合法是可以容忍的，只要犯罪分子得到了惩罚，但无法容忍真正的犯罪分子逃避法律的制裁。在这种背景下，如果过于强调程序正义，过于强调保障犯罪嫌疑人、被告人的权利，显然是不能为广大的群众所接受的。

2. 制度之源

亚里士多德断言：“说也奇怪，一切有权力的人都容易滥用权

〔1〕《鲁迅全集》（卷一），人民文学出版社1981年版，第253页。

〔2〕《鲁迅全集》（卷一），人民文学出版社1981年版，第271页。

力，这是千古不易的一条经验。”邓小平也曾经深刻总结：“制度好，可以使坏人无法任意横行，制度不好，则使好人无法充分做好事，甚至会走向反面。”[1] 警察机关作为国家合法的暴力机器，潜在地构成对公民人权的侵害。如果没有完善、严密的制度加以制约，掌握和行使警察权力的人必然滥用暴力。警察滥施暴力的结果，就是对公民基本人权的侵害，同时动摇着执政党和政府的合法性基础。中国的警察违法暴力是有着深刻的制度原因的：

（1）警察权的行使缺乏司法权的控制。警察权直接涉及的是公民的人身自由与财产权利，根据《刑事诉讼法》，公安机关可以自行决定采取取保候审、监视居住、拘留等强制措施；可以自行决定采取勘验、检查、搜查、扣押、通缉等侦查措施。根据《治安管理处罚法》，公安机关可以自行决定采取警告、罚款、行政拘留、吊销公安机关发放的许可证。根据劳动教养的有关法律法规，由公安机关相关人员组成的劳动教养审批委员会可以自行决定对尚不够刑事处罚的“违法犯罪分子”采取1~3年的劳动教养措施，并可延长1年。根据《中华人民共和国禁毒法》和《中华人民共和国禁毒条例》的规定，公安机关可以自行决定对戒毒人员在劳动教养戒毒所内实行3~6个月的强制戒毒。可见，这一系列涉及剥夺人身自由的事项，公安机关实际拥有着决定权。不难看出，公安机关在实践中拥有部分司法权，而且这种司法权是不受任何中立的司法机构的审查的，公安机关在这些涉及人身自由权利的决定中充当着自己的法官，严重违背了“控审分离”、“司法最终裁决”等法治原则。

（2）对警察的行为缺乏有效的监督机制。警察违法暴力从来都是与警察腐败问题密切结合在一起的，不可否认凭借警察身份实施违法暴力行为只为了满足其权力感、控制欲或者干脆是虐待

---

[1] 《邓小平文选》（第2卷），人民出版社1994年版，第333页。

快感的人是存在的，但至少有相当部分警察违法暴力实施的目的是为了谋取不当利益。《海南日报》2005 年 9 月 1 日以《警察龙杰锋竟是“黑老大”》为题，报道了一个被警方摧毁的在广东四会横行 5 年的黑社会组织，而该组织的“老大”龙杰锋竟是一个有着 5 年警龄的公安民警。龙杰锋团伙所实施的种种暴力行为，不能说不倚仗其警察身份，其目的正是以开设赌场、放高利贷、收取保护费等来谋取暴利。龙杰锋横行 5 年之久，而没有任何负有监督职责的机关进行过像样的审查监督，这正说明了现行监督机制的无力。

其实，仔细算来，有权对国家工作人员实施监督的机关不可谓少，党的各级纪委、各级政府的监察机构、人民检察院，可是能把监督落到实处的机关却根本不存在。为什么？这不能不追究到我们的监督机制，人民检察院虽然是宪法规定具有对法律的实施负有监督职能的机关，但各级检察院却无法独立于当地党委、政府，无论财政还是人事都受当地党委、政府制约。汉密尔顿有言：“就人类天性之一般情况而言，对某人的生活有控制权，等于对其意志有控制力。”〔1〕因此，人民检察院对本地各级机关工作人员的监督不免会顾虑重重。再者，在刑事诉讼领域，作为公诉机关的人民检察院与作为侦查机关的公安机关具有天然的同盟性，而不具有最基本的中立性和利益无涉性，检察机关作为公诉机关，对于纠正公安机关的违法侦查行为，在实际效果上都是极为有限的。〔2〕这两个原因一直是学者们坚持的看法，但笔者总认为还应当有更深层次的原因。因为很多案件是并不涉及地方政府对检察机关行使监督权有所限制的。很多拥有监督权的机关高于被监督的对象，比如党委的纪律检查委员会，纪委书记是当然的党委常

---

〔1〕［美］汉密尔顿等著，程逢如等译：《联邦党人文集》，商务印书馆 2004 年版，第 396 页。

〔2〕陈瑞华：《程序性制裁理论》，中国法制出版社 2005 年版，第 98 页。

委，并且在绝大多数情况下由当地党委副书记兼任，其地位是高于公安机关的。但龙杰锋的案件在其横行乡里5年的时间中，并没有纪委的身影，这就很值得思考了。笔者认为这种状况，可能难逃中国的“熟人社会”的传统。正如费孝通先生所言，在中国传统的“熟人社会”里，人与人的关系是“以‘己’为中心，像石子一般投入水中，和别人所联系成的社会关系，不像团体中的分子一般大家立在一个平面上的，而是像水的波纹一般，一圈圈推出去，愈推愈远，也愈推愈薄”[1]。无论是纪委还是检察机关在行使监督权的时候，可能（事实上也是）会发现被监督调查的对象总能千方百计与自己搭上某种亲戚、朋友、师生等情分。中国人是最讲“情面”的，因为“熟人”嘛，总得留点情面才好，于是很多违法分子便这样“逍遥法外”着。滋贺秀三说得好，在中国“正是人情被视为一切基准之首”[2]。

（3）对于警察违法暴力行为缺乏有效的救济机制。法治社会的一大突出特色是排斥私力救济，因为私力救济是无序的、无终的、难以实现公正的、不可预期的，甚至是暴力的、血腥的，会破坏一个国家所应有的安宁。因此，国家在规定某些私力救济行为为违法甚至犯罪的同时，应当给遭遇侵害的人们以有效的、公正的救济途径。而在我们目前所看到的诸多警察违法暴力案件中，被害人大多告状无门、忍气吞声，有的长期上访、寄希望于得到某位高层的重视。我们知道，在法治社会，救济的最有效、公正的途径应当是司法的手段，而不是“拦路喊冤”式的行政性的上访。而在对待警察违法暴力的救济途径上，恰恰司法没有起到其应有的救济功能。

根据《刑事诉讼法》的规定，刑讯逼供等警察在行使职权过

---

〔1〕费孝通：《乡土中国　生育制度》，北京大学出版社2005年版，第27页。

〔2〕［日］滋贺秀三等著，王亚新等译：《明清时期的民事审判与民间契约》，法律出版社1998年版，第39页。

程中行使的违法暴力行为属于人民检察院立案侦查的范围。而对于其他非职权活动中的警察违法暴力行为，如果将行为人当做一般主体的话，那么根据其情节应当属于故意伤害、非法拘禁、非法搜查、故意杀人等。如果该行为涉及犯罪，那么应当由公安机关来进行侦查；如果该行为没有达到犯罪的程度，就应当按照《治安管理处罚法》来进行处理。这里面是存在很多问题的，我们可以清楚地看到，被害人对于刑讯逼供等职权违法暴力获得救济的途径是向人民检察院申诉、控告，我们前面讲过，由于体制上的原因，检察机关根本无法有效地进行监督。对于其他非职权活动中的警察违法暴力行为，被害人的救济途径则是向公安机关报案，由公安机关进行刑事侦查或者治安处罚。这样，公安机关的侦查、处罚对象则是同一机关的工作人员，这又回到了我们上面提到的“熟人”问题，情面问题。即便是办案人员铁面无私，可侦查自己的同事，无论实际结果如何，能够让被害人和公众信服吗？这与“自己做自己的法官”有何区别呢？如果被害人申诉、控告、报案，检察机关、公安机关不予受理或立案呢？被害人有程序救济途径吗？没有。当然，《刑事诉讼法》对于这种情况规定了另外一个渠道，即公诉转自诉，可法律意识不强的普通公众是否知道可以提起自诉呢？就目前的法治环境，又是否敢于提起呢？即便自诉，又如何收集证据呢？可见，我们现有的制度，根本没有为被害人设立相应的诉讼内救济渠道，因此，大量、长期、激烈的上访行为就不足为奇了。

（4）现行警务管理体制的弊病。我国现行的警务管理体制实行“统一领导，分级管理，条块结合，一块为主”的领导原则。具体说，就是公安部受党中央和国务院的领导，地方各级公安机关受当地党委和政府的领导，同时接受上级公安机关的领导，但以同级党委和政府的领导为主。[1] 这种“以块为主”的管理体制，与计划经济时期“条块分割”的计划经济体制、政治体制相适应，在当时确实发挥了相当积极的作用。但是随着经济体制和政治体制改革的深入，这种管理体制在公安执法实践中引发的弊端越来越明显。关于这方面，学界已经有了相当的论述，笔者在此就不再赘述，仅就与本章警察违法暴力行为有关的几点简要列举一下。

首先，地方人、财、物的管理体制导致了警务活动的财务保障不力。我国的公安经费没有列入政府财政预算，固定拨给的“人头费”等同于一般行政机关的标准；公安业务建设和装备经费需要专项申请。决定公安经费多少的是地方财政的收入水平，而没有相对统一的经费保障标准，很容易引发以罚代刑、以罚代处等现象。这样的体制下，出现“抓嫖提成”的事情就不足为奇了。[2] 广东顺德市更是从1995年开始由政府统一收取“差饷费”(市、镇财政超收部分提取3.5%，民用电每度收取3分钱，工业用电每度收取1分钱，旅客住宿平安保险金提取27%，机动车辆保险费提取5%，汽车增容费提取30%，外来人员管理费提取50%，公安罚没款提取30%)，每年约统筹1亿多元作为公安经费。[3] 公安经费从财政超收部分提取倒无可厚非，因为它本就该是财政的一部分。从电费、保险费中提取就有点匪夷所思了，尤其是保险费，其直接涉及的是被保险人的利益、国家的金融秩序，而公安机关可以直接提取罚没款，更直接催生了以经济利益催动的大量警察非法暴力行为。

---

〔1〕 孟宪嘉、江礼华主编：《警察学》，重庆出版社1990年版，第72页。

〔2〕 案例可参见“老汉自杀未遂牵出‘放鹰’案件，称能提供卖淫嫖娼者有提成的派出所所长被捕”，载《大河报》2005年10月1日，第A08版。

〔3〕 马振海、崔学洲：“警务管理的变革与发展方向”，载《辽宁警专学报》2003年第3期。

其次，地方党委政府以乱用行政领导权干预公安执法活动，干预公安人事管理工作，使一些公安执法活动不能不屈从于地方领导的某些“土政策”，因而出现了公安机关参与催交公粮、拆迁房屋、计划生育等非警务活动，有的甚至非法指使公安机关滥用强制措施，随意使用暴力。

3. *心理之源*

警察作为一种职业有着不同于其他行业的独特特点，这在一定程度上影响到了警员的心理，而警察的心理状况与警察非法暴力的使用密切相关。就个体的心理素质，也即警察个体原有的心理素质而言，有的人并不适合从事警察行业，比如情绪不稳、脾气暴躁、心胸狭窄、攻击性强等。但这是仅就个别情况而言，大部分警察的心理素质还是正常的。那么从整体上看，一个普遍的情况是警察职业的独特特点导致了警察或多或少、或轻或重的心理疾病。警察是一个刺激性很强的职业，他们受到的不仅仅是一个普通人常遇到的刺激，更有职业本身所带来的刺激，概括起来主要有：其一，职业危险性高，自己和家人经常面临生死威胁，面对身边同事、战友的受伤、牺牲，面对残酷、血腥的事故、刑案现场；其二，接触社会阴暗面的机会比较多，对违法犯罪有着直观的感觉；其三，受到引诱、贿赂的机会比较多；其四，警察职业的正当暴力性很容易逐渐成为一种行为反应方式。这几点，都在不断刺激着一个入门时心理正常的人，使其逐渐产生相应的心理疾病和问题。这是警察违法暴力产生的一个非常重要的因素，李玫瑾教授曾经对此作过详尽的分析。笔者对李玫瑾教授从心理学上的分析深表赞同，但李教授认为培养警察心理素质，关键在于有“相应的社会监督机制及相应的奖惩机制予以辅助”。对此，笔者觉得值得商榷。

我们知道美国的警察管理体制相对比较科学，如李教授所言，在美国的一些州警察只要连续工作 20 年，无严重违法乱纪行为，就可以享受优厚的退休待遇，而如果任职期间发生严重违法行为，则会受到惩戒，并很难再从事其他公职。而即便是在制度这样完备的美国，警察的违法暴力行为也是屡禁不止的。美国《工人世界》报1999年3月25日报道说，在芝加哥，从1972年到1991年，有案可查的警察暴行共65起，但没有一个警察因此受到过查办。1996年，有3000人控告芝加哥警察滥施暴力，但没有人因此遭到过解雇。在旧金山，1990～1995年期间发生的每100起凶杀案中，平均就有4.1起是警察开枪造成的死亡。每年控告旧金山警察的案件达1000～2000起，但没有一名警察因在执行任务时开枪打人而受到过起诉。[1] 2002年7月6日，一名游客在洛杉矶郊区英格尔伍德拍下16岁黑人杰克逊惨遭当地数名警察殴打致使眼部、颈部和手肘受伤的录像。事发后，肇事警察只被勒令休假，等待处理，薪水照拿，而拍录像的游客却于10日被警察拘捕。同年7月8日，俄克拉何马城警官多次用警棍把一名黑人打倒在地，两次对他喷辣椒喷剂。同年9月16日，波士顿警察在市区向一名劫车嫌疑人开枪，造成其重伤，引发一场不满警察违法暴力行为的示威游行。1993年伊利诺伊州格雷·高吉尔在受到警方长达21小时的连续审讯、精神受到极大折磨后，不得不承认杀死父母，结果以“双重谋杀罪”被判死刑。两年后，警方在处理另一起案件时才发现凶犯另有其人，高吉尔因此白白度过3年的铁窗生活。[2]

可见，美国的警察违法暴力也是非常严重的，原因在于，对于警察违法暴力，制度根本不能解决所有的问题。因为人的心理是制度所规范不到的，暴力的心理、种族歧视的心理根深蒂固并不是制度所能矫正的。在我国也是同样的情况，警察的暴力心理、

---

〔1〕“1999年美国的人权记录”，载《人民日报》2000年2月28日。

〔2〕“2002年美国的人权记录”，载《人民日报》2003年4月4日。

特权心理受社会大环境的影响相当深厚。比如，党的“全心全意为人民服务”的宗旨和优良传统，究竟有多少党员干部继承和落实了？为什么作为国家“勤务员”的人民警察会有如此重的特权心理？这些都不是制度所能解决的问题。

警察违法暴力的原因非常复杂，防治起来也必将异常艰难，可以肯定地说，即便是建立起完善的司法授权、司法监督、司法救济机制，建立起完善的证据排除规则及警务管理体制也难保警察违法暴力的绝迹。原因有二：一是得回到我们的出发点，即警察具有天生的暴力性，这种权力是由人来行使的，人的所有可能的缺陷都会影响到它的正当行使；二是法治的最大障碍来自文化传统，[1] 中国人对完美的追求，对实质理性的追求、对形式理性的漠视，对人情的重视等等这些文化的因素都非短期所能改变的。对抗制、辩护制等在中国的“水土不服”，正是根源于此。但尽管如此，毕竟已经在普遍实行了。制度与文化观念应当是相互影响的，通过制度的建构、实行来影响法治文化，文化观念再反之也会促进制度改革的进一步深化，这应当是可行的。

---

〔1〕 孙笑侠等主笔、傅蔚冈等著：《法律人之治：法律职业的中国思考》，中国政法大学出版社 2005 年版，第 8 页。

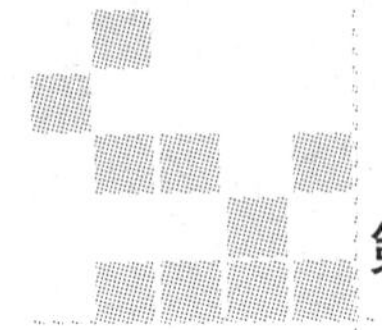

第四章

刑事起诉的正当性问题探讨

一、公诉转自诉制度的正当性问题

（一）刑事起诉的历史探源

1. 自诉制度分析

（1）自诉的历史渊源。自从有了人，便有了人类社会，人是社会的动物，有人活动的地方，人们之间就会有利益上的争端。这是因为人们赖以生存的物质资料是有限的，而人的需求是无限的，这一对矛盾到目前为止还没有哪一种社会形态能够彻底解决，人们之间的利益争端便存在于一切社会形态。与这一对矛盾所共同起作用的因素还有一个，便是私有制。私有制的出现和存在是人类社会一切矛盾的起点，在这之前矛盾只存在于人与自然之间。私有制催生了个人利益与团体利益，也为利益的争斗埋下了伏笔。需求无限性与资源有限性的矛盾、私有制是纠纷产生的最根本根源，它们决定了利益纠纷是不可避免的。而纠纷不解决，社会便无法稳定，无法发展。从某种意义上讲，社会的发展是一个纠纷不断产生与解决的过程。不同的社会形态，不同的制度的基础上，存在着不同的纠纷解决方式。当然，纠纷也有多种，包括财产利益纠纷、人身利益纠纷及其他形式的纠纷。出于本书意旨所在，在以后的论述中，将仅以现代意义上的“犯罪”，即刑事纠纷作为出发点进行讨论。

原始社会，由于生产力水平低下，加之“氏族内部的权力是父亲般的，纯道德性质的，他手里没有强制的手段”〔1〕。这就决定了原始社会解决“犯罪”的主要方式便是“血亲复仇”，简释之，即当一个氏族的成员被外族人杀害时，被害者的氏族便要为之复仇：以血还血、以命偿命。因为生产力的低下，使得氏族成员之间紧密相连，“同族人互相援助、保护，被认为是每个人义不容辞的义务和应有的道德品质”〔2〕。随着生产力的发展，这种血亲复仇的方式逐渐受到限制，血亲复仇先后被“同态复仇”、“赎罪”所代替。〔3〕显然，在原始社会，刑事纠纷的解决是一种纯粹的自力救济。按照现代刑事刑事诉讼的理论讲，被害人实际上同时处于刑事追诉者、审判者和执行者的地位。

原始社会，血亲复仇等方式其实是一种以习惯解决纠纷的方式。这种习惯与法律〔4〕尚未产生有着密切的联系。到了奴隶社

〔1〕 参见［德］恩格斯著，新疆人民出版社译：《家庭、私有制和国家的起源》，新疆人民出版社1959年版，第82页。

〔2〕 参见杨正万：《刑事被害人问题研究：从诉讼角度的观察》，中国人民公安大学出版社2002年版，第14页。

〔3〕 出现这种变化的原因是多方面的：一是生产力的发展，劳动产品出现了剩余，氏族之间的交换开始频繁起来，氏族之间的联系加强而不是像原来的绝对的对立；二是血亲、血族复仇，仇上加仇，数代不绝，漫无边际，事实上成为比“犯罪”更为严重的社会问题；三是生产力水平提高，氏族成员之间的相互依赖性便日益松弛，复仇不再被认为是整个氏族的事情，而仅仅被认为是被害人及其近亲属的责任；四是货币的出现，使赎罪成为可能。

〔4〕 此处的法律仅指狭义的法律，即制定法与判例法，而不包括习惯法。

会，国家、法律的出现，阶级的产生，使得人们之间的任何冲突都被认为有害于统治阶级的利益。于是各种冲突的解决便被国家所垄断，但由于奴隶社会法律还保留有原始社会习惯法的特点，而表现出不纯粹性，即“是否将犯罪诉交国家司法机关，凭借国家的力量来惩罚犯罪人，取决于被害人的意志”〔1〕。也即，是否追究犯罪，仍然由被害人来决定。按照现代的观点来看，这是一种典型的不告不理的制度。由此可见，“自诉”产生于奴隶社会，是一种要求国家对犯罪实施惩罚的诉讼行为。但此时的“自诉”并不同于今天的“自诉”。“在雅典的民主时期，刑事犯罪行为是所有公民所共同关心的，每一公民都有权提出控诉。”〔2〕因此这种告诉兼具自诉的性质和公共告诉〔3〕的性质。

封建社会，纠问式诉讼成为世界主流诉讼模式。统治者为了加强对国家的控制，在追诉犯罪上不再放任由被害人进行，官吏主动地依职权追诉犯罪逐渐处于主导地位。有的国家，如封建德国，法律虽然允许私人起诉，但职权追诉仍占绝对主导地位。〔4〕中世纪的宗教法庭又将这一模式发挥到了极致。但在这一阶段，英国却是个例外，根据英国当时的法律，对犯罪起诉有两种方式：一是私人起诉，二是陪审团起诉，公民可以自由选择使用哪种方式。但人民往往更愿意选用后者而不直接诉诸法院，而是将他们所知道的事实向陪审团陈述，由后者核准起诉事由，此即大陪审团的职能。原因是，法律同时规定，如果采用私人起诉的方式，

〔1〕 参见卞建林：《刑事起诉制度的理论与实践》，中国检察出版社 1993 年版，第 4～14 页。

〔2〕 参见法学教材编辑部《外国法制史》编写组编：《外国法制史资料选编》，北京大学出版社 1982 年版，第 120 页。

〔3〕 公共告诉不同于公诉，在现代公诉制度出现之前，刑事诉讼发展史上曾存在两种控诉形式：一种是私诉，一种是公共起诉。公共起诉又称为社会起诉，由社会任何团体或任何公民提出。而公诉只能由国家机关提出。

〔4〕 参见熊秋红：《刑事辩护论》，法律出版社 1998 年版，第 31 页。

则允许被告人向原告人要求决斗，这样一来，个人起诉者将面临被要求司法决斗的危险，所以人们纷纷选用后者。[1] 在整个封建时期，刑事自诉只占相当弱小的地位，刑事控诉基本上由国家所垄断。

当历史进入近、现代社会，刑事起诉的基本方式可以分为两大类：国家追诉主义和国家公诉与被害人自诉。前者也称起诉垄断主义，即刑事案件的起诉权由国家统一行使，任何人不再享有向审判机关直接控诉犯罪的权利。任何犯罪案件，非经检察机关依法向有管辖权的法院提起公诉，任何审级都不得对该案件行使刑事审判权。实行这类做法的国家主要有日本、美国、法国等国家。后者是指检察机关只承担部分刑事案件的起诉职能。这类国家中又可以分为两种，一种是以国家追诉犯罪为主，以私人追诉犯罪为辅，如德国、意大利等国；另一种是以国家追诉为辅，而以私人追诉为主，如英国、澳大利亚等。[2] 而即便是在私诉占主导地位的英国，自诉权也仅仅是在法律上有意义，在实践中，“现在已很少见到私诉的刑事案件，绝大多数告发书是警方根据个人的控告提交的，个人直接向法庭递交告发书的情况十分罕见”[3]。可见，现代社会，自诉权极度萎缩，而公诉权日渐膨胀，这是一个基本的趋势。

（2）对自诉的理性认识。刑事自诉在原始社会氏族公社的自力救济中萌芽，而盛行于奴隶社会的私诉，虽然在封建社会以及近现代社会中日益呈萎缩之势，然而仍旧占有一席之地。可见自

---

〔1〕 参见［前苏联］康·格·费多罗夫著，叶长良、曾宪义译：《外国国家和法律制度史》，中国人民大学出版社 1985 年版，第 114 ~ 115 页。

〔2〕 参见杨诚、单民主编：《中外刑事公诉制度》，法律出版社 2000 年版，第 150 ~ 154 页。

〔3〕 参见杨诚、单民主编：《中外刑事公诉制度》，法律出版社 2000 年版，第 59 页。

诉确有其存在的必要，起到公诉所不能起到的作用。

第一，自诉的本质。本质，指的是“事物的根本属性”。自诉从根本上讲是发动诉讼活动的一种，即起诉之一种方式。“刑事起诉是指检察机关或者被害人以及其他依法有权请求法院确认刑事责任是否存在和适用刑罚权对犯罪进行惩罚的团体或个人，以书面或口头的方式对犯罪人提出指控，要求法院对犯罪事实进行确认并追究犯罪人刑事责任的行为。”〔1〕根据追诉犯罪的主体不同，起诉可以分为公诉和自诉两种形式。由国家专门机关代表国家提请法院对被告人进行审判和处罚的，称为公诉；由被害人及其近亲属或其他的法定个人或团体，以个人或团体的名义向法院起诉的，称为自诉。〔2〕自诉，是对自诉权的行使，自诉权是广义的诉权的一种。〔3〕刑事自诉，是这样一种行为，即当公民在认为自己的合法权益受到犯罪行为的侵犯时，而要求公正、理性的司法权给予救济的行为。〔4〕

自诉不同于自力救济，自力救济是通过当事人自身的力量来解决纠纷的一种途径。自力救济属于诉讼外救济，国家的公权力即司法权被排除在外。而自诉是一种请求司法权解决纠纷的行为，自诉属于诉讼内的行为，自诉的目的在于将纠纷纳入诉讼的轨道，

---

〔1〕 程荣斌主编：《刑事诉讼法》，中国人民大学出版社1999年版，第199页。

〔2〕 参见宋世杰：《刑事诉讼理论研究》，湖南人民出版社2000年版，第64页。

〔3〕 诉权长期以来一直被认为是民事诉讼的专有概念，笔者对此并不赞同。应该讲，诉权发轫于民事诉讼，但“民事诉讼是一切诉讼制度的蓝本，其他诉讼最终都源于民事诉讼”。参见王亚新：“民事诉讼的程序、实体和程序保障（代译序）”，载［日］谷口安平著，王亚新、刘荣军译：《程序的正义与诉讼》，中国政法大学出版社1996年版，第9页。源于民事诉讼的理论也并不意味着为其所专有。诉权应当是更高一层次的理论，笔者认为诉权是一种要求司法救济的权利，诉权的目的在于为国家介入纠纷的解决寻求一种法律途径，按纠纷内容的不同，诉权可以分为刑事诉权、民事诉权和行政诉权。

〔4〕 参见左卫民等：《诉讼权研究》，法律出版社2003年版，第2页。

给司法权介入提供法律途径。二者有着根本的不同。在刑事诉讼领域，公力救济是常态，自力救济是例外，或者说诉讼的目的之一就在于排除自力救济来解决纠纷。这一点笔者将在以后的论述中提到，在此不做过多的解释。

第二，自诉的功能。自诉之所以存在，是因为部分犯罪〔1〕所直接侵害的是公民个人或其家人的人身、自由、财产权利，这些权利是受到国家刑事实体法的保护的，这是自诉权产生的根本原因。但自诉之能够提起，还有一个重要的理由，即被害人有权利要求国家以审判的方式对于其受到犯罪侵害的权利予以救济。

西方政治理论认为，“人类天生都是自由、平等和独立的，如不得本人同意，不能把任何人置于这种状态之外，使受制于另一个人的政治权力”〔2〕。但是由于“当时自然状态中不利于人类生存的种种障碍，在阻力上已超过了每个人在那种状态中为了自存所能运用的力量”〔3〕。为了克服这一障碍，人们便采用“集合起来形成一种力量的总和”的方式，这种集合的方式被称为“社会契约”，所组合成的集合体即为国家。而“一旦人群这样地结成了一个共同体之后，侵犯其中的任何一个成员就不能不是在攻击整个的共同体，而侵犯共同体就更不能不使得它的成员同仇敌忾”〔4〕。从这个理论出发，国家有义务保护其组成成员的权利不

〔1〕 之所以用“部分犯罪”是因为犯罪不仅仅是侵犯公民个人的权利，“一切具有应受刑罚处罚的社会危害性和《刑法》的禁止性的行为都是犯罪。”参见张明楷：《犯罪论原理》，武汉大学出版社 1991 年版，第 57 页。而大部分犯罪都由国家以公诉的方式提起诉讼，只有其中一小部分轻微犯罪由自诉提起。

〔2〕 ［英］洛克著，叶启芳、瞿菊农译：《政府论：政府的真正起源、范围和目的》（下篇），商务印书馆 2003 年版，第 59 页。

〔3〕 ［法］卢梭著，何兆武译：《社会契约论》，商务印书馆 2003 年版，第18～19 页。

〔4〕 ［法］卢梭著，何兆武译：《社会契约论》，商务印书馆 2003 年版，第 23 页。

受非法侵犯，当这种侵犯发生后，国家有义务对之给予救济，救济的手段有两种，即主动以公诉追诉和受理被害人自诉追诉。对于国家的公民而言，其将“自身的一切权利全部都转让给整个集体”的目的在于产生一种远远大于个人力量的合力，“以互相保护他们的生命、特权和地产”[1]。如果达不到该保护的效果，或者说如果国家不能尽保护之责，那公民也不必遵守转让权利之义务，也即公民可以自行行使保护自己的合法权益的权利，自力救济就可能再次出现，这样旧的契约将会解体，新的契约将会产生。因此，从公民的角度看，当其合法权益受到非法侵害时，向国家提起自诉，要求司法救济，乃是一种权利。而从国家的角度出发，当有犯罪发生时，国家未行公诉之责，公民提起自诉，司法受理并介入纠纷乃是一种义务。

自诉最根本的功能便是救济，即当犯罪侵害了公民受刑事实体法所保护的权利时，被害人可以自行向国家提出，要求司法保障自己的权利，给予救济。当然，自诉的前提必然是在未有公诉的情况下，也就是国家未能尽主动追诉之义务的情况下而提出的。其原因在于，现代社会在刑事领域，私力救济由于其不稳定性和不公正性而为国家所禁止。当有犯罪发生时，公力救济因种种原因未能主动介入，则必须采另一渠道将之引入纠纷的解决程序之中，此便为自诉。因此，自诉的基本功能在于为司法介入刑事纠纷的解决提供一种法律渠道，打开方便之门。

2. 公诉制度分析

(1) 公诉的历史渊源。考察人类诉讼制度发展的历史，公诉产生于什么时期、哪个国家，似乎很难有定论。学界对这个问题的争论主要集中于检察权产生的历史以及内容上。而笔者认为，

---

〔1〕［英］洛克著，叶启芳、瞿菊农译：《政府论：政府的真正起源、范围和目的》（下篇），商务印书馆2003年版，第77页。

研究公诉的历史，首先必须明确两组概念的区别，然后才能深入下去。这两组概念一为公诉制度与检察制度，二为公诉、私诉与自诉。

首先，公诉制度与检察制度并不是一个相同的概念。公诉制度是指由代表国家的官方组织对犯罪行为提出诉讼的制度；而检察制度则是指由特定的国家机关，即检察机关代表国家和公共利益行使检察权的制度。检察权也是一个争议很大、涵义不明确的概念，但无论其本质是司法权还是行政权，抑或是监督权都不妨碍本书对公诉制度的研究。公诉制度与检察制度是两个不同但又相互交叉的概念。公诉是相对于私诉而言的，公诉与私诉的最大区别在于提起诉讼的主体不同，前者是国家机关提起，后者由个人提起。因此，可以简单地认为，只要是由国家机关代表国家提起的旨在追究被告人刑事责任的起诉，都可以认为是公诉。公诉并不一定由检察机关提出，其他法律规定的有权机关亦可以提起公诉。当然，现代社会中，公诉权理所当然地包含于检察权之中，而且无论如何定性检察权，公诉权都是其应有之义。虽然在现代司法体制中，检察是公诉的上位概念，或者说是比公诉涵义更为广泛的概念。但我们也并不能因此断言，在历史上也是如此。而事实上，历史也确实明确地告诉我们公诉的产生先于检察。公诉权与检察权的交集为检察机关公诉。

其次，关于公诉、私诉与自诉。首先必须明确，我们今天所讲的公诉和自诉完全不同于古雅典和古罗马的“公诉”与“私诉”。古雅典的诉讼分为“公诉”和“私诉”，前者由受害人或其法定代理人提出，而后者则指任何享有完全权利的公民，不论涉及本人利益与否皆可提出。而在古罗马，与公法和私法的划分相适应，诉讼也分为“公诉”与“私诉”两种，公诉是对直接损害国家利益案件的审理，为了区别于现代公诉，学者们将之称为

“公共诉讼”；私诉是保护私权的法律手段，相当于后世的民事诉讼。[1] 也就是说，我们站在现代的角度讨论的公诉与自诉，与古雅典和古罗马的“公诉”与“私诉”根本不是一回事。而比较麻烦的问题是，现代的公诉与自诉的区别究竟何在？我们看到，在提起的主体上，有的国家由公诉机关垄断公诉，而有的国家却规定公民也可以提起公诉，比如法国的“民事原告人”制度，即由被害人通过充当民事原告人来启动公诉；在提起的对象上，公诉针对的是所有犯罪行为，而自诉则仅仅针对的是部分侵犯自身利益的犯罪。表面上看，似乎两者的本质区别在于对象的不同，但如果深入探讨则会发现并不成立。自诉的对象也应当是公诉的对象，因为侵犯个人权益的犯罪同时也是侵犯国家社会利益的犯罪，然而却并不提起公诉。如果将以上两个疑问模糊化、忽略掉，倒可以说公诉之区别于自诉一在发动主体的不同，二在于提起对象的不同。如果从认为世界上根本不存在纯粹的东西的观念出发，这样区别倒也无可厚非。但如果从相反的角度出发还是能够发现一点对本书的论述有价值的东西的，那就是尽管“公诉都是由国家公诉机关提起的”这个表述存在例外，但“由国家公诉机关代表国家提起的刑事诉讼都是公诉”这个表述却是没有瑕疵的。所以抛开两者的本质区别，本书将牢牢把握这样一个命题，即不管其余，只要是国家公诉机关代表国家提起的刑事诉讼我们都将之称为公诉。

从以上两组概念所建立的基点出发，笔者认为，公诉制度是与纠问式诉讼一起产生的，公诉的产生早于检察公诉。纠问式诉讼虽然并不具有现代控审分离的特征，但无论如何它都是一种诉讼形式，都是一种追诉→审判的过程，尽管实际上追诉与审判在纠问式诉讼中并不存在主体上的区别。其理由在于纠问式提起控

---

〔1〕 林榕年主编：《外国法制史》，中国人民大学出版社 1999 年版，第 87 页。

诉的是代表国家的机关——法官，既然这种起诉方式不是由个人进行而是一种国家行为，那么就可以认为这是一种公诉。纠问式诉讼最早产生于教会法庭内部，适用于针对教士提起的诉讼，随后又被扩大适用于针对“异端分子”提起的追诉。在中世纪将纠问式诉讼发展到极端的宗教裁判所，成了教王维护其统治的工具。[1] 纠问式诉讼虽然最早产生于教会法庭，但由于其维护中央集权的专制统治的有效性，很快便进入了世俗法庭，取代了控告式诉讼，而检察公诉的出现要晚得多。欧洲教会法允许某些恶名昭著的犯罪由法官直接提起控诉并定罪判刑，这个时间可以推至公元8世纪。[2] 而现代检察官的雏形——国王代理人的出现则在12世纪，“总检察长”的出现就更晚了。其实这并不仅仅是就欧洲大陆而言，在现代检察制度的另一发源地英国，公诉制度也是早于检察制度的。1162年，英王亨利二世第一次减弱了个人对被怀疑犯有某些严重犯罪——如暗杀、强盗、抢劫、窝藏犯罪、伪造货币或文件、纵火等的个人起诉责任，创设了大陪审团起诉制度。[3] 这可以认为是公诉在英国的开始，而同样，到了13世纪，国王代理人才正式出现。

在公诉出现后相当长一段时间内，法国一直由法官自控自审，直到国王代理人出现以后才在形式上实现了控审分离。但这种分离即便是在检察官出现以后也仅仅是形式上的，1789年以前，法官主动追查事实，依职权直接受理控告发动公诉的情况十分常

〔1〕 参见［法］卡斯东·斯特法尼等著，罗洁珍译：《法国刑事诉讼法精义》，中国政法大学出版社1999年版，第73、78页。

〔2〕 宋英辉、郭成伟主编：《当代司法体制研究》，中国政法大学出版社2002年版，第173页。

〔3〕 刘立宪、谢鹏程主编：《海外司法改革的走向》，中国方正出版社2000年版，第95页。

见。[1] 以至于有人总结出“任何法官都是检察官”这一诉讼规则。[2] 公诉权与审判权的真正分离是在1789年大革命以后。[3] 1808年《拿破仑法典》正式确立了职权分开原则，规定发动公诉的职权原则上由检察官行使。自此以后，检察公诉开始在大陆法系国家引进、推广开来。

英国13世纪诞生了国王代理人，1461年更名为总检察长，同时设置“国王辩护人”。1515年“国王辩护人”更名为副总检察长。在此后的数百年间，公诉仍然以大陪审团为主，总检察长仅限于对涉及王室利益的案件提起和支持起诉，直到19世纪英国司法改革，1879年制定了《犯罪起诉法》，设立了检察官职位，在理论上确立了检察公诉制。[4] 但实际上，检察官有权处理的刑事案件仅占所有可诉罪中极少一部分，被学者称为“半有组织的公诉制度”[5]。检察制度在刑事诉讼中的这种软弱无力的状况一直延续到1985年《犯罪起诉法》的通过。英国的检察制度为澳大利亚等英联邦国家所仿效，后影响到整个英美法系。

（2）对公诉制度的理性分析。

第一，国家行使公诉权之原因探讨。人类社会早期解决个人之间冲突的方式，是当事人各方诉诸于武力的私人救济。后来，人们逐渐认识到这种方法的不可控制性及破坏性，于是，“一个凌

---

〔1〕宋英辉、郭成伟主编：《当代司法体制研究》，中国政法大学出版社2002年版，第174页。

〔2〕［法］卡斯东·斯特法尼等著，罗洁珍译：《法国刑事诉讼法精义》，中国政法大学出版社1999年版，第79页。

〔3〕1789年法国大革命，人民从进攻巴士底狱开始，表达了对刑事诉讼制度的强烈不满，这次大革命吸收了英国法中的一些自由法律原则和其当事人主义的弹劾式诉讼制度，彻底改造了刑事诉讼。

〔4〕何家弘：《中美检察制度比较研究》，中国检察出版社1995年版，第61页。

〔5〕刘立宪、谢鹏程主编：《海外司法改革的走向》，中国方正出版社2000年版，第96页。

驾于氏族部落各群体之上的公共权威——国家应运而生，垄断了武力，并以第三者的身份介入了冲突的解决过程”，“刑事诉讼制度由此形成”[1]。个人冲突的解决方式也由纯自然法状态——每个人都是自然法的裁判者和执行者——过渡到了由国家制定一套规则予以规范，并由国家充当公正的第三人予以裁决的控告式诉讼。这种公民私人起诉的方式很快便为国家公诉所代替，其中有两个因素在起作用：一是为了加强王权，维护极权统治的需要，统一由国家公诉，避免私人滥诉，一方面稳定了社会秩序，另一方面也保证了法律的统一实施；二是因为此时国家逐渐认识到犯罪其实不仅仅是对个人权利的侵犯，也是对国家统治的危害。

按照社会契约论的观点，国家是根据组成它的公民与主权者签订的契约而组成的集合体。这种契约是维系国家稳定存在之生命线，如果契约遭到了破坏，稳定将不复存在，或者回到无序的自然状态，或者导致新的契约的产生，也即革命的发生。因此，“为了使社会公约不致成为一纸空文，它就默契地包含着这样一种规定，——唯有这一规定才能使其他规定具有力量，——任何人拒不服从公意的，全体就要迫使他服从公意。”[2]“公意”，即为“公共幸福”，“公共意志”，也就是现在我们所讲的国家、社会的利益。而犯罪人则被认为是这样的人，“一个为非作恶的人，既然他是在攻击社会权利，于是便由于他的罪行而成为祖国的叛逆，他破坏了祖国的法律。所以就不再是国家的成员，他甚至于是在向国家开战。”破坏公约的人，都被认为是国家的敌人，“起诉和判决就是他已经破坏了社会条约的证明和宣告”[3]。刑事诉讼被认

[1] 左卫民、周长军：《刑事诉讼的理念》，法律出版社 1999 年版，第 4 页。

[2] [法] 卢梭著，何兆武译：《社会契约论》，商务印书馆 2003 年版，第 29 页。

[3] [法] 卢梭著，何兆武译：《社会契约论》，商务印书馆 2003 年版，第46～47 页。

为是国家与个人的争斗也就是从这个方面出发而言的，而国家之所以拥有追诉犯罪这样的权力，则来源于组成它的缔约者——公民的权利的转让，这种转让的权利是追究侵犯自己合法权益的行为的权利，也是管理国家的权利。国家必须“以保全缔约者”为目的，保护缔约者的合法权益是国家在这个契约中应尽的义务。社会出现了犯罪国家应该而且必须给予救济，这是国家公诉的深层理论根据。而实际上国家行使公诉权，亦有其功利方面的考虑。因为由国家公诉代替私诉来追诉犯罪，更富有效率，国家拥有强大的国家机器，司法资源，以之对付个人，则无论多么聪明、富于力量的人，都会在国家面前变得十分弱小，调动国家的力量来追究个人的犯罪，无疑是最有效率的方式。这也正迎合了统治者维护其统治地位、统治秩序的需要，公诉出现在王权至上的封建社会也就不足为奇了。

第二，公诉的功能。犯罪是对公民个人的、受刑事实体法保护的权益的侵犯，也是对国家、社会及法律、道德秩序的侵犯。刑罚是一种惩罚，是一种针对犯罪的最严厉的惩罚，“以剥夺犯罪人一定权益作为犯罪之阻力”，是防止与减少犯罪发生的一种功利性措施。[1] 刑罚的功能之一在于惩罚犯罪行为，而这种惩罚并不是一步实现的，其基本的前提必须是查明犯罪事实，认定犯罪人，否则刑罚不仅起不到惩罚犯罪、稳定秩序的作用，反而会由于牵连无辜，而侵犯合法公民的自由与尊严，从而导致司法公信力的下降，社会秩序更加不稳定。因此，刑罚必须准确，必须有合理的根据，这是刑罚正当性的最基本的要求。迎和这个需要，起诉就变得异常重要起来。从有犯罪发生，到国家通过审判认定、惩罚犯罪，必须有一个中间过渡的阶段，起诉就是这样一种联结罪与罚的中间行为。起诉包括公诉与自诉两种形式，无论是何种形

---

〔1〕 邱兴隆、许章润：《刑罚学》，群众出版社 1998 年版，第 67 页。

式，其目的都在于将犯罪嫌疑人提交法庭审判。起诉所做的是告诉法庭谁是犯罪嫌疑人，以及为什么说他是犯罪嫌疑人，并极力说服法庭他就是犯罪人，要求法庭对该人宣告有罪并判处相应的刑罚。自诉之不同于公诉之处在于自诉是在国家公权力对个人救济缺位的情况下进行的，目的在于将公力救济引入刑事纠纷的解决。而公诉本身已经是一种公力救济，其功能在于为定罪寻找充分的理由并支持它，其目的在于尽力促成对犯罪的惩罚。公诉所解决的主要是在以充足证据认定犯罪的基础上准确实施惩罚。至于该种惩罚是否必须合乎正当的程序的问题，则并非公诉存在的根据，因为控审分离的实现是在公诉出现相当长时间以后的事情了，这一点笔者已经在前面论述过，这里就不再赘述。

公诉的另一功能在于排斥私力救济，提高诉讼效率，稳定社会秩序。私力救济总是与血腥、暴力、不公正以及循环往复、无穷无尽的纠缠结合在一起。在刑事领域，私力救济所造成的后果，往往比犯罪本身更为严重，对社会秩序的破坏更大。因此，私力救济在国家出现以后，便逐渐为国家所禁止，在此基础上，出现了私诉，即由公民个人来告发犯罪。然而这种私诉在简单的农业社会或许还勉强可行，因为当时的社会关系比较简单，犯罪手段也不复杂，犯罪也并不多见。可是随着商品经济的发展，犯罪变得日益膨胀与复杂，私诉的低效率便日益显得不适应了，公诉也便很显得必要了。

3. 从自诉到公诉的发展趋势

回顾自诉与公诉的发展脉络，对被害人的救济大概经历了这样一个发展过程，即被害人个人在刑事诉讼中逐渐淡出，而国家在刑事诉讼中逐渐向垄断地位靠拢。从完全的个人救济——私力救济到极端的公力救济——国家追诉垄断主义，即反映了这样的一个发展。“在刑事追诉权的发展史上，国家追诉最终取代被害人个人起诉和其后出现的公众起诉（又称社会起诉），而成为刑事追诉基本的和主要的方式，有其历史的必然性。”[1]

首先，它是对犯罪本质的认识不断深化和国家权力强化的结果。在国家和法律产生以后的相当长时期内，犯罪仍然被认为是对社会成员个体的侵犯，因此，追诉犯罪也被认为是个人的一种权利。[2] 国家对个人的追诉权采取不干预的做法，这种情况的产生，一方面是受原始氏族社会“复仇”观念的影响，另一方面也是由于当时国家权力还没有强大到可以对社会生活各方面进行干预的程度。古雅典和古罗马时期，除了私诉外，还产生了公共起诉，即对侵犯国家或社会利益、无直接被害人的犯罪，可以由除奴隶、未成年人、妇女之外的任何人起诉。“这种公共起诉方式尽管在一定程度上表明国家加强了对犯罪的控制和惩罚力度”[3]，但它在根本上仍然以个人权利的行使为基础。随着社会矛盾的激化，人类对犯罪的危害及其所侵害利益的多元化的认识也日趋深刻。人们认识到，犯罪不仅仅是对个体利益的侵害，同时也是甚至最主要的是对社会、国家利益的侵害。犯罪破坏了社会的安定状态和社会成员的安全感，危害了国家经济、政治等制度赖以存在和发展所需要的秩序及一般社会成员赖以生存的条件。个人是犯罪的直接受害者，而国家则是犯罪的最终受害者。国家追诉的观念由此产生，而当这种观念与日益强大的国家公权力相结合、碰撞之后，国家公诉这种起诉方式便产生了。

其次，刑事案件的特殊性决定了国家公诉的必然性。刑事案件是已经发生的、过去的事实，历史是不会重复上演的，同样，已经发生了的案件也不会再次呈现。要在现代时态里惩罚过去时的犯罪，则必须查知犯罪的事实以及缉获犯罪人，这是一个相当

---

〔1〕 宋英辉、吴宏耀：《刑事审判前程序研究》，中国政法大学出版社 2002 年版，第 44 页。

〔2〕 当然这种权利仅能为公民所享有，奴隶不被视为人，也就无此权利。

〔3〕 参见宋世杰：《刑事诉讼理论研究》，湖南人民出版社 2000 年版，第 67 页。

复杂的过程。犯罪人逃避罪责的本能决定了犯罪行为一般具有较大的隐蔽性。随着社会的发展，犯罪手段更为多样化，犯罪现象也更为错综复杂，涉及的科技领域和专业知识越来越广泛，更加大了追诉犯罪的难度。对于被害人个人而言，不仅难以承受调查、收集证据所需要的资源投入，而且也缺乏相应的手段和措施。同时，刑事处罚的严厉程度也决定了刑事诉讼的极端谨慎性。在证据运用方面，刑事诉讼远比民事诉讼、行政诉讼要求苛刻得多，这就对证据的收集提出了更高的要求，这些都是个人难以承担的，而必须依靠国家专门司法机关的活动才能实现。〔1〕

最后，国家公诉也是人类对于刑事诉讼秩序、公正和效益诸项价值的强烈期望的结果。人类惩罚犯罪的愿望，其基本动机源于对秩序的需要，“从最低限度来讲，人之幸福要求有足够的秩序以确保诸如粮食生产、住房以及孩子抚养等基本需要得到满足，这一要求只有在日常生活达致一定程度的安全、和平及有序的基础上才能加以实现，而无法在持续的动乱和冲突状况中予以实现。”〔2〕 而刑事诉讼的历史表明，实行国家追诉在恢复被犯罪所破坏的社会秩序和实现社会正义方面，是私人追诉所无法比拟的。私人追诉往往与暴力、血腥、恐惧相联系，并且受个人追诉能力的限制，受个人复仇心理的影响，很难达到公正地制裁，其造成的结果往往是循环往复的、无休无止的报复，社会秩序很难恢复和维持。同时，私人起诉也很容易造成司法资源的浪费。这一方面是由于受私人追诉的能力所限无法高效地进行证据收集、起诉等活动，同时个人对法律的陌生也很容易“剑走偏锋”，攻击无力，拖延诉讼。而另一方面，个人的报复心理又很容易导致滥诉，造成司法资源的浪费。

---

〔1〕 宋英辉主编：《刑事诉讼原理》，法律出版社 2003 年版，第 86～89 页。

〔2〕 ［美］E. 博登海默著，邓正来译：《法理学：法哲学与法律方法》，中国政法大学出版社 1999 年版，第 193～294 页。

综上所述，在对犯罪行为的追诉方式上，从私诉发展到国家追诉，公诉范围不断扩大，自诉范围不断缩小，这是一个必然的趋势。公诉制度是刑事诉讼的基本起诉制度。

（二）从公诉到自诉——公诉转自诉制度

1. 公诉转自诉制度的理论溯源

从理论上讲，国家对侵害公民合法权益、社会和国家公共利益的犯罪行为进行公诉具有义务性。就个人和国家的关系而言，国家作为社会秩序的保卫者，承担着维护社会生存条件的任务，这就为其具有优先追诉犯罪的权利提供了逻辑前提。公民转让自己的权利而组成国家这一集合体，即是为了达到公民单个人所无法达到的目的，或者说是为了更好地达到个人的目的。就惩罚犯罪而言，公民将追究侵犯自己的犯罪的权利转让给国家而不再享有私力救济权，有一个基本的前提，即国家应该能够保护个人，代替个人行使惩罚权。国家取得了公民转让的这一权利，就必须履行相应的义务。因此，一种理想的刑事起诉制度应该是这样的，只要有犯罪发生，国家就应当进行公诉，而且必须公诉。[1] 实际上，这种状态从来都没有实现过，即便是在纠问式诉讼的封建社会，私诉也是存在的，比如秦简《封诊式》中载有这样一个案件："某里士伍妻甲告曰：'甲怀子六月矣。自昼与同里大女子丙斗，甲与丙相捽，丙偾庰（?）甲。里人公士丁救，别丙、甲。甲到室即病腹痛，自宵子变出。今甲裹把子来诣自告，告

〔1〕 这与起诉垄断不同，起诉垄断是指，刑事案件的起诉权由国家统一行使，任何人不再享有向审判机关直接控诉犯罪的权利。对一个刑事案件不提起公诉，则无人再有权起诉。而我们所讲的则是一种理想的状态，也就是只要有犯罪国家必须公诉，二者还是有着根本的不同的。

丙。’”[1] 此即一典型的因斗殴而流产的被害人提出的自诉。可见，一切犯罪皆由国家公诉不仅不可能，而且不可行，理由如下：

第一，从国家的追诉能力看，并非所有的犯罪都能为国家所知悉，被害人都能得到国家公诉权的救济。犯罪手段多样，侵犯的客体也各不相同。这种个案的差异决定了国家不可能知悉一切犯罪。首先，被害人可能由于自身法律知识的匮乏，并不懂得自己遭受的是一种犯罪行为的侵犯，当然也不懂得请求国家的公力救济，而犯罪的隐蔽性又阻碍了他人或者追诉机关知悉犯罪的发生；其次，被害人可能慑于犯罪人的暴力威胁而不敢告发犯罪；再次，在许多案件中被害人也可能会处于观念意识上的落后而不愿意犯罪为社会所知，这在一些性暴力犯罪中特别典型；最后，侦查机关也可能明知犯罪的发生，而苦于线索的不足，难以侦获犯罪嫌疑人，收集不到足够的证据，也就根本无法公诉。

第二，从诉讼资源分配方面看，国家没有能力实现对一切案件的追诉。这主要是由于国家司法资源相对犯罪数量的匮乏所造成的。与其他一切国家活动一样，司法也需要耗费巨大的人力、物力、财力及时间成本，而一国所能投入到司法活动中的资源总是有限的，更何况公诉仅仅是国家司法（广义）活动中的一种，分得的份额就更为有限了。随着人类社会的发展，欲望的膨胀，犯罪呈日益爆炸化的趋势，这就使本来就日显疲态的司法资源更加捉襟见肘，由国家来发现和追诉所有的犯罪是不可能的。

第三，从诉讼的秩序安定价值方面考虑，国家也没有必要对所有的犯罪都进行追诉。人类对刑罚的认识有一个趋势，即从“报应刑”向“目的刑”的转变，从注重过去到注重将来的转变。[2] 传统刑法注重刑罚的报应功能，强调报复和惩罚，突出表

---

〔1〕《睡虎地秦墓竹简》第275页，转引自陈光中、沈国峰：《中国古代司法制度》，群众出版社1984年版，第47~48页。

〔2〕陈兴良：《刑法适用总论》，法律出版社1999年版，第18、77页。

现为对犯罪实行罪刑相适应的原则，有罪必罚，罪罚相当。尤其是二次世界大战以后，随着政治、经济形势的变化，观念的更新，文明程度的提高等因素的影响，现代刑法逐步注重刑罚的教育功能，强调教育改造，尤其更加注重一般预防，在采取罪刑相适应原则的同时，采取刑罚个别化原则，探寻有无惩罚的必要。现代刑罚不再以惩罚为唯一目的，而是以预防再犯罪为宗旨，不再只是回顾已然的犯罪而是前瞻未然的犯罪手段。现代刑罚思想，反映在刑事诉讼制度上，就是重目的性，求合理性。[1] 刑事诉讼的目的性一方面表现在对经济效益的追求上，另一方面表现在稳定社会，着重秩序的维护上。现代刑事诉讼不再以追究每一个犯罪人之刑事责任为目标，也不再以追求发现犯罪客观真实为唯一目的，同时要兼顾经济效益价值以及秩序价值。刑事诉讼除了其有作为实现刑事实体法，实现打击和惩罚犯罪的工具性价值以外，还具有一些内在的价值。[2] 这些内在价值包括程序的公正性价值，这主要是从保障刑事诉讼参与人特别是犯罪嫌疑人、被告人的诉讼权利的角度出发的，而笔者认为刑事诉讼的内在价值还应该包括秩序与安定价值。刑事诉讼的目的是为了惩罚，但本质上讲更是为了实现法律秩序。对于某一特定犯罪，如果不提起公诉反而更有利于秩序的安定，那么也就没有必要必须追诉不可。不起诉是否有利，不起诉是否会损害到刑事诉讼的其他价值，或者此时不起诉对实现秩序安定的价值是否远比其他价值更重要，这种判断的权利被赋予了检察机关，此即为检察机关的起诉裁量权。而这种判断的标准一般被认为是公共利益，亦即“看被告人是否

---

〔1〕 刘生荣、蔺剑、张寒玉：《刑事不起诉的理论与司法实务》，中国检察出版社 1998 年版，第 35 页。

〔2〕 参见陈瑞华：《刑事审判原理论》，北京大学出版社 1997 年版，第 22～112 页。

有必要追究刑事责任，公众是否有兴趣对被告起诉”[1]。

顺应这种要求，各国在提起公诉的活动中，普遍采起诉裁量原则，即检察机关对犯罪事实已查明，可以究刑事责任的，仍可以参酌情形决定是否提起公诉。即便是原先坚定地实行起诉法定主义的大陆法系国家自19世纪以后，也逐渐改采起诉法定主义与起诉裁量主义相结合的做法。既然对于已经查明的犯罪事实，国家公诉机关仍然可以决定不起诉，那么就不排除这样一种情形，即刑事被害人认为应当追究刑事责任，而对不起诉持否定态度。惩罚犯罪既是维护秩序的需要，同时也是对被害人心理的慰藉。让犯罪人承担一定的责任，也是被害人弥补其身心损失的需要。因此，对于检察机关的不起诉，被害人应当享有专门的救济渠道，公诉转自诉制度就是这样一种渠道。

同时，起诉裁量原则的出现并扩大适用，也会产生这样一种可能，即公诉权作为一种公权力，在实践中可能会发生滥用的情形。这就需要一种与之相对应的制度或措施来对之进行制约，各国根据本国的国情采用了不同的制约方法，我们将在以后的论述中对此进行总结，而我国的公诉转自诉制度也应当具有这样的功能。至于公诉转自诉制度在实践中究竟能不能具有这样的功能我们将在后文有具体的阐述，然而对检察机关决定不起诉的案件直接提起自诉，这本身即是一种制约，这是确定无疑的。因为这种公诉转而自诉的行为直接否定了检察机关的正式决定，导致了其决定公信力的降低，可以在一定程度上起到制约的作用。

2. 公诉转自诉制度在我国的确立

通过上面的分析，我们可以得出这样的结论，即公诉并不能涵盖所有犯罪，自诉的存在是合理而有必要的。公诉机关有权对

---

〔1〕 中国政法大学刑事法律研究中心：“英国刑事诉讼制度的新发展”，载陈光中、江伟主编：《诉讼法论丛》（第2卷），法律出版社1998年版。

某些案件做出不起诉的决定，如果该决定与被害人的意志相冲突，国家应当即使给予救济，公诉转自诉制度就是这样的一种制度。

公诉转自诉制度是伴随着1996年《刑事诉讼法》的修改而诞生的，在此之前，被害人对检察机关“免予起诉”的决定，只能向人民检察院申诉，而无权提起自诉。司法实践中大量存在这样的情况：被害人的合法权益确实受到犯罪行为的侵害，被告人的行为应当依法被追究刑事责任，被害人掌握受到犯罪行为侵害的确实证据却四处告状无门，公安机关和人民检察院认为行为人不构成犯罪或不需要追究刑事责任均不予立案，而人民法院认为此类案件不是自诉案件又无权直接受理，以致被害人的合法权益无法得到切实保护。为了改变这种状况，立法机关在1996年修订《刑事诉讼法》时采纳了部分专家学者的建议，增设若干条款，允许被害人对这类公诉案件直接向人民法院起诉，于是，一项新的刑事诉讼制度——公诉转自诉制度便应运而生了。[1] 解决被害人“告状难”的问题，给被害人以救济的渠道，来恢复被犯罪破坏的社会秩序，这可以说是立法机关设立公诉转自诉制度的直接目的和根本目的。同时公诉转自诉制度的确立也与当时理论界对被害人诉讼地位的认识变化，以及立法上“免予起诉”制度的废除有着密切的联系。

近代刑事诉讼结构设计的一个指导思想是把犯罪追究与惩罚功能收归国家，认定被害人利益能为国家所代表与保护。由此出发，在近现代刑事司法程序中，被害人相当长一段时间都不是诉讼主体，而通常被视做广义上的诉讼参与人，其主要作用与一般证人类似。被害人的诉讼地位及诉讼权利相当有限。20世纪中叶以来，特别是20世纪80年代后这种情况有了较大变化，变化的

---

〔1〕 杨全红、黄建国：“公诉转自诉：新制度的确立及其完善”，载《巢湖学院学报》2003年第4期。

背景与被告人权利保护加强的理由相通。这就是说，被害人与被告人一样是国家应予尊重和保护的对象。作为公民，被害人与被告人、其他公民一样享有同样的权利，这种权利是一种完全独立的重要权利，其他任何主体都不能完全代表。基于此，很多国家对刑事诉讼进行了修改，例如1982年美国制定了《联邦被害人和证人保护法》。联邦德国1986年通过了《被害人保护法》等。我国的公诉转自诉制度也是这种潮流的一种体现，赋予被害人一定程度上的刑事起诉权。

另外，公诉转自诉制度的设立也与“免予起诉”制度的废除有一定的关系。“免予起诉”是人民检察院对于依照《刑法》规定不需要判处刑罚过者免除刑罚的犯罪分子定罪但不予起诉的一项制度。[1]“免予起诉”制度诞生于1956年，其适用于处理在押日本战犯，扩及其他刑事犯罪分子，1979年《刑事诉讼法》对之作了较为具体的规定。[2] 自20世纪80年代中期起，对于它的废存，诉讼法学界和司法实践部门展开了激烈的争论。经过反复比较，集思广益，第八届全国人民代表大会第四次会议通过的《关于修改〈中华人民共和国刑事诉讼法〉的决定》对“免予起诉”制度做了以下修改：其一，不再使用“免予起诉”；其二，扩大不起诉的范围，除了保留1979年《刑事诉讼法》第104条第1款“被告人有本法第11条规定的情形之一的，人民检察院应当作出不起诉决定”的规定外，将1979年《刑事诉讼法》中规定“免予起诉”制度的第101条“依照《刑法》规定不需要判处刑罚或者免除刑罚的，人民检察院可以免予起诉”作了修改，作为不起诉之一种情形规定在1996年《刑事诉讼法》第142条第2款，即

---

〔1〕 周道鸾、张泗汉主编：《刑事诉讼法的修改与适用》，人民法院出版社1996年版，第219页。

〔2〕 傅宽芝：“完善免予起诉制度立法的探索”，载中国法学会诉讼法研究会编：《刑事诉讼法的修改与完善》，中国政法大学出版社1992年版，第265页。

"对于犯罪情节轻微，依照《刑法》规定不需要判处刑罚或者免除刑罚的，人民检察院可以作出不起诉决定。"同时增加了一款关于不起诉的规定，为 1996 年《刑事诉讼法》第 140 条第 4 款："对于补充侦查的案件，人民检察院仍然认为证据不足，不符合起诉条件的，可以作出不起诉的决定。"也就是证据不足不起诉的情形。其三，人民检察院对决定不起诉的案件不能作其他实体处理。

与以上三点的修改相适应，1996 年《刑事诉讼法》对被害人不服不起诉决定的救济方式也作了补充和调整。1979 年《刑事诉讼法》第 102 条第 3 款规定："对于有被害人的案件，决定免予起诉的，人民检察院应当将免予起诉决定书送达被害人。被害人如果不服，可以在收到后 7 日内向人民检察院申诉。人民检察院应当将复查结果告知被害人。"1996 年《刑事诉讼法》将之修改为第 145 条"……被害人如果不服，可以自收到决定书后 7 日以内向上一级人民检察院申诉，请求提起公诉。人民检察院应当将复查决定告知被害人。对人民检察院维持不起诉决定的，被害人可以向人民法院起诉。被害人也可以不经申诉，直接向人民法院起诉。……"这就是关于检察机关作出不起诉决定而转为自诉的规定。对于公安机关、检察机关不予立案的，1979 年《刑事诉讼法》仅规定"将不立案的原因通知控告人。控告人如果不服，可以申请复议"（1979 年《刑事诉讼法》第 61 条）。除此再并无其他手段进行救济。1996 年《刑事诉讼法》则在第 170 条第 3 项将"被害人有证据证明对被告人侵犯自己人身、财产权利的行为应当依法追究刑事责任，而公安机关或者人民检察院不予追究被告人刑事责任的案件"作为可以提起自诉的案件，通过自诉对被害人进行救济。对于这种案件是否属于公诉转自诉的案件，学界认识不一，有学者主张仅检察机关不起诉转自诉的情况属于公诉转自诉的范围，而公安、检察机关不立案转自诉不应该包括在内。[1]笔者认为公诉转自诉的“公诉”指的是本来可以提起公诉而未提起公诉的案件，对于公安、检察机关不立案的案件，被害人有证据证明对此被不立案的行为应当追究刑事责任的，也应该属于可公诉的范围之内。因此，此类案件也应当归类于公诉转自诉的案件。

2012 年《刑事诉讼法》对于上述内容未作根本性修改，只是对于经过二次补充侦查仍然证据不足的案件，规定“应当作出不起诉的决定”（2012 年《刑事诉讼法》第 171 条第 4 款），而非 1996 年的“可以”。其他规定没有变动，只是条文编号有所变动：第 171 条第 4 款规定了二次补充侦查之后仍然证据不足的不起诉情形；第 173 条第 1 款规定了法定不起诉的情形；第 173 条第 2 款规定了酌定不起诉的情形；第 176 条规定被害人对于不起诉决定的救济，即公诉转自诉；第 204 条第 1 款第 3 项规定了被害人对于有证据对被告人侵犯自己人身、财产权利的行为应当依法追究刑事责任，而公安机关或者人民检察院不予追究被告人刑事责任的案件的自诉权。

3. 对公诉转自诉案件的认识

（1）对公诉转自诉案件的范围认识。根据现行《刑事诉讼法》的规定，公诉转自诉案件针对的是公安、检察机关决定不予追究被告人刑事责任，而被害人认为应当追究刑事责任的案件。既包括检察机关决定不起诉的案件，也包括侦查机关不立案、或立案后撤案的案件。前者具体包括以下三类：

第一，法定不起诉或者绝对不起诉的案件。现行《刑事诉讼法》第 15 条规定了六种法定不起诉的情形：“①情节显著轻微、

---

〔1〕 周戎：“关于完善‘公诉转自诉’制度的建议”，载《上海市政法管理干部学院学报》2000 年第 5 期。

危害不大，不认为是犯罪的；②犯罪已过追诉时效期限的；③经特赦令免除刑罚的；④依照《刑法》告诉才处理的犯罪，没有告诉或者撤回告诉的；⑤犯罪嫌疑人、被告人死亡的；⑥其他法律规定免予追究刑事责任的。”这六种法定情形根据《刑事诉讼法》第173条第1款的规定，人民检察院应当作出不起诉决定。然而这六类案件，并不都属于公诉转自诉的案件，其中第4项依照《刑法》告诉才处理的犯罪，被害人自诉并不是由于公诉机关决定不起诉才提起，而是本身即属于自诉的案件，因此不能划为公诉转自诉的范围内。其他五类案件，似乎也不应当放在可转自诉的范围内，因为刑事自诉的目的在于追究犯罪人的刑事责任，而这五类案件，或者不认为是犯罪，或者已经过了追诉期限、没有追究的必要，或者经国家的特殊政策免除刑罚，或者是加害人死亡无法追究等情形。但是，我认为从理论上讲，凡是检察机关决定不提起公诉的案件，都应当允许自诉，只要被害人有理由。因为决定存在可错性，在理论上存在这样的可能性，即检察机关的决定可能是建立在错误的认识的基础上的，比如犯罪情节显著轻微、危害不大，这种标准在实践中很难把握，被害人可能与检察机关的认识存在偏差，这样就应当允许被害人提起自诉，以纠正这种错误。

第二，现行《刑事诉讼法》第173条第2款规定的，对于犯罪情节轻微，依照《刑法》规定不需要判处刑罚或者免除刑罚的情形，人民检察院可以作出不起诉决定，也称为相对不起诉或者微罪不起诉；

第三，证据不足不起诉也称为疑案不起诉的案件。现行《刑事诉讼法》第171条第4款规定：“对于二次补充侦查的案件，人民检察院仍然认为证据不足，不符合起诉条件的，应当作出不起诉的决定。”

根据现行《刑事诉讼法》第176条的规定，“对于有被害人的案件，决定不起诉的，人民检察院应当将不起诉决定书送达被害人。被害人如果不服，可以自收到决定书后 7 日以内向上一级人民检察院申诉，请求提起公诉。人民检察院应当将复查决定告知被害人。对人民检察院维持不起诉决定的，被害人可以向人民法院起诉。被害人也可以不经申诉，直接向人民法院起诉。人民法院受理案件后，人民检察院应当将有关案件材料移送人民法院。”该条直接针对的便是第 171、173 条关于不起诉的决定，因此可以理解为公诉转自诉的案件包括以上三种不起诉。

另外，《刑事诉讼法》第 204 条第 1 款第 3 项又暗涵了另外一种公诉转自诉的案件，即公安、检察机关没有受理报案、控告、举报或者受理后不予立案，或者立案后以被告人无罪或其他理由将其释放或撤销案件的情况。根据 2012 年最高人民法院《关于适用〈中华人民共和国刑事诉讼法〉的解释》（以下简称“《刑事诉讼法》解释”）第 1 条第 3 项规定，被害人有证据证明对被告人侵犯自己人身、财产权利的行为应当依法追究刑事责任，且有证据证明曾经提出控告，而公安机关或者人民检察院不予追究被告人刑事责任的案件，人民法院可以直接受理。可见，公安、检察机关没有受理报案、控告、举报或者受理后不予立案，或者立案后以被告人无罪或其他理由将其释放或撤销案件，这样的案件也包括在公诉转自诉的范围内。

可见公诉转自诉案件应当包括以下四类：①《刑事诉讼法》第 15 条规定的六种法定情形，除去告诉才处理的犯罪以外的其他五种案件，如果被害人认为检察机关的决定根据不正确，可转为自诉案件；②微罪不起诉的案件；③证据不足不起诉的案件；④被害人有证据证明对被告人侵犯自己人身、财产权利的行为应当依法追究刑事责任，而公安机关或者人民检察院不予追究被告人刑事责任的案件。

（2）对公诉转自诉制度功能的认识。

第一，理想的公诉转自诉制度的功能。1996年《刑事诉讼法》在取消免予起诉制度的同时，扩大了不起诉的范围，这就涉及如何给被害人以救济的问题，于是公诉转自诉制度便应运而生了。当时，将这一问题称之为解决“告状难”的问题。“司法实践中，确实存在发生了犯罪行为，被害人又掌握受到犯罪侵害的确实证据，犯罪人应当被追究刑事责任，但四处告状无门，合法权益根本得不到保护的情况，以至于有的被害人常年上访，直至高级领导人有了明确的批示意见以后案件才得以依法处理。要改变这种情况，必须有一个机关能直接、最终处理这类案件，避免被害人再被推来推去，而这一机关在我国只能是人民法院。”同时当初设立公诉转自诉制度，其目的也是为了防止“公安、检察机关可能会随意将公民要求立案追究被告人刑事责任的案件推出去不管。”〔1〕可见，立法原意是为了“保障被害人合法权益，不使任何犯罪漏网，进而完善社会主义法制的作用”，同时，实现对公诉机关的制约。从理论上讲，公诉转自诉制度应该具有以下三个理想的功能：

首先，救济的功能。公诉转自诉制度应从两个方面体现救济的功能：一是对遭受犯罪行为侵害的合法权益进行救济，即被害人对于自己所遭受的侵害，应有权，并有行之有效的途径寻求救济。在禁止私力救济的今天，这种途径也只能是法庭审判。二是对遭遇公诉机关不起诉的决定的救济，公诉机关对本可提起公诉的案件决定不起诉，在某种程度上说是为了追求某些其他价值而对刑事诉讼惩罚犯罪和追究犯罪的工具性价值的舍弃。这些优先追求的价值，可能是程序公正价值，也可能是诉讼效益价值。而这类价值往往是从犯罪嫌疑人、被告人的角度出发，或者是基于

〔1〕 周道鸾、张泗汉主编：《刑事诉讼法的修改与适用》，人民法院出版社1996年版，第291~292页。

国家、社会公共利益的角度出发而考虑的。而对于被害人而言，其进行刑事诉讼唯一的价值追求在于惩罚侵犯自己的人，弥补被犯罪破坏的精神、物质损害。从被害人的角度出发，如果公诉机关不起诉等于断绝了其寻求救济的一个途径，那他只能转而求助另一途径——刑事自诉了。

其次，稳定社会秩序的功能。刑事诉讼与其他一切法律一样，其基本的功能在于维护社会秩序。因此无论一项具体的刑事诉讼制度采纳何种价值观，它都不能忽视秩序这个根本目标。对部分案件不起诉是在考虑了经济效益、保障犯罪嫌疑人和被告人合法权益的程序正义价值等多项价值的基础上建构的，但也绝对不能忽视了诉讼的程序价值。不起诉断绝了被害人公诉救济的途径，如果没有其他的救济方式的话，则暴力的、血腥的、不公正的自力救济就会重新出现，稳定的秩序将会被打破。公诉转自诉制度即是对公诉缺失后的补充，如果被害人的意愿与公诉权相冲突，那么他尽可以采取自诉的渠道来实现救济。因此，公诉转自诉制度应该具有稳定秩序的功能。

最后，制约公诉权的功能。公诉权是一种公权力，是国家权力经过分解后的产物。“从事物的性质来说，要防止滥用权力，就必须以权力来约束权力。”〔1〕公诉权也就是这样的应受制约的公权力，因为，首先，公诉权范围不断扩大，自诉范围不断缩小的趋势决定了必须对这种日益膨胀的权力进行制约。其次，公诉机关的起诉裁量权进一步扩大，涉及的不起诉案件的受害人范围也随之扩大，为了防止不起诉权的滥用，对公诉权进行制约非常必要。理论上讲，公诉转自诉制度的设立应当具有制约公诉权的功

---

〔1〕［法］孟德斯鸠著，张雁深译：《论法的精神》，商务印书馆 1982 年版，第 154 页。

能，成为刑事案件自诉权对公诉权进行监督制约的机制。[1] 理论上认为，公诉转自诉制度，从很大程度上弥补了司法机关互相监督的缺陷。在司法机关对刑事不起诉的监督救济途径中，公安机关不是案件当事人，也不享有公诉权，不具备起诉资格，对人民检察院的不起诉决定只能要求复议和提请复核，而不能向法院起诉。同时，人民法院依据“不告不理”原则，对检察机关决定不起诉的案件，即使明知不起诉决定错误，也不能直接受理。这样，公安机关和人民法院对检察机关不起诉权的制约存在一个空当。被害人提起自诉，不仅补救了公安机关不能起诉的不足，也为人民法院纠正检察机关不起诉决定的错误架设了桥梁，有效地填补了司法机关制约体制的空当。

理想中的公诉转自诉制度应当同时兼具以上三种功能，然而实际上，那终究不过是立法者和学者的一种美好的愿望罢了。

第二，公诉转自诉制度的实际效用。赵永红博士曾经对2001年北京市检察机关不起诉工作进行过调查。2001年，全市各级检察机关共决定不起诉刑事案件287件337人，对检察机关的不起诉决定，公安机关提出复议的4件4人，占公安机关侦查案件不起诉总数和人数的1.16%、1.36%；被害人申诉2件3人，被不起诉人申诉1件1人，均属于公安机关办理的案件。在复议、申诉结果上，本院或上级院审查后均维持了原决定。2001年不起诉案件中，无被害人自行向人民法院起诉的案件。[2]

这个调查数据是笔者所能找到的公开发表的关于公诉转自诉案件的唯一数据。受时间和条件的限制，笔者调查各地公诉转自诉制度的实际运行情况的愿望一直未能实现，也只能就赵博士的

---

〔1〕 参见李忠诚等：“1996年全国诉讼法学会学术观点综述（刑事诉讼部分）”，载《中国法学》1997年第1期。

〔2〕 赵永红：“不起诉的实践运作、加强与改进——关于对北京市不起诉工作的调查”，载《国家检察官学院学报》2002年第6期。

这组数据进行分析了。该数据仅仅为北京市 2001 年一年的情况，虽不能涵盖全国各地的情况，但亦可有管中窥豹之效。从北京市的情况来看，公诉转自诉制度基本形同虚设。全年 251 起不起诉案件，竟然没有一例自诉。当然，或许北京市作为首都，法制健全，司法水平较高，251 案无一案不起诉决定不适当，337 人无一人对不起诉决定表示异议，那也未可知。然而，就在赵永红博士的同一篇调查报告中，也对此做了一点小小的揭示。报告中提到，“根据法律规定，相对不起诉的条件是犯罪情节轻微，依照《刑法》规定不需要判处刑罚或免除刑罚的。检察机关在办案工作中应根据《刑法》规定，结合案件的具体情况对案件及犯罪嫌疑人的行为，及其主观恶性进行全面评估，以认定是否符合不起诉的条件。调查中发现，实践中存在着片面强调从轻情节，忽略从重情节，不注重办案的社会效果，导致作出的不起诉决定不当的情况。”可见，即便是在北京，不适当的不起诉决定也是存在的，而这部分案件的被害人究竟有没有申诉，报告中没有涉及，但即便是进行了申诉结果也会很明确，因为仅有的被害人申诉 2 件 3 人，在审查后也均维持了原决定，提起自诉那就是更没有此情况可言了。那么这部分不起诉案件的被害人也只能“沉冤”不能昭雪了，实际生活中，被害人是忍气吞声，还是采取激烈的报复手段自行救济，抑或是踏上了上访的道路，这些都不得而知，但无论选择哪种方式，都不是我们当初设立公诉转自诉制度时所愿意看到的方式，无论哪种方式对社会、对司法权威都是不利的。我们也无从知道被害人为什么在遭遇不起诉之后，都不采取自诉的途径，但无论什么原因，公诉转自诉制度在现实的司法实践中，未能起到本来所应有的功能，这是确定的，主要表现在以下几个方面：

首先，无救济之效。在司法实践中，如果检察机关决定不起诉，则被害人很难通过自诉来实现对自己受犯罪侵害的合法权益的救济，其主要原因突出表现为被害人取证不能。根据《刑事诉讼法》第205条规定，人民法院对于自诉案件进行审查后，缺乏罪证的自诉案件，如果自诉人提不出补充证据，应当说服自诉人撤回自诉，或者裁定驳回。该规定确立了这样一条规则，自诉案件证明犯罪的责任在自诉人，如果自诉人无法证明或者事实模糊不清，那么自诉人将为此承担不利的后果，即自诉人将得不到法庭审判的救济。而从公诉转自诉案件的性质来看，部分案件属于较为严重的案件。特别是现行《刑事诉讼法》第204条第1款第3项规定的"被害人有证据证明对被告人侵犯自己人身、财产权利的行为应当依法追究刑事责任，而公安机关或者人民检察院不予追究被告人刑事责任的案件"，此类案件可轻可重，并没有明确的界限。甚至杀人、抢劫、强奸等严重暴力犯罪都有可能出现在该项范围之内。而这种严重暴力案件的侦查本身即有复杂、取证困难的特点，需要专门的侦查机关运用专门的侦查技术才能查明，将这类案件交给收集证据能力和权力有限的个人来调查，显然超出了其能力所能达到的水平。即便不论这类案件，对于"人民检察院没有提起公诉，被害人有证据证明的轻微刑事案件"这一类，也很难衡量该案件是否轻微。我们知道，重罪与轻罪的划分各国并不统一，但一般以1年监禁为界限。比如，在美国，大部分州都规定，"重罪是指判1年以上监禁处罚的刑事罪行，轻罪是重罪以外的所有犯罪行为"[1]。而我们的轻微刑事案件根据现行《刑事诉讼法》解释是以3年有期徒刑为界，认为可判处3年以下有期徒刑的即为轻微（仅仅限于《刑法》分则第四、五章两章）。这种规定极不科学，在我们目前的法制环境下，该类案件的被害人很容易因种种因素无法或不敢自诉。姑且不论重罪不起诉的案

---

〔1〕［美］爱伦·豪切斯泰勒·斯黛丽、南希·弗兰克著，陈卫东、徐美君译：《美国刑事法院诉讼程序》，中国人民大学出版社2002年版，第15～16页。

件，仅就故意伤害案而言，此类案件涉及最广的就是日常生活中常见的以强凌弱的流氓地痞寻衅滋事所导致的伤害。笔者长期生活在农村，且是沿海发达地区的农村，地痞流氓欺压百姓非常常见，普通百姓被无端殴打每天都在发生。对于这些受害者来说，一是他们认识不到用法律来保护自己；二是即便是认识到了他们也不敢。坐过监、蹲过狱往往是流氓们的资历，刑满释放后往往气焰更盛。公安、检察机关不予追究以后，被害人害怕报复都来不及，哪里还敢自诉。即便是自诉，对证据的收集也几乎无能为力，主要表现在：

其一，不能。①公诉转自诉的案件，有一部分，即重罪不起诉及相对不起诉的部分案件，本身就属于较严重的案件，本来应该由专门的侦查机关进行证据的收集，由专门的公诉机关支持控诉。而转成自诉之后，自诉人由于技术、设备、权力等诸多因素，根本无法收集到足够的证据，根本无法与拥有强大的国家机器为背景的侦查机关的侦查水平相提并论，此即为自诉人主体不能。②我们来看从决定不起诉到提起自诉所需要的时间。根据《刑事诉讼法》第 169 条规定，“人民检察院对于公安机关移送起诉的案件，应当在 1 个月以内作出决定，重大、复杂的案件，可以延长半个月。”而决定不起诉后，如有被害人，则人民检察院应当将不起诉决定书送达被害人，被害人如果不服，可自收到决定书以后 7 日以内申诉。根据 2012 年《规则》第 422 条规定，人民检察院复查不服不起诉决定的申诉，应当在立案 3 个月以内作出复查决定，案情复杂的，不得超过 6 个月。根据这些规定，我们无法确切计算从犯罪发生到不起诉决定作出、申诉复查决定作出所需要的时间，但如果按这个程序走下来，至少需要 1 个月。对于轻伤害案件来说，1 个月之后，伤情是绝对无法鉴定清楚的，如果双方在此问题上发生争议，被害人是无法举证的。更何况，按照 2012 年《刑事诉讼法》第 173 条第 3 款的规定，“人民检察院决定不起诉的案件，应当同时对侦查中查封、扣押、冻结的财物解除查封、扣押、冻结。”这自然会对自诉人的自行收集证据造成障碍，因为查询、扣押、冻结的财物极有可能包含有关物证，查询、扣押、冻结的解除，不仅会给自诉人重新收集造成困难，而且存在被告人销毁、转移、变造证据的可能。此可称为客观不能。

其二，不敢。如同上文所述，很多公诉转自诉案件的受害者，相对于加害人处于弱者的地位，受到威胁、恐吓而不敢在不起诉决定后再提起自诉。

其三，不知。鉴于我国社会公众法律意识淡薄，特别是少数经济落后地区，群众文化、思想也比较闭塞，对法律一无所知的情况并不少见，因而很多被害人在遭遇侵害，遭遇公安检察机关不追究的时候，很有可能并不知道可以提起自诉。这也是公诉转自诉没有在实践中得到很好的运用的原因之一。

其次，无稳定秩序之效。现代社会，刑事纠纷的私力救济为国家所禁止，而以公力救济——法庭裁判所代替，其关键原因在于公力救济较之私力救济更公正、权威、高效，可以迅速、公正地解决纠纷，恢复被破坏的秩序，稳定社会，为国家的经济发展、个人的自由生活提供一个稳定的社会环境。然而，如果公力不能给被害人以救济，造成被害者告状无门的情况，那么自力救济或其他非司法途径解决纠纷的手段便有可能出现。对于被害人而言，遭遇不起诉而又确是犯罪的受害者，如果自诉由于取证能力所限无法提起或被法院以证据不足驳回，那么他所面临的选择将很少，要么忍气吞声，要么采取激烈的报复手段，要么上访。而这三种途径无论哪一种对于社会秩序的稳定都是不利的。受害者的忍气吞声一方面会酝酿更严重的犯罪，另一方面也会使得群众对司法的公正和权威产生怀疑，降低司法的公信力。有罪不罚的后果是十分严重的，它会助长犯罪的嚣张气焰，也会令人民对司法进而对国家产生不满。血腥的自力救济，更是直接对社会秩序造成极大的破坏，不仅原来的犯罪得不到解决，新的更严重的犯罪也随之发生。一个健全的法治社会，一切纠纷都应当通过公正的司法渠道解决，而不应该诉之于行政式方式解决。群众上访一方面会造成恶劣的影响，不利于司法权威、政府形象的树立；另一方面也会给不法分子造成可乘之机，甚至会演变成政治事件。

再次，无制约公诉权之效。立法者、法学理论界普遍认为公诉转自诉制度是制约公诉权、制约检察官起诉裁量权的一种方式。实际上，无论是在理论上，还是在司法实践中，这种制约都是不可能实现的。从理论上讲，制约必须有效，方能称之为制约。所谓制约，通俗地讲即是，一方对另一方的行为能够施加有效的影响。如果一方的行为有损于对方，或者有损于双方所共同追求的利益，则对方可以通过其制约行为来使损害方承担不利的后果。也就是说，制约针对的应该是与制约行为有利害关系的对方，而不是随便两者之间便可以制约。用一个比较庸俗的日常生活的例子来说明一下这个问题，小的时候经常跟别人打赌斗嘴，常用的一句话便是："要是你不……我就不姓×。"其实，你姓什么与我又有何干系呢？对方就是不怎样，你说你不姓什么于对方又何干呢？不客气地说，公诉转自诉就是这样一种制度，被害人尽可以提起自诉，与检察院有什么干系呢？不要说自诉难以成功，即便胜诉了，也不会追究检察院不起诉的责任。更何况从理论上说，也根本就不应该追究检察机关不起诉的责任。因为从现代的刑事诉讼价值、目的出发，检察机关的自由裁量是受到鼓励的。如果追究其责任，便会限制检察机关的手脚，使得本就范围狭窄的起诉裁量权戴上重镣，未免会有悖于起诉便宜主义的本意，也难与世界主流诉讼理念相符合。

最后，诉讼效益提高之悖。从诉讼价值的角度来看，不起诉制度所优先考虑的是这样的价值：一是诉讼的效益价值，对部分案件不起诉，集中主要力量处理危害较大的犯罪，有利于提高国家追诉犯罪的效率。二是保障犯罪嫌疑人、被告人的基本权益，这突出表现在对证据不足不起诉的案件上。从“无罪推定”的原则出发，对不能确定犯罪嫌疑人构成犯罪和需要追究刑事责任的属于证据不足，不符合起诉条件，应当作出不起诉决定。三是从诉讼的程序价值出发，诉讼并不一定以查明案件真相、惩罚犯罪为唯一目的，恢复被犯罪破坏的社会秩序，维护社会的稳定是诉讼的终极目的。因此，当事人主义的表现之一便是只要社会秩序可以稳定，可以恢复，也可以不必查明犯罪真相。以充分尊重当事人的意愿为出发点，表现在被告方面，被告人只要认罪即进入量刑阶段；在被害人方面，公诉方充分考虑其意愿来决定追诉与否；在公诉方面，表现为极大的几乎不受限制的起诉裁量权，只要公诉方认为不起诉更有利于公共利益，便可以作出不起诉决定。需要说明的是，在当事人诉讼中，检察机关的这种几乎不受限制的自由裁量权是在给予了被害人以充分的诉前权益保障以及有效的其他渠道进行救济的基础上实行的。也就是说公诉机关的起诉裁量权虽然很大，但被害人却不至于因不起诉而得不到救济。比如美国1990年制定了《被害人权利及损害恢复法》（the Victims' Rights and Restitution Act of 1990）。该法从被害人的人格尊严到知情权、得到判决、恢复损害等诉讼权利，规定的都极为详尽，并且规定对得不到赔偿的被害人，由州政府予以补偿。1965年美国加州制定了《暴力犯罪被害人补偿法》，首开被害人补偿制度之先河，随后其他很多州也相继实行该制度。到1982年7月，已有34个州以及哥伦比亚特区与维尔京群岛地区实行犯罪被害人补偿制度。1984年联邦《犯罪被害人法》诞生，就补偿对象、数额、程序作了规定。[1] 在这种对被害人权益给予充分有效的尊重和保

〔1〕 杨正万：《刑事被害人问题研究：从诉讼角度的观察》，中国人民公安大学出版社2002年版，第49页。

障的前提下，检察机关起诉裁量权虽然很大，但被害人却可以从国家补偿中获得弥补，而不至于得不到救济。不起诉是在衡量诉讼的效益价值、诉讼秩序价值及程序公正价值的基础上设立的，但这种制度的设立也不能以牺牲被害人的合法权益为代价。如果在某些特殊情况下，牺牲是不得已的、必要的，那么国家应当给予补偿，理由在于国家未能尽到保护公民的合法权益的义务。

而如果我们分析当事人主义模式下的不起诉，我们也会看到，其实不起诉并没有减少国家的总体耗费。因为国家虽然避免了司法成本在个案中的消耗，但必须为此增加补偿金的耗费。当然，补偿金与司法资源的耗费并不相同，这也是当事人主义不起诉制度的本质所在，它采取的策略是，用一种非刑罚化的方式，用经济上的耗费来取代司法资源的耗费。因为司法资源是比金钱更有价值的资源，用一种价值较低的资源来换取一种价值远远大于此的资源，这样的交易，谁都愿意做。然而我国的不起诉制度则恰恰相反，被害人在遭受不起诉后，不能通过自诉的途径来进行救济，必然消耗更多的司法资源。在个案中，国家的司法资源耗费减少了，然而这是用整个社会更多的资源来换取的，这种得不偿失的结果是非常明确，非常明显的。

（3）对我国公诉转自诉制度的总结。我国的公诉转自诉制度，其设立时的本意是非常美好的，既想通过这种方式给受害者以救济，稳定社会秩序，同时也想通过自诉对检察机关的起诉裁量权进行限制。理想虽然美好，然而在司法实践中的表现却难令人满意。三项功能无一得到发挥，有违初衷，究其原因，既有制度上的原因，也有理念上的原因，主要有以下几点：

第一，自诉人的自诉对检察机关起诉裁量权毫无制约可言。有学者认为对比西方国家，我国检察机关公诉案件不起诉率还是非常低的。以中德两国 1997 年的公诉情况作一比较，1997 年，德国公诉机关总共受理8 059 068件案子，其中包括所有引起官方注意的事件，即包括犯罪人已知和未知的案件，根据德国《刑事诉讼法》第 170 条第 2 款的规定，如果侦查结果没有提供足够的公诉理由，检察机关应当停止侦查程序。[1] 按此条撤销的案件有 4 858 972 件，占总数的 60. 3%，决定不起诉的案件 1 203 327 件，占总案件数的 14. 9%。1997 年，我国公安机关共受理治安案件 3 227669 起，查处 3 003 779 起，立案1 613 629起，破案 1 172 214 起，移送审查起诉 393 363 件、601 080 人。检察机关自侦案件，移送审查起诉案件 49 452 件、58 849 人。对以上两类移送案件共决定不起诉 23 261 人，占审结总人数的 4. 2%。[2] 表面上看，我国检察机关不起诉率远远低于德国，其实并不能简单地看待这个问题。我国公安机关立案 1 613 629 起，破案 1 172 214 起，而移送审查起诉的仅为 393 363 件，也就是说有 441 415 起案件未侦破。已破案件中有 758 851 件未移送审查起诉，占已破案件总数的 64. 7%。这部分案件压根就未进入审查起诉程序，我们无法了解这部分案件是怎样处理的，但可以肯定其中绝大部分属于公安机关不予追究的情形，而我公安机关刑事立案 1 613 629 件，加上治安案件 3 227 669 件，总数也不过 4 841 298 件，仅为德国 8 059 068的一半多一些。而我国的人口数量为 12. 85 亿，是德国 8275. 7 万的 15. 57 倍，国家刑事追诉率之低可见一斑。也就是说大部分案件，早就在检察机关审查起诉前就已经排除掉了，不起诉率低自然是很正常的现象，没有什么可比性。很多学者以我国不起诉率低为由，提出应当进一步扩大检察机关起诉裁量权的使用，笔者认为并不妥当，因为我国尚不具备扩大的条件，我国的检察机关裁量权，没有任何人或者机关可以对之进行有效制约。

---

〔1〕 李昌珂译：《德国刑事诉讼法典》，中国政法大学出版社 1995 年版，第 86 页。

〔2〕 陈光中、［德］汉斯－约格·阿尔布莱西特主编：《中德不起诉制度比较研究》，中国检察出版社 2002 年版，第 160 ~ 179 页。

第二，受害人无法有效地进行自诉。公诉转自诉的案件一般为本来应该公诉的案件，性质较为严重，被害人由于缺乏必要的侦查工具、手段和专业的侦查经验，也缺乏侦查所必要的强制权力，往往不能举证。在现行制度下，律师调查取证也很有限，受害人很难收集到足够提起自诉的证据，无法有效地进行自诉。

第三，刑事诉讼价值理念的天平失衡。不可否认，我国的刑事诉讼程序具有超职权的特点，学界一直对此进行不懈地批判，主要出发点为，在这种超职权主义诉讼模式、流水线式的诉讼构造下，犯罪嫌疑人、被告人成为实现刑事诉讼目的的工具，其合法权益和人格尊严得不到尊重和保障。其认为人本身是目的，而不是手段，任何人包括犯罪人的人权自由和尊严都应当得到尊重和保障。据此提出了一系列改善犯罪嫌疑人、被告人诉讼地位、权利的改革措施和观点。起诉裁量权扩大适用的主张也是该种观点的表露。笔者并不否认上述观点，也支持尊重和保障犯罪嫌疑人、被告人的人格尊严和合法权益。然而笔者认为，在超职权的诉讼模式下，被作为实现刑事诉讼目的、价值的工具和手段的并不仅仅是犯罪嫌疑人、被告人，被害人也是一样。只不过因为被害人背后是强大的国家追诉机关，因而人们容易忽略对其地位的保障罢了。造成这种局面的原因还有一个，是力量的对比造成的。犯罪嫌疑人、被告人——国家追诉机关，被害人——犯罪嫌疑人、被告人，前者的力量对比要比后者悬殊得多，人们的同情心自然偏向了在强大国家机器面前显得太弱小的犯罪嫌疑人、被告人。也正是由于我们以前太不重视犯罪嫌疑人、被告人的权利、地位问题，才使学者们觉得应当对这方面有所侧重，颇有点矫枉必须过正的味道，然而被害人又有多少人格尊严而言呢？被害人自从报案之后，整个案件的进程与发展便交到了国家手中，其所能做的事情便是一次次地被侦查机关、公诉机关、审判机关、双方律师询问有关案情，被动地接受各机关作出的决定、裁定或判决。

虽然我国《刑事诉讼法》规定了被害人的当事人地位，却并不赋予其当事人之实。被害人只有申诉的权利，没有异议、上诉的权利。在司法实践中，被害人根本无法影响到刑事诉讼的进程，所能够对国家司法施加影响的只能是“祥林嫂”一般一次次声泪俱下的控诉，所能影响的也仅能是国家追诉机关办案人员的良心。谁都不能否认，这是一个十分凄惨的地位，笔者大胆地打一个不恰当的比喻，当初汉献帝有曹操的支持与保护，风光无限，看起来也是一派君临天下的威仪。比之献帝，同期的刘备地位低下，一小小的平原令，步弓手五百而已。然而如果让大家选择，恐怕谁都不会选择做献帝吧？当然，笔者这样举例，并不是说做犯罪嫌疑人、被告人要比做被害人好，而是说，被害人同样也不过是工具而已，其背后虽然势力强大，亦不过同于献帝。被告人对于判决结果，仍可以毫无理由地上诉，而被害人只能向检察院申请抗诉，这种申请又进入了一个完全看不见的暗箱中进行行政式的操作，其结果天知道是怎么形成的。

笔者絮叨至此，观点在于，程序公正不仅仅针对犯罪嫌疑人、被告人，对被害人也要公正，被害人也要“正义以看得见的方式实现”。被害人的人格尊严也同其他所有被称为人的动物一样，需要得到尊重。而我国的公诉转自诉制度作为整个职权诉讼程序的一环，自然也不免带有工具主义的特点。首先，整个不起诉的决定是在不公开中，通过行政式的审查作出的；其次，不起诉决定对毫不知情的被害人公布以后，被害人如果不服，进行申诉，则再一次钻入了这个黑箱，结果又是满头雾水地钻了出来；最后，如果被害人决定自诉，则就其地位与能力而言又毫无成功的可能。也就是说被害人只能服从检察机关的决定，而作出该决定的目的是为了实现特定的刑事诉讼的目的与价值，此即典型的工具主义价值观。在这种四处碰壁的情况下，我想汉献帝当初连怀孕的皇后都保护不了，其情其屈也不过如此而已。

（三）改造公诉转自诉及相关制度，实现对不起诉被害人的救济

1. 理论依据

这里所讲的理论依据，既是指解决公诉转自诉制度存在问题所依据的理论基础，也是我们实现不起诉被害人的自诉救济所应当把握的目标、方向。综合以前的论述，笔者提出以下几个支点：

（1）被害人救济理论。救济所针对的是两方面的内容：一是对遭受犯罪行为侵害的救济；二是对遭遇不起诉决定的救济。对于前者很容易理解，被害人遭受犯罪侵害，理应得到国家公诉权的救济，这是国家的义务，因为当公民让渡了管理国家的权利以后，私力救济便被国家所禁止，国家必须履行其契约义务。如果国家不能以追诉、惩罚犯罪的方式给予被害人以救济，那么就应当给被害人以一定的经济补偿来恢复其身心损失。国家应予被害人补偿的理论也可以从另一个方面得到解释，被害人因为犯罪的发生而遭受了身心的重大伤害和财产方面的重大损失，在诉讼程序中又沦为检察官和被告人双方争斗下的祭品，再次受到伤害。诉讼程序结束后，被害人就被司法制度所遗忘，其处境凄惨，极为可怜。对于被害人这种弱势群体，国家和政府应该伸出援助之手，给予起码的人道扶助。[1]

而对于遭遇不起诉的救济，是指对被害人受到不利益的程序性裁定的救济。不起诉决定从本质上讲是检察官作出的关于停止诉讼的程序性裁定[2]。而所谓权利救济，正如陈瑞华教授所提出

---

〔1〕 杨正万：《刑事被害人问题研究：从诉讼角度的观察》，中国人民公安大学出版社2002年版，第334～335页。

〔2〕 严格说来，不起诉不能称为裁定，因为该程序并没有诉讼的构造与特点，只是检察机关的决定。但如果从广义出发，决定也可以算为一种裁定，属于书面审查后的裁定而已。

的那样，包括实体和程序两个层面的要素。[1] 之所以要对程序性裁定所带来的不利益进行裁判，陈瑞华教授的观点认为那是一种程序性违法，是“指参与刑事诉讼活动的公共权力机构违反了法定诉讼程序规则的行为”。这种行为由于程度不同地侵犯了公民的基本权利，因此又具有公共侵权行为的性质。[2] 也就是说之所以要救济是因为受到了违法行为的侵害。笔者认为这种解释不甚恰当，因为在针对程序性裁定进行救济的时候除了当事人无人确切地知道究竟该行为是否违反了法定诉讼程序规则，这也是需要通过诉讼来进行的过程来进行裁判的。将程序性违法作为裁判该程序是否违法的前提未免失当。因此，对程序性裁定应给予救济，其理由并不在于该裁判违法，笔者认为应当从以下三个方面来进行解释：

第一，从程序公正价值出发。“自然正义”原则是一项古老的程序公正标准，其有两项基本要求：①任何人不得做自己案件的法官；②应当听取双方当事人的意见。根据自然正义的第一项要求，裁判主体在裁判中不得存有任何偏私，而且须在外观上使任何正直的人不对其中立性有任何合理怀疑；根据自然正义的第二项要求，法官给予所有与案件结果有直接利害关系的人有充分陈述自己意见的机会，并且对各方的意见予以平等对待。[3] 正是从自然正义的第二项要求出发，我们可以得出必须对程序性裁判给予救济的权利的结论。因为程序性裁判的作出，可能忽略了某一方的意见，或者根本没有给予某方陈述意见的机会，或者一方当事人的意见出于非自愿的表达（以上三方面可以归结于陈瑞华

---

〔1〕 陈瑞华：《问题与主义之间——刑事诉讼基本问题研究》，中国人民大学出版社 2003 年版，第 102 页。

〔2〕 陈瑞华：《问题与主义之间——刑事诉讼基本问题研究》，中国人民大学出版社 2003 年版，第 158 页。

〔3〕 陈瑞华：《刑事审判原理论》，北京大学出版社 1997 年版，第 55 页。

教授所提的程序违法的情况)，或者一方当事人当时并没有掌握足够的、用以支持自己意见的证据。这样在裁判作出以后，就应当给予其救济、补救的机会，特别在可能存在程序违法的情况下。

第二，从程序性裁判与实体结果的关系上看。程序性裁判，尽管仅仅是诉讼程序上的决定，然而大部分程序裁判都会直接或间接地导致实体上的结果。比如本章所探讨的不起诉决定，检察机关不起诉决定，不仅仅会产生终结诉讼程序的程序结果，而且也对被害人、被不起诉人的实体利益产生了相当的影响。被不起诉人因此免除了被国家公诉机关追究刑事责任的可能，被害人因此失去了以公力救济自己实体权益的一个渠道，因此，对于与当事人有利害关系的程序性裁判，理应给予救济。

第三，这也与裁判的可错性密切相关。任何裁判都是由人作出的，没有不犯错误的人，因此任何裁判都有可能错误。这是从裁判主体方面来讲的，就裁判的客体而言，任何裁判所凭借的只能是现有的有关裁判所依据事实的证据，而受人类认识能力的局限，人类是不可能还原全部历史的，即便是主要事实在很多情况下也是模糊不清的。实体裁判如此，程序裁判也是如此，检察机关决定对案件起诉与否，所依据的一是证据是否达到了起诉的要求；二是提起公诉是否更有利于刑事诉讼目的、价值的实现。因此，如果证据因主体能力现在达不到要求，或者是由于裁判者认识能力的局限达不到要求，都有可能产生与事实不符的裁判，可能导致对本应起诉的案件决定不起诉，或者对本应不起诉的案件决定起诉。而究竟该裁判是否符合事物的本来面目，只有当事人心里最清楚。因此，应当给予当事人程序性裁判救济的机会，纠正错误裁判。

由此可见，给予被害人、被不起诉人以提起程序救济的权利，是非常必要的。由于本章研究的主题是公诉转自诉制度，涉及的主要是被害人，因此，仅仅对被害人的程序救济权利进行讨论。

(2) 公诉权制约理论。当今世界起诉制度，公诉权不断扩大、自诉权不断缩小逐渐成为一种主流趋势。当然，笔者并不否认这种趋势的历史必然性，前面我们也对此有过论述。笔者所要强调的是，这种趋势所带来的必然是检察机关公诉权的膨胀。“一切有权力的人都容易滥用权力，这是万古不易的一条经验”，“一次不公的裁判比多次不平的举动为祸尤烈。因为这些不平的举动不过弄脏了水流，而不公的判断则把水源败坏了。”〔1〕 经验表明，没有制约的权力必然导致腐败，司法权力尤需要制约，不起诉权的行使也不例外。法律赋予检察机关不起诉决定权的同时，也相应设置对这一权力的制约与救济，以便检察机关按立法目的，正确行使自由裁量权，避免滥用权力的情况发生。近年来世界各国在扩大检察机关的职权和增强其独立性的同时，普遍加强了对检察权行使的制约和监督机制。主要有以下几种途径：

第一，由法官来对某些案件决定是否提起公诉。这种方式又可分为两种：一是自始由法官来决定公诉；二是由被害人将检察官的不起诉决定交予法官来决定起诉与否。前者的典型是预审制度，一般而言，仅仅是部分最严重的犯罪所采取的方式。英国由治安法院对可诉罪进行预审。治安法官对检察官以公诉书进行起诉的可诉罪案件进行审查，以确定控诉一方是否有充分的指控证据，案件是否有必要移送刑事法院审判。治安法院的这种审查起诉的职责是在20世纪三四十年代大陪审团被废除以后才取得的。目前，绝大多数可诉罪案件在刑事法院审判之前，都要经过治安法院的这种预审程序审查之后，治安法官作出撤销案件的决定或者移送刑事法院审判的决定。〔2〕 法国预审法庭的任务是收集证

〔1〕［英］培根：“论司法”，载［英］培根著，水天同译：《培根论说文集》，商务印书馆1983年版，第193页。

〔2〕卞建林、刘玫：《外国刑事诉讼法》，人民法院出版社、中国社会科学出版社2002年版，第338～339页。

据，作出裁定：如果证据不充分，没有必要对受审查人继续进行追诉，作出不予起诉的裁定；如果证据足以使预审法官形成内心确信，则作出向审判法庭移送案件的裁定；如预审法官认定该犯罪构成重罪，则须提交上诉法院起诉审查庭进行第二次预审。当然并非所有的案件都必须经过预审，一般而言，只有最严重或最复杂的刑事案件，才要在对其进行实体审判之前经过预审程序，并且必须是在依据检察官提出的公诉意见书受理案件后，或者经受害人“告诉并在刑事法院成为民事当事人”的途径而受理案件后才能进行。而上诉法院起诉审查庭则构成了对重罪起诉的二次审查。[1]

第二，由社会公众来决定起诉与否或者直接制约检察机关不起诉权。其中以美国的大陪审团制和日本的检察审查会制最为典型。在美国，刑事起诉有两种方式：一种是大陪审团起诉，一种是检察官起诉。有的州不实行大陪审团制，所有的案件都由检察官代表国家作出，但为了防止检察官滥用起诉决定权，规定检察官起诉前，必须经过预审程序。在实行大陪审团制的州，轻罪和微罪由检察官提起诉讼，而重罪必须经大陪审团来决定。日本由于对“没有必要追诉的情况”未作出具体的规定，为了防止检察官凭借主观认识随意确定刑事案件是否起诉，保证检察官行使公诉权“公正地反映民意”，于 1948 年制定了《检察审查会法》，建立了检察审查会制度。其主要职责是根据控告人、检举人、被害人的申诉，专门审查检察官所做的不起诉决定是否适当和查核检察官滥用职权的行为。无论是美国的大陪审团还是日本的检察审查会，都是由普通公民组成。

第三，受害人在公诉权制约中的作用。有学者将受害人也作

---

〔1〕 卞建林、刘玫：《外国刑事诉讼法》，人民法院出版社、中国社会科学出版社 2002 年版，第 116～118 页。

为对公诉权制约的方式的一种，并指出德国的强制起诉制度和日本的准起诉制度，是这种方式的典型。[1] 强制起诉程序的要旨是在检察官决定终止诉讼的情况下，赋予被害人将检察官的决定提交中立法庭审查的权利，以限制检察官在起诉裁量权方面的自由决定权。其具体规定是，在刑事追究请求人收到检察官决定终止诉讼的通知后，认为应继续诉讼的，可以在两周之内向该检察官的上级检察官提出申诉。上级检察官可能决定继续诉讼，也可能维持终止诉讼的决定。如果不服维持终止诉讼的决定，刑事追究请求人可以在1个月之内，向州高级法院申请法庭决定。州高级法院以决定的形式就申请作出结论，决定驳回申请的，案件终结；决定提起公诉的，检察官仍然可以坚持自己的看法，甚至要求法庭作无罪判决。根据德国《刑事诉讼法》第395条的规定，此时支持公诉的为刑事追究请求人。日本的准起诉制度是借鉴德国的强制起诉程序而建立的，它的内容是，对《刑法》第193～196条或者《破坏活动防止法》第45条规定的犯罪提起告诉或者告发的人，不服检察官不提起公诉的处分时，在接到不起诉处分通知之日起7日以内，向作出不起诉处分的检察官提出申请书，检察官认为请求有理时，应当提起公诉；如认为请求没有理由，应将请求书送交法院。法院决定交付审判的，由指定律师支持公诉。笔者认为这两种制度，都不能看做是被害人对公诉权的制约，因为实质上被害人仅仅是向检察机关提出申诉，如果不服检察官作出的维持终止诉讼的决定，那么则由法官来决定是否公诉。这种制约，还是依靠法官来完成的，因此笔者认为这仍然属于第一种途径，即由法官来实现对公诉权的制约。被害人仅仅是通过申诉来启动该种制约，在某种程度上应算是制约的辅助人。被害人申诉

[1] 参见赵永红："公诉权制约研究"，载《中央政法管理干部学院学报》1999年第4期。

的权利在很多国家的不起诉制度中都存在，包括我国在内。

其实，被害人对公诉权的制约确实存在，即法国的民事原告人制度。根据法国《刑事诉讼法》的规定，被害人也是发动公诉的主体之一，如果检察机关尚未发动公诉，受到损害的当事人通过向刑事法院提起民事诉讼成为民事当事人，也可以发动公诉。而这种公诉一旦发动，被害人也无权将之撤销。在该当事人撤回起诉时，也仅能消灭民事诉讼，而不能使公诉停止进行。[1]

（3）公诉转自诉制度的价值衡量。公诉转自诉制度的重构，必须合乎以上两个理论上的出发点，即必须使被害人得到充分的救济，同时必须应该能够有效地制约检察机关公诉权的滥用。但是在保证这两个目标实现的同时，我们也不能不关注诉讼效益这一价值目标。理想的刑事诉讼机制应当是所有侵犯了刑事实体法所保障的合法权益、应当追究刑事责任的案件都应当由国家提起公诉，但考虑到司法资源的有限性，实际上没有哪一个国家能真正实现这个理想状态。诉讼效益的考虑就显得非常必要了，但是，基于程序公正的价值出发点，如果说"不经正当法律程序，不得剥夺任何人的生命、自由或财产"是真理的话，那么"不经正当法律程序，不得剥夺任何人的得到救济的权利"也是应当成立的。正是因为前者成立，所以才可以推出后者也必定成立，因为获得救济的权利是实现前者的保障，"无救济则无权利"。正当法律程序，是在对违反正当法律程序的行为给予充分救济的前提下才能确立的。正当法律程序，不仅在剥夺公民的生命、自由、财产时是必需的，在剥夺公民应获救济的权利时也是必需的。不仅仅犯罪嫌疑人、被害人不应当作为国家刑事政策的工具，刑事被害人也不是作为工具而存在的。因此，尽管诉讼效益的考虑对国家是

---

〔1〕［法］卡斯东·斯特法尼等著，罗洁珍译：《法国刑事诉讼法精义》，中国政法大学出版社 1999 年版，第 495、505 页。

必要的，但也不能以牺牲被害人的救济权为代价来片面追求效益。诉讼效益只能作为次于救济的次级价值，作为我们重构公诉转自诉制度所应当兼顾的价值，而不能作为主要的价值目标。

（4）公诉转自诉制度的终极价值目标——秩序安定。秩序是一切法律的出发点和归宿，无论是对公正抑或是正义的追求，最终都要回到秩序这个出发点上。作为刑事诉讼的一项具体制度，公诉转自诉制度也不能例外，给予当事人救济也好，制约公诉权滥用也好，提高诉讼效益也罢，我们设立、改造公诉转自诉制度，最终都是为了解决个案纠纷，恢复被犯罪破坏的法律秩序，实现社会秩序的安定，为人的发展创造一个稳定的环境。

2. 具体问题的解决

根据我们前面对北京市检察院 2001 年公诉情况的调查的分析，公诉转自诉制度在司法实践中发挥的作用几乎等于零。自立法确立公诉转自诉制度，其也未能或者由于种种原因根本无法实现其理想的功能，究其原因，并不在于这项制度的设立不合理，而在于相关配套制度特别是审前程序性裁判制度的缺乏。因此解决问题的关键措施在于：一是公诉转自诉之前的起诉决定程序——审前程序性裁判的构建；二是公诉转自诉程序本身的完善；三是建立国家对刑事被害人的补偿制度；四是公诉转自诉制度外的监督机制的建立和完善。

（1）建立审前程序性裁判机制。目前，我国公诉转自诉制度在司法实践中应用很不理想，其中一个重要的原因在于无论是作出不起诉决定程序，还是检察院对被害人的申诉维持不起诉决定程序，都没有纳入诉讼的轨道，这些决定的作出程序具有行政性、不公开、书面的特点，难以令遭受不利后果的当事人真正信服。也可以讲，是未经正当法律程序即剥夺了被害人获得救济的权利，那么怎样才算是经过正当的法律程序呢？我们无法确切地说出正当程序的所有要求，但是却可以给出程序正义的最基本的要求。

这些要求可以用以下六条原则来表示：其一，受刑事裁判直接影响的人应充分而富有意义地参与裁判制作过程，即程序参与原则；其二，裁判者中立原则；其三，裁判所针对的争议双方应受到平等的对待，称为程序对等原则；其四，裁判程序的运作应符合理性的要求，简称程序理性原则；其五，裁判应在庭审过程中形成，简称程序自治原则；其六，程序及时和终结原则，即程序应当及时地产生裁判结果[1]。这六个原则形成了最低限度的程序公正标准，也即“坚持这些价值标准尽管不一定能确保程序公正的绝对实现，但不遵守这些标准却必然给人们带来不公正感”。六条原则是陈瑞华教授所提出的关于实体裁判程序正义的六标准，笔者认为亦适用于程序裁判。

诉讼中，裁判分为实体裁判和程序裁判，前者是针对实体性争议作出的，后者是针对程序性争议作出的，而同时双方又存在诸多共同点，其基本点在于无论是实体裁判还是程序裁判所针对的都是某种争议，都有争议的双方，目的都在给这种争议一种权威的、确定的判断。因此，这两种裁判都必须遵循程序公正的基本理念，以增强裁判的信服力。目前，我们尽管没有明文规定程序裁判，但这种裁判却是存在的，比如法院作出了驳回起诉的裁定等。然而程序裁判在我国刑事诉讼中存在两个问题：其一，在审前，真正的程序性裁判是不存在的。审前程序中关于一切程序性问题、争议，只有决定没有裁定或判决，决定是行政式的，不具有诉讼的特征。所导致的问题从制度上看，只有申诉没有上诉，因为上诉要针对裁定或判决，而审前没有这两者的存在；从理念上看，行政性决定，由于并不符合六条标准，因而也就难有信服力，不容易为当事人接受，也就不容易确定地、权威地解决争议。其二，即便是审判中的程序裁判，也不具有诉讼的特点，我们知

〔1〕 陈瑞华：《刑事审判原理论》，北京大学出版社1997年版，第60～61页。

道，我国法院对程序性问题的争议向来轻视，惯于行政式审查。

公诉转自诉制度作为审前程序的一个环节也避免不了存在以上的问题，具体表现在：首先，不起诉的决定纯粹属于行政决定，不具有诉讼的特点。不起诉是由检察官作出的，虽然赋予检察官以广泛的起诉裁量权是世界各国的通行做法，然而，如果我们回顾一下前文的讨论就会发现，在这个问题上，各国比较一致的做法是：重大或复杂的案件的起诉决定由法官作出，其他案件由检察官自由裁量。在我国，无论什么样的案件，即便是重大、复杂案件，从理论上说起诉决定也是由检察官来作出的，而司法实践中，往往由其他因素起决定性作用。比如，不起诉决定往往与司法腐败相关，而对重大、复杂案件的起诉决定又往往与领导人的批示有关。之所以会产生这些情况，原因在于这种行政性的程序的不公开性为暗箱操作提供了可能性。其次，当被害人与检察机关在不起诉决定上产生争议时，其救济的方式也是不透明的、书面的、行政式的程序。根据我国《刑事诉讼法》，被害人对不起诉决定不服，有两种救济途径：一是向上级人民检察院申诉；二是向人民法院提起刑事自诉。上级人民检察院对不起诉决定进行复查以及人民法院审查是否受理自诉的方式都是通过阅卷来进行的，也就是通过不公开的书面审查方式。

因此解决问题的关键在于设立一种真正意义上的程序性裁判机制，由中立的第三方来对检察机关与被害人之间是否起诉的争议进行裁判，该裁判应以裁定的方式终结。因为按照我国《刑事诉讼法》的惯例，凡是程序性的裁判都应当作出裁定，并且对于该裁定，允许双方上诉。同时，对于重大、复杂案件的不起诉决定也应当由程序性裁判程序作出是否起诉的裁定，这样才能有效地制约检察机关的自由裁量权。

建立程序性裁判机制，其目的在于将程序性问题的裁判纳入诉讼的轨道，通过正当的法律程序来实现对程序问题的裁判，以制约公权力，同时给当事人以救济。有争议才需要裁判，在公诉转自诉制度中，被害人与检察机关争议的焦点在于不起诉的决定是否正确，因此，程序性裁判机制在公诉转自诉制度上应致力于解决这个争议。具体的制度设计如下：

第一，程序裁判主体。程序裁判具体由谁来行使裁判职权，世界各国有两种方式，一是由公众来裁判，比如美国的大陪审团制度；另一种由法官来做裁判主体，比如预审制度。但无论是公众还是法官，有两点是共通的，即其一，裁判的主体绝对中立，与争议双方无任何可被怀疑产生不公正结果的联系；其二，裁判主体与以后的程序无任何瓜葛，以防止产生预断。考虑到我国并无陪审传统，再加上群众的法制观念也普遍不强，因此还是以法官来作为裁判主体比较合适。可以设立专门的预审法庭，也可以由刑事审判庭法官组成，但无论如何程序裁判的法官不得参与案件的实体审理。

第二，程序的发动。以权利救济为主要目的的程序性裁判程序，应根据程序性的申请而启动。基于不告不理的原则和司法被动性的理念，司法裁判程序只能依据当事人的申请来启动，而不能由法官主动申请。原则上，当事人双方都可以申请程序性裁判，然而由于公诉转自诉制度涉及的仅为被害人对检察官的不起诉持有异议的情况，因此启动程序的主体事实上只有一个，即刑事被害人。刑事被害人的程序裁判申请只需要满足法定的形式要件即可，也即不需对申请进行实质性审查，否则将又回到了行政审查的老路，容易使法官形成预断。

第三，答辩。既然称之为裁判，程序性裁判就应当与实体性裁判一样，存在控、辩、裁三方。在我们所讨论的关于不起诉的纠纷中，控方为申请裁判方即被害人或其近亲属，辩方自然是指争议的另一方即作出不起诉决定的检察院了。被害人提出裁判申请，法官须将申请移交检察官，由后者对申请裁判事项提出专门的答辩，即提出检方认为不起诉应当成立的理由或证据。

第四，听证。程序性听证，即由裁判者在控辩双方的同时参与下，就程序性申请是否成立问题举行专门的听审活动。听证也即实体裁判中之庭审，其目的在于以一种公开、透明的形式，在当事人双方都在场的情况下，审查双方的各项主张，作出裁定，从而保障程序公正，增强裁判结果的可接受性及司法的权威性。举行听证是任何争端解决程序的最低公正要求。然而，程序裁判并不意味着必然的正式听证，听证的方式可以根据具体争议问题而灵活多样。听证的关键在于给予争议双方，特别是作为公权力对方的被害人以陈述自己主张、获得救济的机会。至于双方是否出庭，笔者认为可以由双方当事人来自由选择决定，如一方不出庭，则由对方缺席辩论，法官根据出庭方的言辞辩论情况以及不出庭方的书面材料作出裁定；如双方都不出庭，则以书面方式审理、裁定。之所以采取这种灵活的方式，是因为争议问题其实是多样的，有的比较复杂或者对双方当事人比较重要，有的比较简单或者双方当事人都不太在意它。因此，没有必要一概采用复杂的正式听证。听证中，双方可以通知证人出庭作证，进行交叉询问，针对是否应起诉的问题进行辩论，法官根据双方主张及辩论的情况，并在听取双方意见的基础上，当庭作出起诉与否的裁定。

第五，证明责任和证明标准。程序性裁判由于涉及的争议问题不同，证明责任的分配也不相同，并不能形成统一的标准。比如一般情况下，本着“谁主张，谁举证”的原则，双方各自对自己的主张承担证明责任，而在申请裁判一方主张的问题涉及刑讯逼供时，证明责任则转移至检控一方。而我们所讨论的不起诉争议，并不属于这种情况，因此，申请方即被害人需就检察机关不起诉决定不当的主张承担证明责任，如果不能证明，将承担不利的后果。证明责任分配之后，如何确定证明标准比较困难。鉴于被害人在公诉案件中的弱势地位以及其在收集证据方面的劣势，证明标准最高也不能超过民事诉讼的“优势证据”标准，也即被害人只需通过举证，或者提供足够的线索，使得法官怀疑该案应该公诉，应该追究犯罪人的刑事责任即可。

第六，裁定与上诉。法官当庭作出裁定，有两种可能：一是经过听证，认为被害人主张不能成立，则裁定原不起诉决定正确，予以认定；二是认为被害人主张可以成立，则以裁定撤销不起诉决定，强制检察机关提起公诉。裁定应以书面方式作出，给出简要理由，并允许双方当事人上诉。上诉的受理者可以是上级法院专门设立的审查起诉庭，也可以由刑事审判庭法官选任组成审判庭。但无论如何组成，该庭成员将不再参与以后涉及该案的任何实体审判程序。

需要说明的是以上程序不仅仅应用于被害人与检察机关在不起诉决定上的争议的解决，凡是涉及程序性的争议都可以通过这个程序来作出裁判。

（2）完善公诉转自诉制度，加强对自诉人取证的支持。或许对起诉与否的程序性裁判的建立会产生这样一个问题，即是否还允许自诉的问题。自文首，笔者一直在主张这样一种观点，起诉是以公诉为主，自诉为辅，自诉应是被害人最后一道救济手段。但考虑到刑事诉讼“免受双重危险”原则，也不能对犯罪嫌疑人、被告人发动无穷无尽的起诉，反复陷其于权利未定的状态。因此，笔者设计了这样一个程序，对于公安、检察机关决定不予追究刑事责任的案件（包括不起诉案件），被害人有两种选择：一是申请程序裁判，由法官决定是否继续由国家追诉；二是直接提起自诉。二者只能选择其一，由被害人衡量。如果被害人掌握较多的证据，他可能选择后者，如果被害人惮于自行取证的困难，他可以选择前者。

司法实践中，被害人在遭遇不起诉时，很少转而提起自诉，其主要原因最后几乎都可归咎于自诉人举证不能或举证不充分。

解决这个问题关键在于加强自诉方取证能力以及加强对自诉人行使自诉权的支持。

第一，建立自诉当事人取证许可证制度，解决取证主体资格的问题。自诉人的取证是一种诉讼行为，而国家刑事追诉机关的取证则既是一种诉讼行为也是一种职务行为，同时考虑到被告人的权利保障问题，在立法中赋予当事人普遍的调查权显然并不合适。笔者认为，目前西方国家通行的“令状主义”对我国自诉人取证制度有一定的借鉴意义。司法令状规则，又称为“令状主义”，是指在刑事诉讼中，侦查机关只有在获得法官签发的令状后，才有权实施搜查、扣押、人身检查和逮捕等侦查行为。司法令状原则尽管仅仅是针对特定的证据收集主体即侦查机关而言的，但这种理念却是值得我们借鉴的。证据收集难并不仅仅表现在技术难度高上，还表现在自诉人缺乏法律上的支持。据此，笔者认为应当建立类似的“调查许可证”制度，由人民法院根据当事人符合法定事由的申请，颁发证明该当事人具有对与案件有关的事实的调查权利，持该证的人可以在法定的范围内进行证据调查。为了保证调查许可证的法律效力，可以在法律中明确规定，有关的单位和个人对于合法持证进行调查的当事人有如实提供证据的义务及不如实作证的法律责任。当然，为了防止当事人滥用调查许可证，可以由法院根据案件的具体情况限定其有效期限和收回的事由。

第二，建立在特定的情况下的强制检察官起诉制度。强制起诉制度特指德国刑事诉讼中，在检察官决定终止诉讼的情况下，由法院来决定是否公诉，如果法官裁定公诉则必须强制公诉的制度。与此相类似的还有日本的准起诉制度。但是必须说明的是，在日本和德国公诉权行使主体并不单单是检察机关，在法院作出公诉的裁定以后，德国由刑事追究请求人（一般为被害人）支持公诉，日本由法院指定的律师来支持公诉。笔者在前文所建立的针对不起诉争议的程序性裁判机制，即如果法院裁定应当公诉，则也类似于强制起诉制度。问题是如果强制起诉，由谁来支持公诉？如果还是由作出不起诉决定的检察院来支持公诉，则未免会有消极公诉之嫌。在笔者看来，公诉的主体不应当只由检察机关垄断，公职律师或者法院指定的律师也应当可以支持公诉。公诉由谁承担关键不仅仅在于是否由国家公诉机关提起，还在于是否以国家的名义提起，笔者认为公职律师或者人民法院指定的律师只要是代表国家、以国家名义起诉都可以算为公诉主体。反之，如果不是以国家的名义，即便是国家公诉机关以其本身作为主体提起的诉讼也不能称之为公诉。因此，笔者建议，在这种强制起诉的情况下，应当由法院指定的律师或者专门的公职律师来支持公诉。

（3）建立刑事被害人补偿制度。一般而言，刑事被害人补偿制度针对的是所有遭受犯罪侵害，而又没有办法从其他渠道取得经济赔偿的案件，对所有起诉或不起诉案件，刑事被害人补偿制度都适用，但对不起诉案件却有着特殊的意义。对某些公诉案件，特别是相对不起诉和证据不足不起诉的案件，犯罪已然发生，这是确定无疑的，然而或者出于其他价值的考虑，惩罚犯罪、保障被害人权益的价值退居其次；或者国家由于追诉不能而导致被害人权益无法得到恢复，这样的情况应当都属于国家未能尽其保护义务，理应从经济上进行恢复，以免被害人由于经济、精神上的损失难以平复产生不满，或采取其他激进的手段解决。

尽管刑事被害人补偿制度设立的目的在于给得不到补偿或赔偿的被害人以经济上的救济，与本章所讨论的公诉转自诉制度无关。然而刑事被害人补偿制度在客观上确实能够促进社会秩序的恢复，促进公诉转自诉目的的实现、功能的发挥。刑事被害人补偿的对象应当是受到犯罪侵害，而没有得到其他任何有效补偿或赔偿的公民。当然，补偿的条件还有很多，比如主观无过错等，但上面这个条件应当是最根本的，因为它是从补偿的目的出发推出的条件。这样，刑事被害人补偿的对象就应当包括不起诉案件的受害人，只要受害人符合其他的条件。受害人得到了经济上的补偿，对于刑事诉讼秩序价值的实现，对于国家刑事政策的实现都是有利的。因此，刑事被害人补偿制度的设立应当是必要的。〔1〕

（4）制度外的监督——人民监督员制度的建立与完善。2003年10月22日，最高人民检察院宣布在天津、河北、内蒙古等10个省、自治区、直辖市检察机关试行人民监督员制度。2004年10月之后，在先期试点取得成效的基础上，试点工作逐步扩大。截至2010年9月，全国共有3137个检察院开展了人民监督员试点工作，占各级检察院总数的86.5%。2010年10月，最高人民检察院决定在全国检察机关全面实行人民监督员制度。人民监督员对人民检察院办理直接受理侦查案件的下列工作实施监督：①被逮捕的犯罪嫌疑人不服逮捕决定；②拟撤销案件的；③拟不起诉的。包括检察长或者检察委员会拟作出上述决定的。此外，人民监督员发现人民检察院办理直接受理侦查案件具有下列情形之一，有权提出纠正意见：①应当立案而不立案的；②超期羁押的；③违法搜查、扣押、冻结的；④应当给予刑事赔偿而不依法予以确认或者不执行刑事赔偿决定的；⑤办案人员徇私舞弊、贪赃枉法的。人民监督员还可以应邀参加人民检察院直接受理侦查案件的其他执法检查活动，发现有违法情况的，可以提出建议和意见；接受人民群众对检察人员的投诉，转交检举、控告材料。对于人民监督员的意见，检察长应当进行审查，必要时可以听取人民监督员和有关检察业务部门的意见。检察长审查后，同意人民监督

〔1〕 刑事被害人补偿制度的具体构建也是非常复杂的，涉及补偿条件、补偿对象、补偿数额、补偿程序等诸多问题。基于能力所限、篇幅所限、文章要旨所限，本书不进行讨论，指出其对本书所重构之公诉转自诉制度有用，仅此而已。

员表决意见的，有关检察业务部门应当执行，不同意人民监督员表决意见的，应当提请检察委员会讨论决定。检察委员会的决定与人民监督员表决意见不一致时，应当由人民监督员办公室向人民监督员做出说明。参加监督的多数人民监督员对检察委员会的决定有异议时，可以要求上一级检察机关复核。[1]

“对检察机关直接侦查的案件实行人民监督员制度，目的是要在检察环节建立起有效的外部监督机制，不仅可以保证办案质量，而且能够促进检察机关提高侦查水平，从制度上保证各项检察权，特别是职务犯罪侦查权的正确行使。”人民监督员制度有点类似于日本的检察审查会制度，所不同的是我国目前正在试行的人民监督员制度所针对的仅仅是检察机关自侦案件，而日本的检察审查会针对的则是所有刑事案件。让公众了解司法、监督司法，人民监督员制度意义非凡，然而指望从根本上制约检察权，确实有点奢望。即便是日本的检察审查会制度的制约作用也很有限，检察审查会关于纠正检察机关不起诉处分决定的建议，没有当然的法律效力。从设立检察审查会以来，检察机关采纳检察审查会纠正建议的事例，微乎其微。[2] 公众的制约作用是有限的，当然这种有限也是必要的，因为公众对法律的了解和认识毕竟不够专业，对具体的案件往往是感性有余而理性不足。笔者理解，公众对侦查、起诉等检察权力的监督，有两方面的实际作用：一是为检察机关的决定提供一种意见和建议；二是让公众了解个案的司法过程，制约明显的司法腐败和不公。要从根本上解决问题，还得回到本章提出的以权力制约权力的程序性裁判上来，用审判权来制约公诉权，这样才能是有效的。当然，让人民参与司法，了解司

〔1〕“如何推行人民监督员制度——最高人民检察院有关负责人答记者问”，载《人民日报》2003年11月4日，第10版。

〔2〕参见杨诚、单民主编：《中外刑事公诉制度》，法律出版社2000年版，第222页。

法，这本身就是一种进步，而且公众监督司法也是世界各国的通行做法。在笔者看来，人民监督员监督的案件范围还是过于狭小，应当对所有的进入检察视野的刑事案件都进行个案监督，这样可能会弥补监督效力的不足。

（5）其他相关问题的解决方案。

第一，侦查机关对被害人的控告或告发不予立案，或者立案后予以撤销，不对犯罪进行追究情况的解决。立案作为侦查的前置程序，这种做法只在中国存在，学界对此褒贬不一，肯定的观点认为立案程序可以过滤部分不必要追究刑事责任的案件，节约司法资源，保障侦查对象的权利；否定的观点主要认为是否需要追究刑事责任应由法官来裁判，由侦查机关决定违反诉讼职能分离原理，产生不公正的印象和结果。另外，侦查机关在对是否立案进行审查时，也需要进行证据的收集，现场的勘验，很难将之与侦查决然分开。因此，立案阶段完全是不必要的。笔者赞同后一种观点，认为应当取消立案阶段，只要侦查机关获得有关犯罪的信息即应该展开侦查活动，如果侦查发现不属于犯罪则作出侦查结论，终结侦查。当然，这样仍有一个犯罪信息的初查问题，这完全可以在侦查机关内部通过分工解决。比如，由基层治安派出机构或巡警第一时间到达现场，核实犯罪是否存在并保护现场，如不能断定不是犯罪，则应毫不迟疑地通知犯罪侦查部门展开正式侦查。这样一方面可以过滤掉虚假的或明显不属于犯罪的案件，另一方面也为及时侦查创造了条件。立案阶段的取消可以从根本上解决侦查机关不立案的问题，侦查过程中，侦查机关认为对犯罪嫌疑人不应追究刑事责任，作出撤销案件的决定，如果被害人对此表示异议，则属于程序性裁判所应解决的问题，还得回到上文我们设立的程序中去，由法官作出裁定。

第二，重大、复杂案件的起诉决定权。按照各国的通行做法，一般案件的起诉由公诉机关裁量，重大、复杂案件的起诉由第三方来作出决定。我国的公诉决定主体不论何种性质的案件，一概为检察机关，未免有违职能分离原理，因此也应该仿照西方国家的做法，加以改造。在我国这样缺乏陪审传统的国家，这种决定主体仍然得由法官来担当。这也是程序性裁判的一种，该裁判的当事人双方为公诉方和犯罪嫌疑人、被告人，被害人作为公诉方证人发挥作用。对于该裁定，允许上诉。

这样，综合以上各点，笔者意将公诉转自诉改造成以下流程：

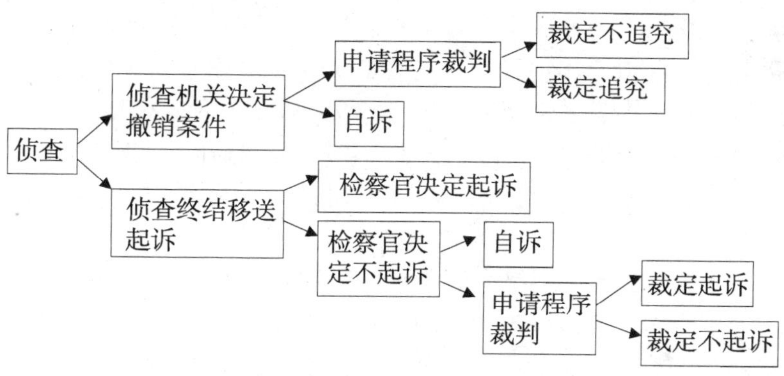

图1　普通刑事案件起诉流程

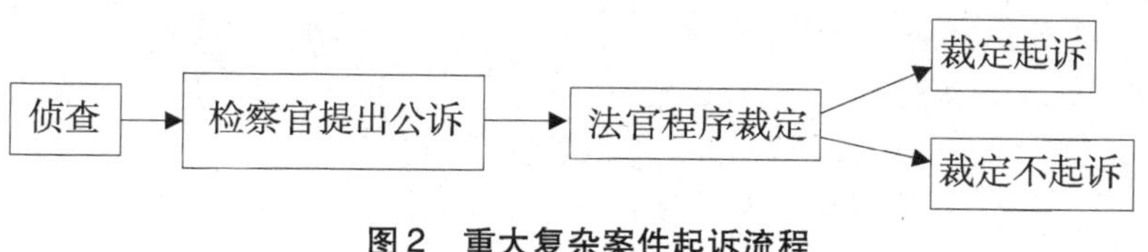

图2　重大复杂案件起诉流程

二、选择性起诉的正当性问题

（一）选择性起诉及其“恶”

所谓“选择性起诉”（Selective Prosecution），是指政府基于某种“恶意”或者偏见，有选择地对某个特定的对象进行起诉的行为。形象而言，选择性起诉即是政府对于若干相同或相似情形的犯罪行为，并不全部进行追诉，而是有选择地进行追诉，选择的依据并非随机，而是“恶意的”或者“偏见”。刑事起诉本就是一种选择性的起诉行为，即将被告人从公民中选择出来进行起诉，因此，选择本身并无不正当。选择性起诉的不正当之处在于其选择的理由或者依据——“恶意”或“偏见”，也即特定的刑事被告人被选择出来不是由于涉嫌犯罪，而是因为他的种族或者民族，或者是因为案件被害人的种族或者民族，或者其某些引起政府不满或厌恶的行为。既然是“选择”，就意味着相似行为的人有的受到了处罚或者更重的处罚，而另外一些人则没有受到处罚或者只是受到较轻的处罚。如果选择是随机的，或者是基于正当目的（比如为了寻求个案的正义，不同情况不同对待本是其中之意）做出，那么这种选择性的起诉是不会受到质疑的。很显然，选择性起诉是一种歧视，是对某一特定的人或者群体的不公平的对待。这也是选择性起诉最“恶”之所在——以公权力之名行歧视之不正当目的，而被追诉者有苦难言，因为他们确实涉嫌犯罪。这也是对选择性起诉提供司法救济的逻辑起点——为制止公权力行为的目的不正当，为遭受选择性起诉侵害的人提供有效救济。

“选择性起诉”在美国受到较之其他国家更多的关注，主要是因为种族主义在美国历史上有着较之其他国家更为深远的影响。

针对黑人以及其他有色人种的歧视性对待并不仅仅体现在教育、就业等这些在美国民权运动中受到更多关注的领域，在刑事司法中也同样存在，并且更为隐蔽，危害也更为严重。因为如果在教育领域存在歧视，那受害者丧失的是平等的受教育权；在劳动就业领域存在歧视，那受害者丧失的是平等的工作机会、劳动权；在刑事诉讼中，如果存在对某一群体的歧视，那么他们丧失的将会是财产、自由甚至生命，并且最为严重的是他们将丧失对整个国家司法公平、公正的信心，摧毁的将是整个法治大厦。然而，尽管对于选择性起诉的关注一直存在，但却从未得到解决。其技术上的原因，是选择性起诉的证明非常困难，困难到至今也罕见选择性起诉之被告人成功获得司法救济的案例。我们的研究重点集中于梳理选择性起诉的证明在美国司法中的发展脉络，并分析证明困难之处及其原因，以为我国提供借鉴。虽然我国有关选择性起诉的研究尚处于拓荒阶段，抑或是我们的刑事司法尚没有余力关注此问题，可是选择性起诉的问题在我国刑事司法实践中却并不少见，比如取保候审中对外地人适用取保的比率很低，再如警察巡检会特别选择农民工模样或者“上访者”模样的人。回顾美国选择性起诉及其抗辩有关证明问题的历史发展或许会有助于我们加深对此问题的认识，引起学界、立法和实务部门的关注，迟早有一天我们的刑事司法制度会关怀到这个虽被忽视但并非不重要的角落。

（二）美国早期判例中选择性起诉的证明

目前，我们能够找到的最早的有关选择性追诉的判例是1886年的“益和诉霍普金斯”案（Yick Wo v. Hopkins）[1]。1861～1865年，美国北方自由州和南方蓄奴州主要为奴隶制的问题打了一场

〔1〕 Yick Wo v. Hopkins, 118 U. S. 356 (1886).

内战，战后美国通过了三个关乎种族问题的宪法修正案：1865年第十三修正案废奴，1868年第十四修正案保证个人自由和权利不受各州的干预，1870年第十五修正案给予黑人选举权。三个修正案中，第十四修正案最为著名也影响最为深远，其一重要内容便是各州“在其管辖范围内，不得拒绝给予任何人以法律的平等保护”，也即通常所称的“平等保护条款”（Equal Protection Clause）。第十四修正案的初衷是为了保护黑人不受各州歧视，但很显然，这一规定的普遍性也可以使得其他种族能够受到宪法保护。在第十四修正案通过的最初十几年的时间里，最高法院一直比较谨慎，因为联邦和州的权力分配在那个年代还是个争执激烈的政治问题，司法并不愿意介入到政治问题中。[1] 然而，到1886年的“益和诉霍普金斯”案（简称“益和案”），最高法院的判决创造了对第十四修正案“平等保护条款”解释的具有历史意义的先例。

“益和案”的历史背景是美国的“排华”风潮，美国“排华”自19世纪40年代起，一直到20世纪40年代，大概经历了一百多年的时间，其原因很复杂，有经济、政治、宗教、风俗文化，甚至外交、美国人的传统排外心理，等等。美国“排华”风潮几乎全民参与，甚至是一种立法、行政、司法都积极参与的政府行为。为了将华人挤出洗衣店行业，旧金山市监察委员会（Board of Supervisors）先后制定了多个“洗衣店条例”（laundry ordinances），专门针对华人。1880年的1569和1587号条例对于洗衣店的建筑要求做了明确规定，要求位于木制建筑内的洗衣店未经监察委员会同意不得营业，而在砖房或者石头所盖房屋内的洗衣店则不需要相当的许可，理由是为了防火。[2] 而根据益和在其上诉状中所述，“当时旧金山有320家洗衣店，其中240家为华人所有，这

〔1〕［美］伯纳德·施瓦茨著，毕洪海、柯翀、石明磊译：《美国最高法院史》，中国政法大学出版社2005年版，第104页。

〔2〕 118 U. S. 357.

320 家店中，大约 310 家是木制房子，当时旧金山市 9/10 的房子都是木制。"[1] 该条例显然不是为了防火，而是排华。益和与其他 150 名华人洗衣店老板联合起来，在申请没有得到许可的情况下继续营业，结果所有的人都因此被捕。益和诉诸于加州最高法院，请求人身保护令，遭到拒绝，随即益和上诉到美国联邦最高法院。

在上诉状中，益和称："上诉人及其 150 多名同胞因无此种特别许可进行经营而被捕，然而那些经营着与他们条件相似的个体洗衣店的非华人，却并没有任何麻烦，并且很自由地享受着因这种有害的和不公平的歧视行为而带来的生意和利润的提高。上诉人及与其情形相同的同胞的生意，却遭到了巨大的损害，很多店铺实际上已经因此倒闭，而导致这一切的元凶就是这种压迫一种人却偏袒其他所有人的制度。"[2] "上诉人和 200 名与其情形相似的同胞曾向资格审查委员会提交申请，请求继续在他们已经经营洗衣店逾 20 年的各种房子中继续营业，但都被拒绝了。可是所有非华人的申请者，除了一位叫 Mary Meagles 的女士之外，都被许可了。"[3] 美国联邦最高法院认可了歧视的存在，认定政府行为违宪，理由是，"很显然，两位上诉人都满足了法律的每一项要求或者是公共官员对于防火的相邻权保护或者其他对公共卫生预防的管理要求。那除了监察人员希望如此之外，再无理由解释为什么他们没有照惯例获准营业……并且监察人员不予准许他们以及其他 200 名同样提出申请的人继续营业，而所有这些人又恰好是中国人，其他的 80 名非华人却获准在与他们相同的条件下经营相同的营生。歧视事实成立……该行政管理行为是对法律的平等保护原则的背弃，违反了宪法第十四修正案。对上诉人的羁押

〔1〕 Id. at 359.

〔2〕 Id.

〔3〕 Id.

是非法的，必须予以释放”[1]。

“益和案”第一次确立了这样的法律逻辑，即基于种族歧视的理由实施的选择性的行政行为是不合法的，是违宪的，因为它违反了平等保护的宪法原则。“益和案”对于歧视意图是推定的，如判决所说，上诉人满足了所有条件还不予批准，那么不批准的理由就是批准者的主观存在歧视了。对于歧视事实的成立依据的是上诉人提供的数据，即200名华人没有得到批准，而其他80名非华人却得到了批准，他们的经营条件是相同的。作为早期的选择性起诉案件，“益和案”确立了选择性的行政行为违宪的先例，但无论如何当时的法官也无法料到在当时很简单的歧视意图和歧视事实的认定会给选择性起诉抗辩造成巨大的障碍，以至于一百多年后的今天，美国选择性起诉的司法和理论仍然受此问题困惑。1886年的“益和案”，在判决作出之后的很多年里都被尘封起来，基本再无援引，直到半个多世纪后才成为20世纪中期美国有关平等保护法律的一个主要基石。作为讨论宪法平等保护条款被引用次数最多的一个案例，益和案至今一共被引用了125次。[2]

（三）选择性起诉抗辩的证明及困境

“南北战争”以后，虽然美国立法对消除种族歧视做了相当大的努力，但收效甚微，对非白人族裔，尤其是非裔美国人的境遇改善不大。二战激发了少数族裔的权利意识以及美国政府和精英对种族问题的反思，二战期间及之后美国政府陆续出台了一系列照顾少数族裔与弱势群体的特殊优惠措施，20世纪60年代达到高潮。在当时蔓延全美的民权运动推动下，美国国会通过了《1964年民权法》，将这种对少数族裔的优惠以法律形式固定下

---

〔1〕 118 U. S. 359.

〔2〕 任东来、陈伟、白雪峰等：《美国宪政历程——影响美国的25个司法大案》，中国法制出版社2004年版，第146页。

来，一直到80年代，美国历届政府都付出了相当大的努力。这一系列旨在照顾少数族裔与弱势群体的特殊优惠政策，通常被称为“肯定性行动”（Affirmative Action）。[1]“肯定性行动”是一场反歧视的运动，同时也是一种政策倾斜，是对于少数族裔和弱势群体过去受歧视的一种补偿，[2]主要集中在反就业和教育歧视方面。虽然“肯定性行动”并未关照到刑事司法，但其所引发的社会思潮自然影响到了这一领域，在司法实践领域随之出现了多起选择性起诉的案件。对于“选择性起诉”这种不正当的、歧视性的公权力行为，美国司法存在两种救济途径：一是通过提起侵权的民事诉讼，通过民事诉讼宣告政府侵权，从而获得救济；二是在刑事司法中提起“选择性起诉抗辩”（Selective Prosecution Claim），即只要能够证明政府成立选择性起诉，那么法院就会驳回该起诉，被告人即可被开释，抗辩的依据为美国《联邦宪法》第十四修正案赋予公民之“平等保护”条款。然而，这两个途径都被证明是无效的，其根源在于司法所确立之难以逾越的证明标准。

1. 民事“禁令救济”的证明及困境

依照衡平法传统“衡平法不容有无救济之害”，对于普通法无法提供救济之侵权通常都可以通过申请“禁令救济”（Injunctive Relief）提起民事诉讼来寻求救济。因此，对于选择性起诉的被害人，“禁令救济”也自然是其可选择之一。依美国联邦最高法院根据《联邦宪法》第3条所确立的原告资格规则，提起民事侵权诉讼之主体必须向法院证明“实施损害、因果关系、救济能

〔1〕胡晓进：“‘肯定性行动’与逆向歧视”，载《南京大学学报》（哲学·人文科学·社会科学版）2008年第2期。

〔2〕曾一璇：“平权措施、正义与应得”，载《浙江学刊》2011年第4期。

力”三个宪法最低要求始能获得原告资格（Establish Standing）。[1] 因此，要获得“禁令救济”，即成功提起民事诉讼选择性起诉之被害人必须证明：其一，他受到了一个现实的、迫在眉睫的侵害（a real and immediate injury）的威胁；其二，这种侵害是由于检察官非法实施的；其三，这种侵害可以通过禁令获得救济。[2]

被告人很快便面临第一个难题，如何证明第一个要件：被告人受到了一个“现实的、迫在眉睫的侵害”？这种侵害必须是将来要实施的，那么已经发生的侵害自然不包括在内。被告人还必须要让法官相信这种威胁是现实存在、迫在眉睫的，其证明是否满足了这个条件，实际上完全交给了法官的自由裁量。“欧谢诉利特尔顿”（O' Shea v. Littleton）[3] 案即是一次证明失败的试图运用民事法庭来救济刑事追诉中的种族歧视的尝试。在该案中，17 名芝加哥郊区的居民诉请禁止一名州检察官、一名市警察局长、一名治安法官、一名州法官继续针对黑人居民歧视性地适用州刑法和程序法。联邦最高法院认为原告的诉请缺乏必要条件，因为他们无法证明“存在一个迫在眉睫的诉讼和抗辩”（a present case and controversy）。[4] 他们只是宣称已经受到的侵害，而不是所要求必须证明的“现实的、迫在眉睫的对人身权利侵害的存在”。法庭解释到，“在他们的诉讼中要满足禁制令所要求的条件，原告

---

〔1〕 John E. Bonine：“原告资格：接近正义的第一步”，李锜译，载奚晓明主编：《行政执法与行政审判》（第 20 期），法律出版社 2007 年版。

〔2〕 “Developments – Race and Criminal Process, Race and the Prosecutor's Charging Decision”, 101 *Harv. L. Rev.*, 1533 (1988); see Village of Arlington Heights v. Metropolitan Hous. Dev. Corp., 429 U. S. 252, 261 (1977); Warth v. Seldin, 422 U. S. 490, 500 ~ 01 (1975).

〔3〕 O' Shea v. Littleton, 414 U. S. 488, 493 (1974).

〔4〕 Id. at 495.

需要证明他们会成为未来歧视性追诉的目标"[1]。因此，原告无法因目前遭受的歧视对待获得任何救济。

实际上，第一个证明要求几乎成了一个不可逾越的障碍，在这些提请禁令救济的诉讼中极少有原告能够达到第1条要求，遑论更为困难的第2条“非法启动”的证明了。当然，也偶然有少数案件突破了第1条，但都是极为特殊的、存在其他情形的案件，并不具有普遍性，并且这些突破也都止步于第2条证明要求。在“史密斯诉米斯”（Smith v. Meese)[2] 一案中，一些黑人选民诉称联邦政府在执行选举法的过程中存在种族歧视问题，第十一巡回法庭认为这些必需的证明条件应该掌握适当宽泛一些。法庭认可了“现实的、迫在眉睫的人权侵害的存在”，因为原告宣称侵害不仅仅来自于选择性追诉，还来自于对他们集会和政治权利的威胁，尤其是对他们选举权的威胁。[3] 但是，该案原告仍然未能获得禁令救济，因为法庭发现，在本案中，该项民事救济又遭遇到第2条和第3条必要的条件限制，即该“追诉由检察官非法启动以及该侵害必须能为禁制令所救济”。“史密斯案”虽然显示出法庭对条件放松的倾向，但其意义被限定在这样的案件中：受到选择性追诉侵害而同时该行为还对其他个人权利造成侵害。实践中很少遇到这样的情况，即歧视性追诉同时也包括了对类似选举权这样的人权的侵害。在“全美有色人种协进会诉利瓦伊”（NAACP v. Levi)[4] 案中，一名男子在阿肯色州执法官员的审前羁押中被枪击身亡，他的遗孀对FBI提起诉讼，宣称由于种族歧视，FBI拒绝对这个事故进行彻查。这个女人进一步诉称，FBI在判断阿肯色州的执法人员是否曾经侵犯了她丈夫的权利时，表现

[1] Id. at 495 ~99.

[2] Smith v. Meese, 821 F. 2d 1484 (11th Cir. 1987).

[3] Id. at 1494.

[4] NAACP v. Levi, 418 F. Supp. 1109, 1111 ~13 (D. D. D. 1976).

出一种武断、任意地、种族歧视的态度，FBI之所以没有对她丈夫的死亡进行彻底的侦查的原因在于她丈夫的种族问题。在这个案件中，当法庭发现传统黑人民权组织NAACP坚定地介入了这场关于是否符合标准的争论中时，明显对“现实和迫在眉睫的侵害”这条标准放宽了适用。这表明，黑人和其他少数派作为一个群体比作为单个个人更容易满足“禁令救济”的救济标准。但是，其他法院拒绝遵循该案的判例。另外，该案中的人权组织背景也非每个选择性起诉案件原告都能获得，同样不具有普遍意义。

而我们需要注意的是，以上三个证明要求仅仅是受到选择性起诉的人获得“禁令”从而得以确立民事诉权的前提。即便申请人突破此难以逾越的证明负担，获准民事侵权之诉，接下来他必须要证明更加扑朔迷离的主观问题——歧视意图。如后文我们看到的那样，选择性起诉案件的原告（或申请人）对于歧视意图的举证责任最初是在刑事诉讼选择性起诉抗辩的判例中被确立下来，但是联邦最高法院在1976年“华盛顿州诉戴维斯”（Washington v. Davis）的判例中要求，这项证明责任同样适用于民事诉讼。在接下来的有关刑事选择性起诉抗辩的论述中，我们将会看到，这种主观方面的证明是不可能的。

2. 刑事选择性起诉抗辩的证明及困境

基于这种证明的困境，借助民事诉讼的方法来救济刑事被告人收效甚微，禁令救济成功的个案非常少。于是，少数刑事被告人试图寻求第二种法律救济手段——选择性追诉抗辩。很不幸，这种方法也并不比民事救济手段更为有效。如民事救济一样，刑事被告人所面临的问题同样是不可逾越的证明负担。该抗辩的证明责任分配是：如果被告人以选择性追诉为理由提出抗辩，要求法院判令检察官撤销指控，那么检察官承担证明其起诉裁量正当的证明责任，若不能证明则会败诉，即选择性起诉成立，指控被撤销。这实际上是一种要求检察官开示证据的请求，因为起诉决定所依据的证据如何、种族及其他歧视性因素是否是其决定起诉的主要因素、其他相似情形案件的起诉情况等，皆为检察官之内部资料。然而，要获得证据开示的准许或者将证明责任加之于检察官，则抗辩申请人必须首先为其抗辩承担“提供证据的责任”，在证明标准上需要凭借表面证据（Prima Facie Showing）〔1〕初步证明其主张或将案件证明到表面证据确凿（Prima Facie Case）。〔2〕

在“奥伊勒诉伯尔司”（Oyler v. Boles）〔3〕案中，最高法院裁定，只有当所控之选择性追诉是基于一个不正当的标准（诸如种族、宗教或者其他任意的类别）的时候才构成违宪。〔4〕法院同时裁定，要构成选择性必须满足目的性和故意性。〔5〕在“奥伊勒”案之后，一些巡回法院要求要证明歧视故意的存在，必须证明受到不成比例的对待。〔6〕在“合众国诉贝里欧斯”（United States v. Berrios）〔7〕案中，第二巡回法院表示出接受差别对待作为歧视故意的证据的倾向。被告人贝里欧斯称他被挑选出来进行追诉是因为他对尼克松总统的公开反对。〔8〕法院驳回了他的主张，并且确

---

〔1〕表面证据即假设为真的证据。

〔2〕依英美证据法上的证明责任分层理论，证明责任（burden of proof）可以分为提供证据的责任（burden of producing evidence，亦有学者称为举证责任）和说服责任（burden of persuasion）两类，前者指所承担此证明责任者负有向法院提出相当证据，证明待证事实的义务，法院对其提出的证据，先不审查证据的真实性及证据资格，假设全部证据都为真，以此来裁量是否足以支持其主张；后者指，负此责任者必须说服裁判者相信其诉提出的证据，并相信以此证据所支持的主张。参见王兆鹏：《美国刑事诉讼法》，北京大学出版社2005年版，第521页。

〔3〕368 U. S. 448（1962）.

〔4〕368 U. S. 456（1962）.

〔5〕368 U. S. 456（1962）.

〔6〕“Developments in the Law: Race and the Criminal Process”, 101 *Harv. L. Rev.*, 1536～39（1988）.

〔7〕United States v. Berrios , 501 F. 2d 1207（2d Cir. 1974）.

〔8〕501 F. 2d 1209（2d Cir. 1974）.

立了一个更为严格的二元分析标准。法院裁定，被告人提起选择性追诉抗辩必须满足以下两个要求：①其他相似情形的人并没有被起诉；同时②针对他的起诉决定是有差别的、不公正的或者是恶意的。[1] 因此，歧视的客观方面和主观目的都需要予以证明。最高法院对于要求独立地证明歧视目的的确认，是在标志性平等保护判例“华盛顿州诉戴维斯”(Washington v. Davis)[2] 一案中。在该案中，一些非裔美国人诉称一项公务员考试对他们造成了种族歧视对待。法庭判定，他们必须在不成比例的对待之外单独证明歧视目的，证明一项表面中立的法律违反了平等保护条款。[3] 下级法院很快都确立了选择性追诉抗辩中的这种严格的对于目的证明要求。1985 年的“维特诉合众国”(Wayte v. United States)[4] 案中，最高法院直接适用了这个严格证明要求。在该案中，被告人诉称他被起诉是因为他写信给总统和其他政府官员，通知他们他拒绝登记征兵。[5] 法院驳回了其抗辩，裁定：即便已经证明了歧视性的存在，维特先生仍必须证明政府故意歧视他是因为他与政府的对抗行为。[6] 法院很清晰地表示，证明歧视的存在并不足以推论歧视目的的存在。因此，从“维特”案之后，被告人必须凭借表面证据证明歧视的存在及目的，才能获得证据听证，并且统计上的不成比例的对待的证据对证明歧视目的并不充分。[7] 至此，刑事选择性起诉抗辩初步证明的两大标准被确立下来：其一，必须证明不成比例的对待或者差别对待的事实存在，也即歧视的

---

〔1〕 501 F. 2d 1211 (2d Cir. 1974).

〔2〕 Washington v. Davis , 426 U. S. 229 (1976).

〔3〕 426 U. S. 2237 ~39 (1976).

〔4〕 Wayte v. United States , 470 U. S. 598 (1985).

〔5〕 470 U. S. 601, 604 (1985).

〔6〕 470 U. S. 608 ~10 (1985).

〔7〕 “Developments in the Law: Race and the Criminal Process”, 101 *Harv. L. Rev.* , 1541 ~42 (1988).

客观存在；其二，必须证明不成比例的对待或者差别对待是基于种族、恶意或者其他不公正的目的，也即歧视的恶意。

如何证明歧视的客观存在，是抗辩申请人面临的第一个难题。理论上，统计数据证据或称经验证据（Empirical Evidence）应对此有证明力，然而，法院却予以否认。“合众国诉霍尔姆斯”（United States v. Holmes）[1] 案就展示了法院对选择性追诉抗辩中统计证据的否定态度。一个黑人农民被控将一台盗窃来的拖拉机出售给农业管理局并且私自处置了抵押给该局的农产品，这个黑人宣称他之所以被起诉是因为他的种族。为了证明第一个要求，即起诉的种族歧视的存在，上诉人作为证据列出了30名白人农民，他们也处理了农业管理局的抵押财产，但是却没有被刑事起诉。与被告人的做法一样，这些白人农民中的很多人是通过自愿赔偿了政府从而免于刑事起诉的，另外一些人只是受到了民事制裁，更有人没有受到任何追究。[2] 在5起被起诉的案件中，3件涉及白人农民，而只有2件涉及黑人农民。综合以上证据，法庭认为这些数据不足以证明被告人的主张。在“合众国诉赫夫”（United States v. Huff）[3] 案中，一些被告人诉称在对他们涉嫌的毒品案件中采取的“反向诱捕”（Reverse Sting）行动是基于种族歧视。上诉人提交的唯一证据是一篇报纸的文章，宣称在反向诱捕行动中被逮捕的嫌疑人中有87%的人是非裔美国人。[4] 法庭认为这不足以证明基于种族的选择性起诉，因为“没有证据证明相似情形的‘非非裔美国人’没有因相同行为受到追诉；同时上诉人也没

---

〔1〕 United States v. Holmes, 794 F. 2d 345, 347 (8th Cir. 1986).

〔2〕 Id. at 348.

〔3〕 United States v. Huff , 959F. 2D 731 (8th Cir.), cert. denied, 113 S. Ct. 162 (1992).

〔4〕 Id. at 735.

有提交任何证据证明起诉是因为他们的种族”[1]。

“合众国诉戈登”（United States v. Gordon）[2] 案的判决显示出一种趋势，即法庭开始倾向于接受统计数据证据可以证明选择性追诉表面证据确凿。在本案中，被告人提供了宣誓书以及其他明显的证据，证明在阿拉巴马州黑人占多数的“黑人地带县”（Black Belt counties），政府选择他以及其他黑人政治领袖以选举舞弊进行追诉，却并不起诉他们的竞选对手——以白人为主的政治派别的成员，这些人在选举中犯有跟他们同样的罪行。[3] 法庭裁定这份证据足以满足选择性追诉所要求之第一条标准的要求，也即其他相似情形没有受到追诉。此外，法庭裁定上诉人也提供了足够的证据证明第二个标准，即惹人反感的起诉理由（prosecutorial invidiousness）。[4] 戈登提交证据证明政府选取的目标只是那些黑人居民占多数的县，在这些县中，被追诉的人都是黑人占多数的政治派别的成员。他们的对手白人政治派别的成员在对代表黑人的主要政治组织的侦查中，为执法官充当助手。[5] 法庭准许了戈登主张选择性追诉的证据听证动议，授权戈登有权要求披露政府与当地的选举舞弊案有关的相关文件，包括已经起诉的和其他已经决定不予追究的案件。[6] 第十一巡回法庭在戈登案中对经验证据的采信，通过使用不相称的数据性证据，再结合起诉决定程序中的其他因素，给被告提供了一种更现实的举证负担，给证明歧视目的的推断提供了一个路径。然而，第十一巡回法庭的这种探索，其他法院并无意遵循。

---

〔1〕 Id.

〔2〕 United States v. Gordon , 817 F. 2d 1538 (11th Cir. 1987).

〔3〕 Id. at 1539 ~40.

〔4〕 Id. at 1540 ~41.

〔5〕 Id. at 1540.

〔6〕 Id.

“迈克尔·克里斯奇诉坎普”（McCleskey v. Kemp）[1] 案是另外一起被告人以数据为证据试图达到证明要求的案例。克里斯奇是一个非裔美国人，他被判谋杀了一名白人警察，在佐治亚州被判处死刑，他认为判决不公，于是以一份调查数据为依据提出抗辩。由美国著名法学家大卫·巴尔杜斯（David Baldus）教授所完成的这份调查数据，研究了佐治亚州判处的几千宗谋杀案，以及可能影响死刑判决公正性的数种变量，[2] 最终得出结论，在佐治亚，谋杀白人的被告人较之谋杀黑人的被告人受到死刑判决的可能性要高 4.3 倍。[3] 克里斯奇诉称，他的种族和他侵害的对象的种族导致了他的死刑判决，而这是违宪的。[4] 抗辩最后被最高法院以 5：4 驳回。法院认为，巴尔杜斯的调查并不能证明“克里斯奇案”包括检察官在内的刑事司法官员存在种族性的歧视目的，并且申明，法院要想推定量刑机构滥用了其裁量权必须要求被告提供“非常清楚的证据”（exceptionally clear proof）。[5] 法院认定巴尔杜斯的研究报告没有达到这个标准。尽管最高法院最终没有接受巴尔杜斯教授的数据证据，但引起了最高法院对于此类证据的关注。“克里斯奇案”持反对意见的三名法官对死刑适用中的种族歧视的证据问题进行了彻底的讨论。布伦南（Brennan）大法官写到，“深入研究巴尔杜斯的研究报告，无论如何，从统计理论和人们的经验来看，都反映出种族对克里斯奇的死刑判决的影响，这种风险无论从哪个角度来看都是无法忍受的”[6]。布莱克门（Blackmun）大法官的意见认为，“克里斯奇的证据证明被害人的

---

〔1〕 McCleskey v. Kemp., 481 U. S. 279 (1987).

〔2〕 Id. at 287 ~ 89.

〔3〕 Id. at 286 ~ 89.

〔4〕 Id. at 286.

〔5〕 Id. at 297.

〔6〕 Id. at 325.

种族在死刑判决中发挥了更大的作用，而不是是否被告人的行为引发了这场谋杀”[1]。斯蒂文斯（Stevens）大法官更是写到，“这个研究表明了很大的可能性克里斯奇案的量刑法官…受到了克里斯奇是黑人而他的被害人是白人这个事实的影响，而如果他杀害的是他们种族里的一员，那么很有可能就不会引发如此案相同性质的激愤”[2]。

20世纪90年代年代的“合众国诉阿姆斯特朗”（United States v. Armstrong)[3] 案，是选择性起诉抗辩的又一标志性案件，通过这一案件，最高法院对选择性追诉抗辩建立了几乎不可能的证据披露程序的实质性限制。在“阿姆斯特朗”中，洛杉矶的9名黑人被告被起诉到联邦法院，涉嫌共同持有和贩卖可卡因（粉）50克，同时还被控犯有多种涉火器的犯罪。被告提起了以种族性选择性起诉为抗辩理由从而撤销指控的动议。他们诉称，美国联邦检察官将几乎所有涉嫌可卡因（粉）的非裔美国人起诉到联邦法院，却将所有涉嫌该罪的白人留给州法院审判。他们的抗辩基于这样的事实，即《联邦刑法》对可卡因（粉）交易的刑罚较之加利福尼亚州《刑法》要重很多。被告申请证据披露动议以获取支持他们抗辩的资料。这些资料包括联邦检察官办公室决定是否向联邦法院提起控诉的文件，以及在联邦法院和州法院起诉的所有涉及可卡因（粉）犯罪的被告人的数量和种族。联邦地方法院批准了这个动议。第九巡回区上诉法庭在经过了全院法官的复审之后支持了地方法院的裁定，赋予被告人证据披露的权利，并且被告人并不需要证明政府没有起诉其他相似情形的被告人。[4] 联邦最高法院推翻了第九巡回法庭的裁定，判定道，“为获得种族性

〔1〕 Id. at 355.

〔2〕 Id. at 366.

〔3〕 United States v. Armstrong，517 U. S. 456 (1996).

〔4〕 See Armstrong，48 F. 3d at 1513 ~ 14.

选择性起诉抗辩的证据披露权，被告人必须提供可靠的证据证明相似情形的其他种族的被告人本来也应该被起诉，然而本案被告人并没有相关证明"[1]。在确立种族性选择性起诉的证据披露标准之前，法院评论并且重申了此类案件获得法院支持的实质性标准。法院援引了"奥伊勒诉伯尔司"(Oyler v. Boles）案和"维特诉合众国"（Wayte v. United States）案的判决，重申了平等保护条款适用于选择性抗辩的标准，要求抗辩申请人必须证明歧视的存在和目的，并解释道，要想证明歧视的存在，申请人必须证明，"情况相似的其他种族的人没有受到起诉"[2]。法院写到，要获得证据开示，被告人必须提供"一些（some）证据证明相似情形的人本来应该受到起诉可是没有"[3]。裁定中还表述道，被告人必须"对相似情形的人的不同对待做出可信的说明（credible showing)"[4]。法院并没有精确解释证明没有起诉相似情形的其他种族人和提供"一些证据"或者"可信的说明"诸如此类的表述究竟有何区别。也许获得实质答辩权利要比获得证据开示必须要提供更多的证据，然而，多多少呢？提供多少证据又是证据开示的门槛呢？一个白人毒贩？两个？法院在什么是"可信"的证据问题上同样含糊其辞，在"阿姆斯特朗"案件中，一名律师公会会员的宣誓书并不足够可信，对于执法部门特工的宣誓书法院也同样觉得不可信，究竟什么是可信的？法院并没有给出一个确切的说法。

（四）选择性起诉证明困境的原因分析

我们可以明确看到，选择性起诉抗辩的技术难题在于法院为

〔1〕 See Armstrong, 517 U. S. at 466 ~ 67.

〔2〕 See Armstrong, 517 U. S. at 466 ~ 67.

〔3〕 Id. at 469.

〔4〕 Id. at 470.

之设置的难以逾越之证明责任。实际上，选择性起诉抗辩的逻辑非常清晰：基于歧视的起诉违反了《宪法》之平等保护应予撤销，申请者只需证明有歧视存在且起诉决定是基于歧视作出的即可。歧视存在如何证明，逻辑上有两种方法：第一种是通过调查数据加以证明，对于不同种族、民族或者其他因素的人以不成比例的对待，当然是一种歧视。这种数据证据完全可以由学者凭科学之调查方法做出，实践中也出现了这样的案例，如本书所提到的“迈克尔·克里斯奇诉坎普”案件，大卫·巴尔杜斯教授的调查数据即被申请人作为抗辩的依据。此类报告实际上美国法学和社会学的学者以及美国律师协会等相关组织都已经发布了很多。[1] 而近

---

〔1〕 如1979年Martha A. Myers & John Hagan的研究报告，样本取自印第安纳州马里恩（Marion）县1974年1月至1976年3月的重罪案件，表明黑人侵害了白人会受到更为苛刻的对待，而黑人侵害了黑人则会受到相对宽大的对待（Martha A. Myers & John Hagan, *Private and Public Trouble: Prosecutors and the Allocation of Court Resources*, 26 Soc. Prob, 1979, s. 439）. 1980年，美国著名犯罪学家盖理·拉夫里（Gary LaFree）博士的研究成果，对发生在一个中西部的大城市中的881起性暴力侵害案件中的种族构成进行分析，研究了被告人和被害人的种族因素在性暴力犯罪案件中对检察官裁量的影响（Gary D. LaFree, “The Effect of Sexual Stratification by Race on Official Reactions to Rape”, 45 *Am. Soc. Rev.*, 1980, p. 842）。1985年Michael L. Radelet & Glenn L. Pierce的研究比较了弗罗里达州1973～1977年间1419个因杀人罪而被提起最严重的指控的被告人，证明检察官在起诉裁量问题上确实受到了种族的影响（Michael L. Radelet & Glenn L. Pierce, “Race and Prosecutorial Discretion in Homicide Cases”, 19 *Law & Soc'y Rev.*, 587, 595, 1985）。1987年，统计学家凯瑟·斯庞（Cassia Spohn）、约翰·葛茹（John Gruhl）和苏珊·韦尔奇（Susan Welch）对1977～1980年洛杉矶的33 000个重罪案件进行分析，得出了“对英裔人的指控较之黑人和西语人更容易被拒绝”，另外，“西语人比黑人更容易受到追诉，而黑人比英裔人更容易受到追诉”的结论（See Cassia Spohn et al., “The Impact of the Ethnicity and Gender of Defendants on the Decision to Reject or Dismiss Felony Charges”, 25 *Criminology* 175, 176, 1987）。1992年2月，美国律师协会根据美国国家宗教理事会在1990年公布的一项研究的数据得出结论，“由于他们的种族，黑人政治领袖比他们的白人对手受到更多的刑事侦查”（Mark Curriden, “Selective Prosecution: Are Black Officials Investigative Targets?” *A. B. A. J.*, Feb. 1992, at 54, 55）。

年美国学术界也有学者主张，应当建立由学者所主持的对刑事诉讼中的种族主义损害的调查制度，并公布这些通过科学统计方法得出的起诉数据，一方面方便申请人以此为证据证明歧视的存在；另一方面也方便公众对检察官的起诉裁量进行监督。[1] 对于歧视性对待，不成比例的追诉数据应该是最为直观的证明方法，一百多年前的“益和案”最高法院所依据的正是数据：“监察人员不予准许他们以及其他 200 名同样提出申请的人继续营业，而所有这些人又恰好是中国人，其他的 80 名非华人却获准在与他们相同的条件下经营相同的营生。歧视事实成立……”然而，从前文案例我们可以看到，美国联邦最高法院拒绝认可这种证据，尽管在“合众国诉戈登”案件中第十一巡回法庭接受了该种证据，在“迈克尔·克里斯奇诉坎普”案中有 3 名大法官在少数派意见中明确支持采纳此类证据。既然最高法院拒绝采用这种相对便宜的证明方法，那申请人只好转而寻求第二种方法，即披露检察官办公室所保存的所有有关起诉决定的资料和相关案件起诉情况的资料。然而，问题在于根据最高法院在“合众国诉阿姆斯特朗”案中所确立的规则，获得证据披露权的前提是，申请人必须证明，“情况相似的其他种族的人没有受到起诉”，而这恰恰是证据披露本身所要解决的问题。因此，最高法院实际上拒绝了一个可行的方法，提供了一个不可能的方法。“阿姆斯特朗”案的判决使得普通的刑事被告人简直绝望，他可能永远无法获得种族性选择性起诉抗辩的胜诉，怎样做才能胜诉的方法都没有给出。即便是法院对进入证据开示的门槛所必需的证据的质和量都给出了更为精确的解释，绝大多数被告人也很有可能无法满足这些标准。大多数刑事被告人都因贫困而没有能力雇佣律师和法律专家来对侦查和相关

〔1〕 Angela J. Davis, “Prosecution and Race: The Power and Privilege of Discretion”, 67 *Fordham L. Rev.*, 13 (1998).

记录进行调查，这很显然对于获得证据开示是必需的。确实，“阿姆斯特朗”案要求联邦被告人所须承担之证明责任几乎是最重的。[1]

对于歧视意图的证明，就更为扑朔迷离了。如果追诉者明确表达他们的歧视观点，那么很容易认定和识别他们行为的不正当性。可是在今天，历经波澜壮阔的黑人“民权运动”，坚定有力的“肯定性行动”之后，种族主义在美国几乎成了一条碰不得的“红线”，绝大多数的种族主义者已经不再会公开表达他们的观点了。尤其值得注意的是，一些种族歧视行为实际上已经是无意识的了。[2] 而要通过直接证据证明无意识的种族主义对追随者的影响，几乎是不可能的。[3] 解决问题的方法，实际上一百多年前的“益和”案已经给出，即通过间接证据实现对歧视意图的推定，最高法院在裁判理由中写道：“很显然，两位上诉人都满足了法律的每一项要求或者是公共官员对于防火的相邻权保护或者其他对公共卫生预防的管理要求。那除了监察人员希望如此之外，再无理由解释为什么他们没有照惯例获准营业”。推定逻辑非常清晰，即满足了所有政府设置的条件还不准许，那只能推定为政府根本就不想给了。而不给的原因是什么，如前文所引的那样，200 名申请人符合条件都没有获准，他们恰好都是华人，而另外 80 名与他们条件相同的人都获准了，他们恰好都不是华人，因此推定，歧视成立，违宪。然而，对于此合乎理性并且并不复杂的间接证据认定，最高法院仍然拒绝。

---

〔1〕 Richard Berk & Alec Campbell, “Preliminary Data on Race and Crack Charging Practices in Los Angeles”, 6 *Fed. Sentencing Rep.*, 37 (1993).

〔2〕 See Sheri Lynn Johnson, “Unconscious Racism and the Criminal Law”, 73 *Cornell L. Rev.*, 1016 (1988).

〔3〕 “Developments – Race and Criminal Process, Race and the Prosecutor's Charging Decesion”, 101 *Harv. L. Rev.* 1549 ~ 50 (1988).

对于民事抗辩，我们看到障碍除了与刑事抗辩相同的歧视意图的证明困境之外，还有“现实的、迫在眉睫的侵害”这一获取原告资格的关键条件。是否满足这一条件，实际上完全听从法官的自由裁量。而实际上，当不相称的少数派受到追诉或者当针对少数派的犯罪没有得到矫正的时候，这本身不就是一种“现实的、迫在眉睫的侵害”吗？

所以，我们可以清晰地看到，选择性起诉的证明困境并不在于技术层面，而在于美国司法并不愿意介入。美国司法系统主要理由是对于分权原则下司法权的克制和对检察官自由裁量权的尊重传统。首先，美国司法审查向来有不过分干预行政目的的传统。在分权制衡的理论下，美国司法分支拥有对行政分支的司法审查权。尽管并无明文规定审查的范围，但是实际上这种审查权仅限于对客观行为是否违法的审查。在传统上，法院认为，行政机关有特权对政府的反映咨询意见（advisory opinion）、建议以及评议等内容的内部文件保密，而且基于分权理论，排斥司法权过多地干预行政行为背后的目的。[1] 所以，我们可以看到案例中所表现出来的做法，申请人要获得开示能够证明检察官歧视意图的内部文件，要负担证明歧视的故意的证明责任，转了一个圈，“要证明歧视故意需要内部文件，可是要获得内部文件需要证明歧视故意”，这其实是司法不想干涉的反映。其次，美国司法分支向有司法克制之传统，也即不过多地干预行政分支的行政执法行为。司法克制理论在坦尼法院时期（1837～1864年）建立并且为之后历届最高法院所遵循，成为美国司法最重要的传统之一，坦尼认为“法官在应用宪法限制的时候必须克制自己，并且赋予他要对其行

〔1〕 Stefan H. Krieger, “Defense Access to Evidence of Discriminatory Prosecution”, *U. ILL. L. F.* 660 (1974).

为加以权衡的那些政府部门最大的自由"〔1〕。对于行政分支的起诉裁量权，司法分支担心"通过审查起诉决定，司法会间接地自我作出执行的决定，而这会篡夺行政分支的权力"〔2〕。最后，最高法院认为，起诉决定涉及证据的充分性、犯罪的严重程度、成功定罪的可能性，这些都应该留待检察官来决定，因为他们拥有在这些领域里的专业知识。〔3〕司法审查权并不适合做出是否起诉的决定，而应当将其交给检察自由裁量。在"阿姆斯特朗"案中，最高法院颂扬了检察官的宽泛的自由裁量权对于执法和用以支持起诉决定的"常规性推定"（presumption of regularity）的重要作用，肯定了司法对于起诉决定的尊重，提到检察官在此领域完全可以胜任，法院若对检察官决定的基础进行审查势必会影响到执法部门的积极性，而且"质疑政府部门的执法政策会损害起诉效力"〔4〕。并且法院认为如果缺乏相反的证据，那么就应该推定刑事起诉是在检察官良好的信念下进行的，不存在歧视的情况。当一名检察官有合理的根据认为被告人已经犯罪的时候，起诉的决定就取决于其裁量权。检察官拥有自有的权力来决定是否侦查、是否同意豁免或者接受辩诉交易，以及决定是否起诉、以何罪名起诉、什么时候起诉、在何处起诉。〔5〕法院担心建立一个对起诉决定的正式（日常）审查程序会给本已不堪重负的执法系统施加

〔1〕 Acheson, "Roger Brooke Taney: Notes upon Judicial Self Restrain", 31 *Illinois Law Review*, 1937, p. 705. 转引自［美］伯纳德·施瓦茨著，毕洪海、柯翀、石明磊译：《美国最高法院史》，中国政法大学出版社2005年版，第101页。

〔2〕 Stefan H. Krieger, "Defense Access to Evidence of Discriminatory Prosecution", *U. ILL. L. F.*, 1974, pp. 648, 649.

〔3〕 "Developments – Race and Criminal Process, Race and the Prosecutor' s Charging Decesion", 101 *Harv. L. Rev.*, 1988, p. 1522.

〔4〕 United States v. Armstrong, 517 U. S. 464 (1996).

〔5〕 James A. Bell Ⅳ, Todd Richman, "Twenty – fifth Annual Review of Criminal Procedure: Ⅱ. Prelininary Proceedings", 84 *Geo. L. J*, 1996, p. 887.

更大的压力。[1]

（五）至今未能解决的难题

“合众国诉阿姆斯特朗”案所确立的标准以及此案中美国联邦法院的表态，一直延续到今天，直到2008年美国学者关于选择性起诉的文章仍然以此案作为司法标准。[2] 自20世纪八九十年代选择性起诉抗辩达到高潮以来，美国司法对此起诉权不正当行使的问题再无重新审视的意愿。其中一个很重要的原因在于“9·11”事件。“9·11”事件之后制止恐怖袭击被视为政府的首要利益，这一恐怖事件给刑事司法带来了前所未有的冲击，人权在很大程度上出现了让位于国家安全的情况，就本章所探讨的问题而言影响主要体现在两个方面：

第一，刑事追诉权的自由裁量余地变得更大。“9·11”之后，美国参众两院迅速通过了《美国爱国者法案》(USA Patriot Act)，对恐怖主义宣战，该法案授予了美国情报和犯罪侦查部门以前所未有的侦查自由裁量权，在反恐的理由之下，美国建国以来所艰难确立的不得随意侵犯和限制公民的通讯自由、新闻自由、言论自由、不受非法搜查和逮捕等基本权利几乎全面受到挑战。[3] 美国有学者曾经愤怒地评价道：“自‘9·11’事件之后，法律和政治的瘟病、恐慌和恐惧的风气开始容许政府的行政分支致力于最令人厌恶和最卑鄙的行为，最高层级和最有权力的政府官员相信并且教导：只要你能做了坏事而未受惩罚，怎么都行，真相无所谓。我们正处在历史的一个黑暗时期，法治被嘲弄、被操控，为

---

〔1〕 United States v. Redondo - Lemos, 955 F. 2d 1296, 1299 (9th Cir. 1992).

〔2〕 Bennett L. Gershman, “The Most Dangerous Power of the Prosecutor”, 29 *Pace L. Rev.*, 1 (2008).

〔3〕 胡楠：“由《爱国者法案》引发的反恐人权思考”，载《山西财经大学学报》2008年第4期。

政府的党派和政治利益服务，道德和伦理的行为标准被张扬。在这种气候下，我们是否可以怀疑，有一些检察官，他们的道德准则、富有侵略性的执法心态以及自己的政治利益会与司法部和白宫同步，他们可能得到通知想提起指控，要多严厉就多严厉，能走多远就走多远，需要多卑鄙就多卑鄙，没有什么可以阻止他们——国会、法院、总检察长、司法部或者其他高级执法部门都不行。"[1] 是的，自由和安全，是一个没有终极的选择。自从现代民主国家诞生的第一天起，伴随至今的难题就是行政权力的扩张与人民自由的保障的冲突，行政权有着天生的扩张倾向，如果没有限制，这种权力会被发挥到极致，而相应的公民权利则会被压缩至最小。行政权扩张的一个重要结果就是行政裁量权的大举扩展。[2] 即便是没有"9·11"事件，各国（当然包括美国）的行政裁量权也一直在无法遏止地扩张，"9·11"事件实际上给了行政裁量权以绝好的借口，以公共安全为名，实施前所未有的扩权。在《美国爱国者法案》中，诸多刑事诉讼的人权保障原则被打破，FBI 得到授权可以实施无令状的秘密搜索、获得个人记录、监听、监视，只要自己宣布为反恐所必须即可。[3]

第二，基于恐怖分子的种族特征，刑事诉讼中的种族主义重新抬头。由于威胁美国安全的恐怖组织的民族和宗教特性，"9·11"事件发生之后，美国情报和犯罪调查部门对中东移民展开了有选择的调查、围捕和拘留，在战争状态和特殊的保密状态下，大约 1200 人被捕，大多数是有移民问题的外国人，名义是所谓管理"重要人证"，762 名无公民身份的人被逮捕并施以肉体和精神上的折磨，很多人在拘役所被扣留几个月而没有被告知为什么被

---

〔1〕 "Equal Protection and the Prosecutor's Charging Decision: Enforcing an Ideal", 49 *Geo. Wash. L. Rev.*, 659, 692 ~698 (1981).

〔2〕 章剑生：《现代行政法基本理论》，法律出版社 2008 年版，第 19 页。

〔3〕 Humanitarian Law Project v. U. S. Dep't of Justice, 352 F. 3d 382 (9th Cir. 2003).

拘押。这些人后来都“消失”了，大多数人被驱逐出境，并没有一人被以恐怖犯罪起诉。[1] 当种族平等与反恐发生冲突的时候，种族的差别对待就重新抬头了，因为“制止恐怖袭击当然会被视为政府的首要利益，除非对于促进此利益是必要的，否则种族的区别对待就应该是严格禁止的”[2]。

“9·11恐怖袭击”以及延续至今的恐怖威胁，使得美国国民不得不对行政权力做出让步，在国家安全与公民自由的博弈中，前者似乎占了上风，起诉裁量权得以有机会大肆扩张而很少受到限制。很不幸，恰恰恐怖组织的种族特征又非常明显，于是在刑事诉讼中，对与恐怖组织有关的族裔给予特别对待也就顺理成章了。更为深刻的影响在于，自1886年“益和案”至20世纪末所艰难形成的选择性起诉抗辩的曙光似乎重新黯淡，至少仍然停留在那个阶段并没有进步，近年美国学者所研究的仍旧是前文我们提到的那些案例，分析的也仍旧是同样的问题。[3] 但是，美国人民从来都没有停止过争取基本权利的斗争，美国并不是白人的美国，不同肤色的人、不同种族的人、不同民族的人、持有不同政见的人都有权利享有平等的法律保护的权利。可以预见，选择性起诉这一不公平的公权力行为迟早会重回美国联邦最高法院的视野，权力制约权力以保护权利是法治永恒的话题。

---

〔1〕“Equal Protection and the Prosecutor's Charging Decision: Enforcing an Ideal”, 49 *Geo. Wash. L. Rev.* 659, 692～698 (1981).

〔2〕David Cole, “The Poverty of Posner's Pragmatism: Balancing away Liberty after 9·11”, 59 *Stan. L. Rev.* 1735～1751 (2007).

〔3〕Yoav Sapir, “Neither Intent nor Impact: A Critique of the Racially Based Selective Prosecution Jurisprudence and a Reform Proposal”, 19 *Harvard BlackLetter Law Journal*, 127～179 (2003); Alafair Burke, “Neutralizing Cognitive Bias: An Invitation to Prosecutors”, *NYU Journal of Law & Liberty*, Vol. 2: 512 (2007); Gabriel J. Chin, “Unexplainable on Grounds of Race: Doubts about YICK WO”, *U. Ill. L. Rev.*, 1359 (2008).

(六) 中国对美国选择性起诉抗辩的借鉴

美国刑事选择性起诉对中国是否有借鉴意义或者说对中国最大的借鉴价值在哪里呢？由于我国法学界对于选择性起诉的研究尚处于拓荒阶段，很多基础性工作还没有展开，笔者在此只能做出一个大致的推断和并不成熟的设想。

首先要面对的一个问题就是我国是否存在选择性起诉的问题。这应该是肯定的，因为我国《刑事诉讼法》同样秉承一定限度的起诉便宜主义，虽然起诉裁量权没有美国那样大，但酌定不起诉、附条件不起诉是《刑事诉讼法》明确赋予检察机关的权力。在司法实践中，我们也同样可以确定选择性起诉的存在。选择性起诉最容易出现在犯罪多发乃至于刑事追诉力所不逮，无法实现每罪必究的领域。也即，由于种种原因（比如重刑主义导致《刑法》扩张过度，扩张到本不需要《刑法》规范的领域）导致某个领域犯罪是常见的，《刑法》根本无法实现全部打击，那么起诉如何裁量就最有可能勾兑了检察机关人员的好恶（当然这个好恶并不一定是有意识的，但无论是否有意识都是不平等的）。比如，在小商品批发市场，销售假冒伪劣产品几乎是商户普遍的行为；在经济领域，虚假出资、抽逃资金是公司设立常见的行为；在网络发达的今天，网民们经常游走在散布虚假信息、诽谤的边缘。那么选择性起诉就很有可能出现。当然，笔者目前并没有确切的证据证明这些，只是一种推测。而在另外一些领域，我们已经出现了选择性起诉，但是由于认知的空白，人们只是觉得不公平，而并没有意识到其根源。比如，在取保候审的适用上，各地公、检机关通常对于外地户籍的人基本不保，[1] 这就是对于外地人的一种

〔1〕 参见刘迎迎："争取强制的权利"，载陈卫东主编：《保释制度与取保候审》，中国检察出版社 2003 年版，第 444 页；另外，笔者在参与陈卫东教授主持的取保候审改革项目实证调研时，也发现了这种情况。

歧视。当然，可以肯定的是，我国刑事选择性起诉的情况应该较美国要少，因为在我国并不存在社会普遍种族歧视的历史。然而，再少也不能轻视，一个国家是否能够关注少数人的权益，往往是其法治化程度的一个标志。

接下来我们将要面对的是更大的难题：对于刑事选择性起诉的被告人我们能够提供何种救济，又应当提供何种救济？我国《刑事诉讼法》及相关司法解释对起诉裁量权的制约只针对不起诉的决定，重点救济的是遭遇“应诉而不诉”的刑事被害人或者被不起诉人，被害人可以选择申诉或者向人民法院提起自诉，被不起诉人可以申诉(《刑事诉讼法》第176、177条)。对于“不应诉而诉”的行为该如何救济，《刑事诉讼法》及相关司法解释没有规定，或许在立法者看来，本不应该诉而起诉的案件，到了审判阶段，自然会通过审判查明，以判决宣告其无罪即可。表面看，立法似乎已经周全，然而恰恰忽略了包括选择性起诉在内的以不正当目的实施起诉裁量权的行为。此类行为，依刑事实体法和程序法都不存在瑕疵，嫌疑人本就涉嫌犯罪，非“应诉而不诉”，也非“不应诉而诉”，而是“应诉而诉”，只是背后的目的不正当(歧视、区别对待)。所以，实际上，选择性起诉涉及的并不仅仅是《刑法》、《刑事诉讼法》的问题，而是更上位的、更为重要的宪法权利——公民之平等权。目前，我国尚不存在宪法诉讼或者违宪审查制度，对于侵犯公民宪法权利的行为，依司法判决及解释的精神采取以承担相应性质法律责任的方式解决[1]。也即，按照笔者的理解，对于侵犯宪法权利的行为根据该行为的性质确定

〔1〕 最高人民法院《关于以侵犯姓名权的手段侵犯宪法保护的公民受教育的基本权利是否应承担民事责任的批复》（法释［2001］25号）。如针对“齐玉苓姓名权纠纷案”，最高人民法院即批复道：“根据本案事实，陈晓琪等以侵犯姓名权的手段，侵犯了齐玉苓依据宪法规定所享有的受教育的基本权利，并造成了具体的损害后果，应承担相应的民事责任”。

其承担责任的方式，若是民事侵权行为则承担民事责任，刑事违法行为则承担刑事责任，行政违法行为则承担行政责任。很显然，这是最高人民法院从实体法律责任方面进行的努力。但是，这远远不够。

从模式上来看，由法院对侦检机关的追诉行为进行制约在我国可行性同样很小。前文已述，尽管美国司法拥有对行政权进行违宪审查的权力，美国法院系统仍然不愿意甚至拒绝对选择性起诉提供司法救济。我国法院虽然不必受制于“三权分立”的框架，但司法权相对于公安、检察机关的刑事追诉权的弱势状况比美国尤甚。让法院审查一个符合实体法、程序法的刑事起诉背后是否存在歧视可能性非常小。从方式上看，以承担实体法律责任的方式来规制违宪行为必定存在遗漏。对于本书所研究的选择性起诉来说，从实体上进行规制有两条可能的途径：承担刑事责任或者承担行政责任，也即对滥用职权构成犯罪追究刑事责任，不构成犯罪则由相应机关追究行政责任。那么，基于歧视目的实施选择性追诉，这种情况能构成滥用职权罪吗？毕竟被追诉者确实犯罪了。即便是通过法律解释明确此种情况构成犯罪，那么面临的困境直接就是前面所提到的美国选择性起诉抗辩的困境：无法证明歧视意图。并且，这仅仅针对的是追诉者个人（公安或者检察人员）基于明确的歧视目的做出的选择性追诉，对于追诉机关整体的政策性意图（比如深圳大运会期间对于所谓“高危人群”的清理）、对于潜意识的歧视（这种歧视甚至自己都没有觉察到）则根本无法追究刑事、行政责任。所以，司法进行审查和救济的模式，在我国目前行不通，但是在诉讼程序中或者程序之外设置专门的司法审查程序一定是未来的发展趋势，也是根本性解决问题的最终途径。

在现行法律框架内，我们能够提供的救济就是检察机关的起诉监督。在我国，检察机关是法律监督机关，当然对于所有法律的正确实施负担有监督义务，也自然有义务确保被害人和被告人在刑事司法中受到公正的、公平的、非歧视性的对待。更为重要的是，只有检察机关能够掌握刑事起诉歧视存在的相关证据。如美国选择性起诉抗辩中存在的问题，类似情形，有人被追诉了，有人没有被追诉，而追诉的考虑是歧视，这样的数据只有检察机关自己掌握。所以，在我国未建立起司法审查机制之前，对选择性起诉的规制只能寄希望于检察机关。那么，在《刑事诉讼法》中就应该明确赋予检察机关对侦查、起诉活动的正当性审查的权力。也即人民检察院在审查案件的时候（审查起诉时主动审查以及接受被告人申诉而启动审查），不仅仅要查明事实、证据、犯罪性质和罪名的认定、有无遗漏罪行等侦查活动是否合法等问题，还要审查刑事侦查和起诉的目的是否正当，若目的不正当（如为报复或者歧视），那么对于罪行较轻的可以作出不起诉的决定，对于罪行较重的在量刑建议中应当说明被告人受到恶意追诉应给予从轻考虑。当然，如美国选择性起诉抗辩的司法准则，凡侵犯公民宪法权利之追诉行为，应宣布其无效，随即撤销。但是考虑到我国“实事求是”的哲学传统，以及目前的法治环境尤其是公民的法治意识，对于遭遇选择性起诉的被告人一律不起诉恐怕一下子难以被接受。那就将其作为量刑因素予以考虑以警示刑事追诉机关。当然，刑事追诉一旦被检察机关认定为目的不正当，则检察机关应当向侦查、起诉机关提出检察意见，对相关负责人根据性质、情节轻重给予行政处分乃至于刑事处罚。当然，基于自体监督的悖论，检察监督在整个问题的解决中只能处于多道防线之一环，最终的防线仍然要依赖未来的司法审查。

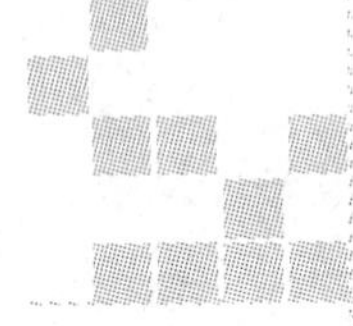

第五章 刑事证据制度的正当性问题探讨

一、口供证明力的正当性问题

（一）口供概念辨析

口供，其实并非一个严谨的法律、法学概念，但是在我国实务部门又确实存在并且约定俗成，它实际上指我国《刑事诉讼法》第48条所规定的八种法定的证据之一的“犯罪嫌疑人、被告人供述和辩解”。依照老一辈学者的理解，口供就是：“犯罪嫌疑人、被告人就案件的有关情况向司法机关所作的陈述”[1]。然而对口供这个概念的理解也存在一些不同的看法，主要集中在口供的范围上：第一种观点认为，口供包括犯罪嫌疑人、被告人承认有罪的供述、关于自己无罪、罪轻的辩解和揭发同案被告人的攀供；第二种观点认为，口供只是犯罪嫌疑人、被告人承认有罪的供述；第三种观点认为，口供包括认罪的供述和无罪的辩解，但

[1] 陈一云主编：《证据学》，中国人民大学出版社2000年版，第371页。

不包括攀供。[1] 就汉语的习惯而言，口供显然是一个范围很广的概念，也就是犯罪嫌疑人、被告人对公安司法机关所做的一切陈述都是口供，所以，第一种观点是能够反映共识的，本书也采用了此种理解。

在中文里面，与口供含义相近的概念有招认、自白、供述、认罪等，其中自认、认罪、招认更多的倾向于口供概念中犯罪嫌疑人、被告人承认有罪的那个部分，而自白、供述的含义与用法基本等同于口供。

在普通法系也存在与我国口供含义相近的概念，具体有以下几个比较重要的词语："confession：认罪陈述；供认陈述。指刑事被告人承认受指控罪行的主要事实，通常以书面形式作出，并包含有关犯罪行为的详细陈述"[2]。"admission：民事诉讼中的承认；刑事诉讼中的供认、承认，指被告认对所指控罪行的承认，但通常仅指对可确认其有罪的部分事实的承认，一般不包括对涉及犯罪意图等事实的承认，区别对所指控所有罪行全部事实的供认（confession）。"[3] "exculpate：开脱罪责；使无罪。"[4] "plea of guilty：认罪；有罪答辩。指在刑事诉讼中被告人在公开法庭所作的自愿承认起诉方指控的罪行的答辩，这一答辩的后果等同于陪审团作出的有罪裁决，适用于死刑案件以外的所有案件。"[5] 从以上分析可以看出，普通法系将犯罪嫌疑人、被告人陈述所包含的内容严格的区分开来，其中的 confession 类似于我国口供含义的第一部分，是指犯罪嫌疑人和被告人做出的不利于自己的非正式的陈述，具体包含有以下几层意思：①不利于自己的陈述，也

---

〔1〕 周振想主编：《法学大辞典》，团结出版社 1994 年版，第 62 页。
〔2〕 薛海波主编：《元照法律词典》，法律出版社 2003 年版，第 281 页。
〔3〕 薛海波主编：《元照法律词典》，法律出版社 2003 年版，第 37 页。
〔4〕 薛海波主编：《元照法律词典》，法律出版社 2003 年版，第 506 页。
〔5〕 薛海波主编：《元照法律词典》，法律出版社 2003 年版，第 1058 页。

就是归罪的陈述；②一个非正式的陈述，也就是区别于 plea of guilty 这个正式的认罪陈述，由于普通法系实行严格的当事人主义诉讼方式，被告人充分的享有处置自己权利的自由，因此法庭对于正式的认罪陈述免除证明的需要，直接进入量刑程序，而对于非正式的承认则是作为传闻证据的一种例外提出。

虽然 confession 的含义与我国口供含义的认罪部分相近，但又不完全一致，主要有以下两点区别：

（1）形成的诉讼阶段不同。在谈它们的区别之前，有必要先介绍一下我国与普通法系之间在证据分类上的区别。我国《刑事诉讼法》将证据分为物证、书证等 8 个种类，而在普通法系国家，对法定意义上的证据种类和学理上的证据分类并没有作区分，并且也没有集中地加以规定，而是分散在各个判例中，学者们一般将普通法系的证据分为证人证言、书面证据、实物证据三种形式，[1] 其中被告人在法庭上的陈述一般只能以证言（testimony）形式出现，为自己的罪行进行开脱。假如被告人在庭前进行无罪答辩，进入审判阶段以后又认罪的，这时候的认罪实际也就成了一个正式的供述，即 plea of guilty ，而不再是 confession。由此我们可以看出，confession 实际上只是犯罪嫌疑人、被告人在审前非正式的程序中向警察和检察官做出的陈述。而我国的《刑事诉讼法》并没有严格的规定口供必须在某个诉讼阶段做出、向谁做出，而在实践和理论的研究中，口供一般被认为可以在立案以后的任何阶段，向包括侦查人员、检察人员和审判人员做出。

（2）证明的效力不一样。在普通法系国家，一方面，法律赋予正式的认罪，比如 plea of guilty，和法庭上的供认很大的证明力，另一方面虽然允许 confession 可以作为传闻的例外提出，但同时法律对 confession 的效力作出了严格的限制，我国学者对此进行

---

〔1〕 何家弘主编：《外国证据法》，法律出版社 2003 年版，第 100 页。

了总结，“首先，这种陈述的效力是非确定性的，不同于当事人在法庭上做出的自认与认罪；其次，这种陈述是可以推翻的，陈述者可以否认，可以解释，也可以用证据加以反驳；再次，这种不利陈述必须是自愿做出的，如果法庭发现该陈述是非自愿做出的可以不予采纳；最后，这种不利陈述的采用是有限的，即只能对证人的可靠性进行攻击，而不能直接用来证明案件事实”[1]。而我国口供中的认罪部分，不管是在庭前做出的还是在法庭上做出的都具有相同的法律效力，对于被告人在法庭上推翻原先供述的，法庭可以不管被告人的否认行为，而直接使用侦查、起诉阶段的口供进行定罪。

admission 的含义与 confession 相类似，只是在范围上存在包含和被包含的关系，国内的学者在翻译的时候，也将 admission 翻译为招认。[2] 但从国外的一些资料来看，admission 的含义似乎带有点中性，比如将 confession 认为是 informal admission ，将 plea of guilty 和法庭上的认罪理解为 judicial admission 和 formal admission。[3] exculpate 的含义则等同于我国口供含义中的辩解部分。

大陆法系对口供的理解与我国类似，一方面，他们将犯罪嫌疑人、被告人与证人区别开来，将犯罪嫌疑人、被告人的陈述作为单独的证据种类；另一方面，他们对于被告人陈述的内容不作严格的区分，一般也都包含认罪、辩解、攀供几个部分。对于犯罪嫌疑人、被告人的陈述这种证据，我国学者在翻译大陆法系的法律文本时比较混乱，各种译法都有，但是译为“自白”、“供述”的较多。大陆法系国家实行严格的直接主义原则，任何证据

---

〔1〕 薛海波主编：《元照法律词典》，法律出版社 2003 年版，第 53 页。

〔2〕 [美] 乔恩·R. 华尔兹著，何家弘等译：《刑事证据大全》，中国人民公安大学出版社 1993 年版，第 262 页。

〔3〕 Peter Mirfield, *Silence, Confessions and Improperly Obtained Evidence*, Oxford: Clarendon Press, 1997, p. 52.

都必须在法庭上提出，但对于被告人的认罪口供却有例外。法律一般规定被告人供述须在法庭上向法官做出，但当被告人对控诉不作答辩、对于法官的讯问拒绝回答，或者是被告人的供述与庭前的供述不一致时，则允许控诉方宣读侦查讯问笔录，并且这种法庭外的笔录与法庭上的陈述在效力上并没有实质性的区别，它的证明力完全凭法官的自由心证。

大陆法系由于实行彻底的自由心证制度，对于证据的证明力完全的依赖于法官的判断，因此法律一般不对证据的证明力作出特殊的规定。但是这种传统的做法也受到了一定挑战，随着大陆法系对普通法系的借鉴，普通法那种认为法庭上的供述具有更大证明力的观念也逐渐地传播到欧洲大陆，一些国家借鉴了普通法系的辩诉交易制度，赋予一些认罪口供特殊的证明力，从而代替法庭对事实的调查。

我国在法律传统上与大陆法系同属一脉，对口供的司法解释近年来也出现了一些变动的迹象，最为典型的就是最高人民法院、最高人民检察院、司法部联合发布的《关于适用普通程序审理"被告人认罪案件"的若干意见（试行)》。在这个试行的规定中赋予被告人认罪案件中的口供较高的证明力，导致的直接后果就是对于这部分的事实不再进行实质性辩论和质证，直接转入对确定罪名、量刑及其他有争议的问题进行辩论。可以说这种变化使得这种"认罪口供"更加类似于普通法系正式的认罪答辩。

（二）口供的证明力及影响口供证明力的因素

证明力是指一项证据对于证明事实存在与否所发挥作用的大小。在普通法系国家，证据必须具备可采性和相关性双重属性。其中的相关性，又称为证明力，这与我国证据三性说里的"客观性""关联性"相当。一项证据证明力的大小主要在于其的客观属性，如证据材料是否客观真实，是否与案件有密切的联系等，因此对于证据证明力的判断在一定程度上属于哲学中认识论的问题。口供这个证据本身具有的一些客观属性使得口供具有一些其他证据种类所不具备的特殊的证明力。由于口供是犯罪嫌疑人、被告人做出的，而犯罪嫌疑人、被告人是整个犯罪活动的策划与实施者，他们对于犯罪细节和犯罪过程的了解是其他证据和当事人所无法比拟的，特别是涉及犯罪动机、犯罪目的、凶器下落、赃物去向等问题的口供更能大大地减轻侦查部门的工作。而无辜的犯罪嫌疑人、被告人则能十分有力地提出怀疑和反驳的意见，以供侦查部门参考。因此查证属实的口供具有很强的证明力，古往今来，口供一般被认为是“证据之王”。

然而作为法学的一门重要学科，证据法学不仅仅解决对事实的认定问题，而且还涉及法律的公正、对人权的保护、纠纷的解决等方面的问题。正如有学者反思我国证据法学理论基础时所指出的“无论是刑事诉讼、民事诉讼，还是行政诉讼，都不单纯的是以揭示客观事实真相为目的的认识活动。作为诉讼的有机组成部分，证据的运用活动也不仅仅是认识活动”〔1〕。因此对于证据证明力的判断不仅仅属于认识论的范畴，还受到各种价值判断或者是法律规定的限制，可以说刑事诉讼中证据的客观属性已经被带上了主观的色彩。同样，口供证明力的发挥也不仅仅是口供这个证据是否客观真实，而是受到了更高的价值判断的限制。

总结起来讲，口供的证明力受到三种因素的影响：

(1) 客观真实性的影响。作为证据，客观性、相关性本是其根本属性，因此无需特别强调。从这方面对证据证明力的判断主要是侦查学、物证技术学研究的内容或依赖于法官的自由心证，而不是证据法学所研究的内容。

---

〔1〕 陈瑞华：《刑事诉讼的前沿问题》，中国人民大学出版社 1999 年版，第 202 页。

(2) 正当性的限制。现代刑事诉讼是一个文明、民主、理性的过程。非法羁押、刑讯逼供、诱供、指供、骗供等都是司法落后的重要表现之一，是漠视公民权利、野蛮而非理性的强权意识的表现，与我们当今保障人权的时代主题格格不入。同样，诉讼过程中证据证明力的实现也必须是一个民主、文明、理性的规程，具有一定的正当性，对于一些非正当的证据，法律应当规定排除在定案根据之外，因此对于没有正当性的证据，其证明力根本无从谈起。在这种意义上，正当性就形成了对证据证明力的限制。正当性对于证据证明力的影响，主要通过证据能力来实现。有学者曾这样论述："证明力是从逻辑学、认识论的角度来看待证据，证据能力则是从法律的角度看待证据。证据有证明力仅仅表示可以证明实体真实，只有在符合程序之规定，确认同时具有证据能力以后，才能真正发挥其证明作用。这种法律通过对证据能力的规定来限制证明力来发挥其证明实体真实之作用的现象，笔者在此称之为'证据能力对证明力的限制'。证据能力对证明力的限制，依据的是其是否有助于证明力的最终实现、是否被采纳为定案根据。笔者认为，可分为积极性和消极性两种。积极性限制规定……对证据来源、形式等进行限制，是出于诉讼证明的需要，其目的在于保障证据的质量，保全和增强其证明力。消极性限制规定……是保护比发现真实更为重要的公民权利、社会发展的需要，其目的在于保障诉讼程序的公正性。"[1] 因此在谈口供证据的证明力的时候，不可避免地会涉及口供的证据能力。只有排除证据能力对证明力的消极作用，使口供不至于被排除在定案根据资格之外，我们才能讨论口供的证明力，同样只有确保证据能力对于证明力的积极性限制，才能使口供具有更强的可信性，使口供的证明作用得以充分的发挥。

---

〔1〕 马志毅："中美证据制度比较研究"，载《中外法学》1996年第3期。

（3）法定性的限制。所谓法定性的限制是指类似于法定证据制度一样，法律明确规定限制口供的证明力。由于口供是一种言辞证据，而且做出口供的是与案件处理结果有利害关系的犯罪嫌疑人、被告人，因此口供的真实性情况比较复杂，罪犯往往会避重就轻、编造谎言，甚至胡供乱咬，再加上实践中经常出现口供是诱供、指供所得，而非案件客观情况的反映。因此法律基于这种经验的总结和反对片面倚重口供刑事政策的需要，对口供的客观真实性作出人为的、直接的规定，比如法律规定口供补强规则，对仅有口供的案件不能定案。

鉴于口供所具有的特殊证明力，在落后的奴隶社会、封建社会，由于技术的落后所带来的破案手段的缺乏，国家机关在追诉犯罪的过程中更多的依赖口供的使用。在我国历史上，口供一向被摆到十分突出的地位，正如一位学者所归纳的“封建统治者认为：‘断罪必须输服供词’。由于‘罪从供定，犯供最关紧要’。所以，口供是认定犯罪的主要证据。口供是全部证据中最有价值和证明力最强的证据，是一切证据中最好的证据，是‘证据之王’。实行‘无供不录案’的口供主义”〔1〕。在这种畸形的强调口供的作用和依赖口供的观念下，我国刑讯逼供历史悠久，甚至在新中国成立以后的“文革”时期都出现过大规模的逼供信现象。

改革开放以后，在吸取封建和“文革”历史教训的基础上，我国1979、1996、2012年《刑事诉讼法》规定了限制口供证明力的一系列规则，以确保口供的证明力在正当性的前提下得以发挥。但是由于法律规定的粗疏，实践部门在理解执行中出现了很大的混乱，存在有两个比较极端的现象：一是否认口供的证明作用，认为口供可有可无，甚至漠视口供的存在，所谓的“零口供”就

〔1〕 程荣斌：“建设口供制度要走法制化道路”，载《中国刑事法杂志》2001年第3期。

其中一个重要的体现；二是片面的倚重口供的作用，无视《刑事诉讼法》对于口供证明力的法定性和正当性限制，或者规避《刑事诉讼法》的规定，任意扩大口供的证明作用。

（三）口供的收集——正当性程序保障口供的证明力

作为刑事诉讼中的证据之一种，口供证明力的发挥不仅仅依赖于它的客观属性，更重要的是它必须符合正当性的目的。而对口供的正当性造成巨大威胁的则是侦查机关在收集口供中的程序性违法行为，这在我国刑事诉讼过程中表现得尤为突出。

我们党一贯坚持反对刑讯逼供的立场。“在红色区域开辟阶段，各地工农民主政府虽然一般的宣布了废除刑讯，但同时在有的地区保留了刑讯的特殊情况和特殊条件。中华苏维埃政府成立以后，明确宣布绝对废止刑讯，而不加任何附加的条件。”[1] 新中国成立以后，我们废除了国民党的六法全书，在各项法律和政策上基本沿袭革命根据地的做法，同时新中国开始着手制定新的《刑事诉讼法》。但受左倾错误的影响，随后连续发生多次政治运动，直至1966年文化大革命爆发。“文革”中，林彪、四人帮反革命集团利用法制不健全、法律虚无主义的空子，大搞法西斯专政，随便抓人、逼供，先定调子再办案件，对广大干部和群众进行迫害。“文革”结束以后，国家领导人深刻的认识到刑讯逼供的危害性，并着手加快制定《刑事诉讼法》。1979年7月，新中国的第一部《刑事诉讼法》出台，1996年进行第一次修改，2012年进行了第二次修改。但由于种种原因，如封建遗毒影响，法律规定过于简单，实践部门执行不力等原因，我国口供的收集和使用仍存在很多的问题，具体表现在：

（1）收集手段野蛮。受我国长期以来封建制度的影响，“重

---

〔1〕 张希坡主编：《革命根据地法制史》，法律出版社1993年版，第297页。

实体、轻程序”的观念根深蒂固。在办案的过程中，侦查人员为侦破案件，视犯罪嫌疑人和被告人为获取证据的工具，违法收集口供、严重侵犯人权的情况屡见不鲜。几年来引起媒体关注的大案要案中，比如杜培武案、佘祥林案、聂树斌案、赵作海案等等，都存在严重的刑讯逼供的迹象。

（2）使用过程混乱。“在我国目前的刑事审判过程中，凡是被告人不认罪的案件，绝少有被告人不说自己在侦查阶段被刑讯逼供的，但是绝少有法庭进行调查，即使偶有法庭试图过问此事，也绝少有被告人能够证明侦查机关曾经对自己实施过刑讯逼供”〔1〕。这段话比较集中地反映了口供证据在使用过程中的混乱。由于没有制度保障，可以说，根本无法实践《刑事诉讼法》的关于禁止刑讯逼供的规定。

口供的收集与使用的混乱严重地侵犯了广大人民的人权，并在国际上造成了恶劣的影响。因此，为确保在保障人权的前提下充分发挥口供的证明作用，必须按照正当程序的要求对我国口供的收集和使用进行有效的规范，建立科学、文明的口供收集程序与非法证据排除规则，使非法的口供不能成为定案的根据，而使合法正当的口供能够得到放心大胆的使用。

对于口供的规范有两种立法例，一是普通法系的供后排除，即从证据的角度对口供的证据能力和证明力进行规范，使一些不具有证据能力或证明力较弱的证据不进入审判程序；二是大陆法系的供前排除，即从证据的收集过程中进行很好的规范，防止违法取证，确保口供的真实，同时允许所获取的任何口供进入司法程序，由法官进行自由裁量。但是无论是供前排除，还是供后排除，实际上他们都是从两方面对证据进行规范，即从证据意义上

---

〔1〕 曲新久：“当刑讯逼供遭遇黑社会——刘涌案的启示”，载《政法论坛》2003年第5期。

和程序意义上。因为，就普通法系的供后排除而言，他们虽然是从证据能力和证明力上对口供进行规范，但是实际上这种法庭上规范必然会影响到实践中的取证。这种从证据法角度上的规范从一定意义上说起到一种规则设定的作用，基于这项规则，为了防止收集的证据被法庭排除，必然会督促警察在收集证据过程中尽量遵循此项规则。并且在普通法系国家也存在着对于证据收集的程序规范，只不过这种程序性的规范更多的是在判例中出现，并没有形成成文化的法典，因此也没有得到人们有效的重视。实际上，近年来，在普通法国家这种程序上的规制也有向成文法发展的倾向，如美国的《联邦刑事诉讼规则》，英国的1984年《警察与刑事证据法》等。大陆法系的供前排除，主要在收集证据的程序上进行规范，而对收集的证据的证明能力不作详细的规定，完全依赖于法官的自由心证。但是假如对违法收集、使用证据的后果没有进行证据法意义上的惩罚，如被法官所忽视或者导致法官较低的自由心证，那么那种程序上的规制也没有任何的意义，在实践中也无法得到执行。所以无论是主张供后排除的普通法系，还是主张供前排除的大陆法系，从功能主义的角度来看，即确保口供的有效性与正当性，实际上都是从两个方面对口供证据的使用进行规范。

因此，正当程序的要求具体到《刑事诉讼法》的领域：首先，必须在证据法上通过证据能力实现对证明力正当性要求的限制，通过消极性的限制，否定任何非法口供的证据能力，通过积极性的限制使得经过正当程序保障收集的口供具有更强的可信性；其次，通过程序性的规定，限制侦查机关、控诉机关的权力，防止出现非法获取口供的情况，另一方面又通过程序性裁判机制，将进入程序的非法口供排除在定案根据之外。

1. 证据能力上的限制

（1）否定非任意自白的证据能力。非法取得的证据，尤其是非法手段取得的口供应该排除其证据能力，这已为学界普遍接受，并且已经与立法和司法界达成共识。2010 年两院三部共同发布两个证据规定，非法证据排除规则在我国得到正式确立。2012 年《刑事诉讼法》的修改将《两个证据规定》的相关内容吸收，严禁刑讯逼供和以威胁、引诱、欺骗以及其他非法方法收集证据，确立了“不得强迫任何人证实自己有罪”的原则（第 50 条）。其中第 54 条第 1 款规定，“采用刑讯逼供等非法方法收集的犯罪嫌疑人、被告人供述和采用暴力、威胁等非法方法收集的证人证言、被害人陈述，应当予以排除。收集物证、书证不符合法定程序，可能严重影响司法公正的，应当予以补正或者作出合理解释；不能补正或者作出合理解释的，对该证据应当予以排除。”本条是非法言词证据排除的依据，当然，不能否认其重要的进步意义，但是我们也可以看到其中的问题。排除的口供仅仅针对的是采用刑讯逼供的非法方法，欺骗、威胁和引诱呢？第 50 条规定，“严禁刑讯逼供和以威胁、引诱、欺骗以及其他非法方法收集证据”，第 54 条接着规定，刑讯逼供获取口供是不行的，第 50 条禁止之其他方法没提，那就是可以的了。当然，法条中加上了“等非法方法”，这个“等”包括欺骗、威胁和引诱吗？显然不包括，因为包括的话就不是这种表述方法了，它就可以直接说“采用刑讯逼供、暴力、威胁等非法方法收集的犯罪嫌疑人、被告人供述、证人证言、被害人陈述，应当予以排除。”就没有必要将犯罪嫌疑人、被告人供述与证人证言、被害人陈述分开表述了。

刑讯逼供当然不行，应该排除。可是威胁、引诱、欺骗就可以吗？当然，讯问本身就离不开威胁、引诱和欺骗，但是是否就是没有度和界限呢？

2006 年 08 月 25 日《上海青年报》报道：福建省武夷市发生盗窃案，远在重庆綦江而从未到过福建的青年罗玉明被怀疑为主犯受到网上通缉，原因是真正的盗窃犯自称是綦江“罗玉明”。

罗玉明被綦江警方“抓获”并押解到武夷，对盗窃犯罪事实“供认不讳”。后来查明，当时在綦江审问时，一位民警告诉他，老实交代，承认了就没事，如果抓到福建去，连父母都看不到他了。在武夷山市检察院，办案人员又对他说：“不承认就不能出去。”在这种情况下，罗玉明“一路承认下来”，甚至在案件宣判后也没有上诉。罗玉明被警方逮捕后，武夷法院判其有期徒刑一年半。2007 年 6 月 30 日，在羁押了 265 天后，罗玉明被无罪释放并获得 3 万元补偿金。〔1〕

我们再来看另外一起案件，2006 年同村村支部书记的儿子陈锦鹏因服食毒鼠强死亡，刘志连被邯郸市涉县公共安全专家局怀疑为犯罪嫌疑人。在回答《新京报》记者采访时，刘志连讲述了自己供认有罪的原因。刘志连称：2006 年 4 月 25 日，警方对她进行心理测试。测试那一天，她儿子做扁桃体手术。他们就说我心情有很大波动。接着，警方对她进行骗供。他们拿着她丈夫的“拘留证”，在她面前晃了一眼，就一秒钟的时间。她看见了她丈夫的名字。事后回忆，那张拘留证没盖红戳。警察对她说，你丈夫都承认是你干的了，你赶紧招吧。做心理测试时，刘志连在涉县旅游宾馆里，见不到丈夫。第二天，又被转到涉县日升酒店继续盘问。她听到隔壁房间的人大声惨叫。一个胖刑警对她说，你要不招，也和他一样。警察对刘志连连续审问，三男一女看着她，不让其睡觉。刘志连想，认了吧，别让自己遭罪了。同年 4 月 28 日凌晨 2 点，刘志连承认毒死小孩。刘志连说：“我是个农村人，想法很天真。我就想，我没干过的事儿，我说害了，就害了吗?”邯郸市中级人民法院在刘志连被超期羁押 3 年后判决其死缓。一审判决后，被告人上诉至河北省高级人民法院，河北省高级人民

〔1〕 海川：“罗玉明冤案根源在于‘诱供’”，载《上海青年报》2006 年 8 月 25 日。

法院对本案审理后以事实不清证据不足发回邯郸市中级人民法院重新审理。邯郸市人民检察院撤回起诉。随后邯郸市检察院指令下级检察院——涉县人民检察院违法向涉县人民法院以同一罪名重新起诉。2010 年 2 月 25 日，在严重违背法律程序的情况下，涉县人民法院对本案进行了开庭审理。2011 年 8 月 6 日，涉县人民检察院对该案撤回起诉，并于当日移送邯郸市人民检察院。2011 年 8 月 7 日，邯郸市人民检察院召开检委会，经研究决定对刘志连作存疑不起诉处理；当日，市检察院对刘志连宣布不起诉决定，并将其当场释放。〔1〕

我们可以看到，其实威胁、引诱、欺骗这些手段的危害并不一定小于刑讯。我们为什么禁止非任意的自白，其实根本原因并不仅仅是“不能打人”这么简单，我们尊重的是人之为人的意志表达自由。威胁、引诱、欺骗这些本是一些社会公认的不道德的手段，甚至可以称为“流氓手段”，而如果我们认同侦查机关可以采取这些“流氓手段”，法院也认可这些“流氓手段”，那么在这个标签之下的侦查、司法机关的公信力和良好形象是会受到极大损害的。人们会质疑，侦查机关在这个案件中采取引诱、欺骗手段，那么它在其他案件中呢？它在执行日常行政治安管理工作中呢？法院可以认同侦查机关的这种做法，那它的判决是否也充满了欺骗呢？这种损害是我们无法承担的。

因此，必须严格区分何为非法方法，不能笼统地加以规定，必须禁止违反社会普遍认可的道德规范的取证行为，排除其证据能力。

（2）正确对待庭前口供的证据能力。在法庭的审理过程中，经常会出现被告人推翻庭前陈述的情况。对于这种出现多次口供

〔1〕 周亦楣：“河北女子被错判死缓羁押 5 年　获释后被送进医院”，载《新京报》2011 年 8 月 10 日。

的情况，如何确定各次口供的证据能力就成了一个问题。按照普通法系的理解，当事人在庭前侦查程序中的口供不同于当事人在法庭上做出的自认与认罪，虽然这种庭前的陈述可以作为传闻证据的例外提出，但是这种陈述的证据能力是不确定的，当事人可以推翻、否认、解释。可以说这种理解具有一定的正确性，因为庭审活动比侦查活动更为正式，且被告人供述后还须经过指控方以及审判人员的询问，其可靠性自然优于在侦查阶段的口供。

然而，我国现阶段对于翻供基本上采取以下做法：假如被告人在侦查程序中已经做出有罪供述的，即使只是若干次中的一次，也直接加以采用定罪。可以说这种做法不是十分妥当。正确的做法应当是不能全面的否认庭前口供的证据能力，也不能全面的肯定庭前口供的证据能力，应当将该种证据的证据能力置于不确定的状态，具体情况具体对待。当被告人在法庭上翻供以后，庭前的认罪陈述不能直接具有证据能力，而由被告人对庭前的认罪陈述做出一定的解释，针对这种解释，由控诉方进行驳斥。比如，被告人争辩说庭前的认罪陈述是刑讯逼供的结果，那么控诉方必须举证来反驳被告人。只有经过充分的辩论以后，才能确定审前口供的证据能力。对于控诉方无法充分反驳被告人的，则被告人的审前口供只能作为一种攻击被告人可信性的证据，而不能直接作为定案的证据。

2. 程序上保障

（1）侦查程序中对口供的收集的规范。实践中出现刑讯逼供情况的一个重要的原因就在于控诉力量的强大、辩护力量的弱小，被告人基本上处于被支配的地位。在 1996 年、2012 年《刑事诉讼法》的修改过程中，立法者借鉴了英美法系当事人主义诉讼模式的一些原则和做法，其中特别是庭审方式的改变，使得传统的职权主义的成分大大地降低，同时诉讼的对抗性得以进一步的增强。被告人不再被认为是一个被追诉的对象、审判的客体，而是在一定程度上变成了诉讼两造中的平等的一方，在诉讼中他可以和控诉方进行平等的辩驳，充分的维护自己的利益。可以说，庭审中三角形的诉讼构造已具雏形。为了有效地遏制刑讯逼供，我们也有必要在审前确立三角构造的诉讼形式，一方面要遏制侦查机关过于庞大的权力，另一方面也要增强辩护方的力量。增强辩护方的力量，一个重要的方面就是确保被告人在被讯问的过程中应当享有一些基本的人权，具体的如沉默权、律师帮助权等。

自从我国于1998年签署了《公民权利与政治权利国际公约》以来，关于在我国的刑事诉讼中是否应当引进沉默权的问题已经成为当前学术界的热点。可以说现阶段我国在实质上已初步具备了默示的沉默权，因为法律一方面规定禁止刑讯逼供，另一方面不允许对被告人的沉默作出不利的推定，而《刑事诉讼法》的“对于侦查人员的讯问，应当如实回答”的规定却没有任何的法律后果，这样，被告人就可以保持沉默。但是这种默示的沉默权是不完整的，还留了一条尾巴，那就是《刑事诉讼法》第118条规定的“犯罪嫌疑人对侦查人员的提问，应当如实回答”。虽然学者们已经意识到单纯的规定沉默权与遏制刑讯逼供并无直接的联系，但是沉默权作为一种基本诉讼权已经为世界所公认，并且沉默权的规定至少可以让刑讯逼供的侦查人员丧失心理上的优越感。因为在法律规定“犯罪嫌疑人对侦查人员的提问，应当如实回答”的情况下，当侦查人员认为犯罪嫌疑人、被告人不如实回答时，就会理所当然的产生惩罚的想法，从而实施违法逼供行为。可见，赋予犯罪嫌疑人一定限度的沉默权确实能够在一定程度上抑制非法取供。

辩护是法律规定被告人对指控进行反驳，以证明自己无罪、罪轻、应当减轻、免除处罚的权利。由于被告人面对的是强大的国家，而且由于被告人经常是被处以强制措施，人身自由得不到保障，并且被告人不一定是个法律专家，而现在诉讼程序的专业化使被告辩护权的行使受到严格的限制，因此法律规定被告可以委托专业的法律人士辅助其进行辩护。而辩护律师则是充当了辅助被告人进行辩护的角色。为了更好的维护犯罪嫌疑人和被告人的利益，必须充分保障他们的律师帮助权。具体可以通过值班律师制度、公设辩护人制度，等等，有效地保障犯罪嫌疑人和被告人得到律师的帮助。律师的帮助可以体现在各个方面，其中一个重要的方面就是讯问时候律师的在场权。可以说世界各国的刑事诉讼法基本上都规定了律师的在场权，因为这样一方面在收集口供证据的时候可以让律师监督控诉方的行为，而另一方面又能起到一种证明的作用，当收集的口供在法庭上发生争议的时候，控诉方可以提出口供是在律师在场的情况下收集的，从而免除证明口供是合法取得的责任，从这方面讲，这也是对控诉方的一种保护。

取证过程中，捕、押应当分离。现阶段，侦查机关拘留或逮捕犯罪嫌疑人以后，一般情况下都将其关押在机关的办公室或是公安机关控制的看守所内。可以说，在侦查阶段，犯罪嫌疑人完全处于侦查人员的控制之下。在这种情况下就必然会给侦查人员实施违法的行为创造良好的机会。“现代刑事诉讼的价值理念要求裁判中立、当事人平等，任何一方都不得要求对方为自己提供进攻或防御的武器，更不得将对方完全置于自己的控制之下，否则，我们孜孜以求的诉讼公平、正义的价值理念将会荡然无存。”[1]因此我们有必要建立国外那种捕、押分离的机制，在侦查机关捕获犯罪嫌疑人以后应当毫不迟延地将其送至由法院或政府司法部门控制的羁押场所，侦查人员讯问犯罪嫌疑人应当在司法行政部门或法院的监督下进行，从而有效地防止刑讯逼供。

---

〔1〕 陈卫东、韩红星：“论遏制刑讯逼供的程序保障”，载陈光中主编：《沉默权问题研究：兼论如何遏制刑讯逼供》，中国公安大学出版社 2002 年版。

（2）起诉时对非法口供的排除。在我国的宪法框架下，检察机关一般被认为是法律监督机关。1983 年通过的《人民检察院组织法》的规定，检察机关对公安、法院等司法部门在侦查、审判、执行、监管过程中的司法合法性进行检察监督。在法国，检察官一般也被认为是“站着的法官”。可见，无论对检察机关的法律监督机关的定位是否恰当，检察机关在我国的现行法中实际上起到一种法律的监督作用。因此，检察机关也应当担负起审查口供是否合法正当的责任，对于刑讯逼供获取的口供应当主动排除。

（3）审判时的程序性裁判。程序性裁判是指法院依据程序规则，对诉讼行为适用程序性法律后果的法律行为。[1] 任何制度性的规定只有在程序中才能得到具体的实施，对于非法证据排除规则的实现，审判中的程序性裁判显得尤为重要。

第一，程序性裁判机制的功能。程序性裁判机制的功能在于确保并规范对于程序性违法的行为进行处理，使违反程序法规则的行为承担相应的消极法律后果，对该行为不予承认、加以撤销或要求补正。我国《刑事诉讼法》虽然禁止刑讯逼供等非法获取证据行为，但却没有规定相应的程序性法律后果，即使法律解释规定了刑讯逼供获取的证据不能作为定案的证据，但又由于缺乏相应的程序性裁判制度使得这种规定无法得到实施，从而出现了实践中的“凡是被告人不认罪的案件，绝少有被告人不说自己在侦查阶段被刑讯逼供的，但是绝少有法庭进行调查，即使偶有法庭试图过问此事，也绝少有被告人能够证明侦查机关曾经对自己实施过刑讯逼供”。那么在确立程序性裁判机制以后，就能对被告人提出非法取证的请求进行审查，防止非法口供成为定案的证据，确保证据法意义上的规定能够落到实处。

第二，构建我国程序性裁判机制。在国外，程序性的裁判一

〔1〕 张会峰：“刑事诉讼法中的程序性裁判”，载《法学》2002 年第 4 期。

般分为审前的和审判中的。由于我国并不存在法院预审的过程，所以在审前建立一套程序性裁判机制难度较大，比较合理的做法就是在审判的过程中，当被告人翻供并提出侦查阶段的口供系非任意口供时，由法官决定进入程序性裁判程序。

“对于非法供述笔录与其他非法证据，在确立举证责任的分配原则时应有所区别。与其他证据不同的是，被告人的供述笔录一般都是侦查人员在羁押讯问状态下获取的有罪证据，其自愿性和真实性具有天然的缺陷。”[1] 虽然该证据作为传闻规则的例外，具有一定的证据能力，但是这种证据的证据能力并非十分确定。因此，在被告人对侦查阶段的口供的任意性提出反对时，为确保该证据的证据能力，检控方必须举证证明这种供述笔录并非是以刑讯、威胁等非法方法所获得。由于涉及的是程序性的事项，一般认为检察机关只要举证能达到优势证明标准即可，而无需达到排除合理怀疑的程度。检察机关对于被告人提出的非任意口供证明不能的时候，该项证据必须被排除，而不能作为定案的根据。法庭漠视被告人的程序性裁判的请求应当成为一个上诉的理由。

第三，相配套的制度建设。非法证据的程序性裁判不是个孤立的制度，它必须有一系列相关的制度与之相配套。其中一个重要的方面就是控诉机关必须具备证明口供收集过程合法的手段。因为，当严格的非法证据程序性裁判实施以后，将会有很多的口供需要控诉机关证明系合法取得，这必将给控诉机关造成巨大的压力。而在我国目前的侦查体制下，侦查机关完全的控制着犯罪嫌疑人，讯问行为一般都是在秘密的情况下进行的，控诉方没有有效的手段来证明口供收集过程的合法性，假如在这种情况下实施严格的非法证据排除的证明责任，将会有很多的口供由于无法得到证明而被排除，这必将严重影响我国打击犯罪的力度。因此，

---

〔1〕 张会峰：“刑事诉讼法中的程序性裁判”，载《法学》2002 年第 4 期。

必须有相配套的措施来辅助非法证据的程序性裁判的实施。具体的如，规定讯问时候律师的在场权，通过讯问时候的律师在场从而推定口供系合法取得；比如讯问犯罪嫌疑人的时候进行录音录像，及时的保存证据，以备不时之需，等等。

现代人权保障的理念要求任何诉讼程序的进行都必须具备正当性的要求，同样口供证明力的发挥也必须符合正当性的要求。而现阶段侦查机关在口供收集中的违法行为，使得我国的刑事诉讼带上了野蛮落后的色彩，另一方面也使得法官在用不用非法口供这个问题上陷入两难境地，依刑讯获取的口供定案，则有侵犯人权之嫌，不依刑讯获取的口供定案则又难脱放纵犯罪嫌疑人、办人情关系案之嫌疑。解决这种口供收集过程中存在的问题的根本方法就是走法制化的道路，根据正当性程序的要求，从证据法上和程序法上对口供的收集和使用进行详细、全面的规范，使口供在程序和法律的保障下发挥它的证明作用，排除非法的口供于定案根据之外，对于充分证明合法的口供，办案人员可以放心地使用。

二、共犯攀供的正当性问题

（一）攀供的概念

攀供是一个存在争议的证据法学概念，学术界对攀供概念的理解并不一致，主要有两种观点：第一种认为“凡是犯罪嫌疑人、被告人检举揭发他人的都属于攀供”[1]；第二种观点认为“交代

〔1〕 程荣斌主编：《刑事诉讼法学》，中国人民大学出版社1999年版，第120页。

与检举本案中其他被告人的犯罪事实，称之为攀供”[1]。我们倾向于第二种观点，因为犯罪嫌疑人、被告人检举非本案的犯罪事实属于立功表现，他的揭发在证据上应当属于证人证言的范畴。有学者将同案被告人细分为：“一为有实体法上联系的同案被告；二为只有诉讼法上联系的同案被告，具体说来有以下三种情况：①有共犯关系的同案被告；②有其他牵连关系的同案被告，主要有基于共同过失犯罪的同案被告，事前没有通谋的窝藏犯、包庇犯、窝赃犯、销赃犯以及行贿犯和受贿犯的同案被告；③无牵连关系的同案被告……”[2] 并指出攀供的本案被告人是指共犯关系的同案被告人和有其他牵连关系的同案被告人。由此，我们可以具体的归纳出攀供包含有以下两种情况：有共犯关系同案被告人的攀供和有牵连关系的同案被告人的攀供。

但是上述第二种观点对攀供的定义也不尽周延。因为在实践中经常会出现这样情况，共同犯罪的罪犯或有牵连关系的犯罪嫌疑人、被告人被另案处理或者甚至没有被起诉，那么按照这种概念的理解，非同案、没有被起诉的共犯或有牵连关系的犯罪嫌疑人、被告人做出的对被告人的检举揭发就不属于攀供了，但是在这种情况下的检举揭发跟以上概念所定义的攀供从本质上讲没有任何的区别，且又明显不属于证人证言或其他证据种类。因此应当从实体上对攀供进行定义，而不应强调在同一程序中受审。本书认为攀供是指共犯或有牵连关系的犯罪嫌疑人、被告人对本案被告人的揭发，具体包括：共犯攀供和有牵连关系犯罪嫌疑人、被告人的攀供，两者又可以具体分为共同受审的和非共同受审的；被起诉的和未被起诉的。由于有牵连关系犯罪嫌疑人、被告人的

---

〔1〕 崔敏主编：《刑事证据理论研究综述》，中国公安大学出版社 1990 年版，第 141 页。

〔2〕 沈德咏：“关于口供的几个理论问题”，载《诉讼法学新探》，中国法制出版社 2000 年版，第 325 页。

攀供在性质上类似于共犯攀供，因此为论述方便以下主要讨论共犯攀供问题。

攀供是一个比单纯的犯罪嫌疑人、被告人口供更加复杂的问题。口供所涉及的仅仅是做出口供的主体，即犯罪嫌疑人、被告人本人。对于适用口供的危险主要来自于公诉机关的违法行为，而攀供涉及的事项不仅涉及被告人，而且还涉及做出攀供的主体，这种“你中有我，我中有你”的特征使得使用攀供所隐藏的危险不仅仅是侦查机关的违法取证行为，而且还涉及共犯或牵连关系的同案被告人相互推诿、陷害或保护、胡供乱咬等危险。但在另一方面，由于做出攀供的主体跟做出单纯口供的主体一样，都是整个案件的经历者，对于案情的了解是其他证据所无法代替的。因此，作为口供的一种，攀供也是个刑事诉讼中的双刃剑。对此，我们既不能片面地倚重，也不能全盘否定，正确的做法是全面地规范攀供的使用，在约束它的负面作用的同时，充分挖掘它的证明力。

（二）对于共犯攀供的性质和证明力的几个观点

所谓共犯攀供，就是同案被告人在交代自己罪行的同时，又供述和检举其他同案被告人的犯罪事实。我国诉讼法学界和从事司法实践工作的同志，对有关同案被告人能否相互作证，亦即能否将攀供当作证人证言的问题，从理论与实践的结合上进行了较为深入的探讨，但认识和结论并不一致，大致有三种意见：第一种意见认为，刑案被告人在交代自己罪行的同时，检举揭发同案被告人的犯罪事实，仍然属于被告人供述或辩解（口供）中的一部分，不能看做是证人证言。这是我国诉讼法学界大多数学者的观点。第二种意见认为，同案被告人的攀供，其内容既然是检举和揭发他人的犯罪事实，实际上他也是就自己所了解的有关案情事实，向司法机关进行陈述，与其他证人的证言作用是一样的，因此，应视同为证人证言。主张这一观点的，大多是从事司法实践工作的同志。第三种意见认为，从原则上说，同案被告人的攀供，仍然是被告人口供的一部分，不能视为证人证言，但在特殊的情况下或在一定的情况下，可以作为证人证言使用。[1] 以上是20世纪90年代初学者对于20世纪80年代理论研究的综述。最近又有一种所谓任意补强的观点：一方面认为共犯攀供属于证人证言的性质，另一方面又注意到仅凭共犯之间口供的相互印证进行定罪的危险性，并根据实践经验，主张根据口供可靠性的不同将共犯的攀供分为两种情况，对于一些同案被告人攀供可靠性比较强的案件不主张予以补强，而对于同案被告人攀供可靠性不强的证据主张进行补强。[2]

随着时间的发展、理论研究的深入，学界对于共犯关于非本案犯罪的检举揭发问题已经达成了共识，即属于证人证言的范畴，但共犯内部之间对于共同犯罪或牵连犯罪的检举揭发的性质这个问题仍然没有得到解决，断断续续的有学者发表文章进行争论。基本的分歧还是集中于以上三个方面，而且坚持第一种观点的基本上是理论研究的学者，坚持第二、三种及所谓任意补强观点的基本上是司法实践部门以及他们的学者。司法实践部门由于自身所处的特殊位置而占有的资源优势，在司法实践中将共犯之间的检举揭发基本上当成证人证言来使用。

这种观点的争论从一定程度上讲是理论与实践的冲突，是法律制度的模式与现实世界的多样性的矛盾。坚持不能将共犯之间检举揭发当做证人证言来使用的学者，主要的理由是："①在刑事诉讼中，有关人员就案件事实向司法机关所作的陈述，是属于哪种形式的证据，主要取决于他们在诉讼中的地位……犯罪嫌疑人、

---

〔1〕 崔敏主编：《刑事证据理论研究综述》，中国公安大学出版社1990年版，第141页。

〔2〕 谭劲松："我国口供补强规则研究"，载《法律适用》2003年第5期。

被告人所作的陈述叫犯罪嫌疑人、被告人的供述与辩解；与案件处理结果无利害关系的公民所作的陈述叫证人证言；②如果把同案犯罪嫌疑人、被告人的陈述当做证人证言，某些司法人员就可能借此规避我国《刑事诉讼法》第53条的规定，仅仅根据犯罪嫌疑人、被告人和同案犯罪嫌疑人、被告人的口供定案"[1]。可以说学者的主要理由是法律设定的限制，即我国实行的证据法定制度，《刑事诉讼法》规定的只有7种证据，而共犯之间的检举揭发只能归入犯罪嫌疑人、被告人供述与辩解中，并且出于对共犯之间的检举揭发可信性的担心，坚持1996年《刑事诉讼法》第53条规定应严格执行，不能任意适用。而主张共犯之间的检举揭发属于证人证言观点的人则基本上是认为：基于共犯之间检举揭发所具有的特殊的证明力，比如共犯了解案件的全过程，能与被告人的口供形成对照，虽然有的案件没有其他证据，但是在排除共犯之间的串供和审讯中发生过指供、诱供、逼供等行为的可能性以后，通过共犯口供的相互印证，完全可以定案。第三种观点与第四种观点所持的理由基本与第二种观点一样，都是认为经过法官的仔细调查是可以排除使用共犯攀供的危险，因此在必要的时候可以不受《刑事诉讼法》第46条的约束，比如说将共犯攀供当成是证人证言或者认为这些案件可以任意补强，从而达到仅凭共犯口供相互印证而定案的目的。

共犯的攀供若以犯罪嫌疑人、被告人的供述和辩解的证据形式出现，就可以与被告人的口供相互印证，从而达到增强法官对于被告人口供心证的作用。在这种情况下，共犯攀供在实际上已经起到了证据证明的作用，但实务界为什么坚持认为不能因为共犯攀供存在虚假的可能而因噎废食，并且坚持认为应当将共犯的攀供理解成证人证言呢？可见真正的问题所在不是共犯的攀供能

[1] 陈一云主编：《证据学》，中国人民大学出版社2000年版，第373页。

不能作为证据使用，而是应当作为哪种证据形式使用的问题。而问题的直接来源就是《刑事诉讼法》第 53 条关于仅有口供无法定案的规定。因为在实践中存在许多这样的案子：犯罪的时间比较早，当案发以后只有共犯的口供可以相互印证，而几乎无任何其他有力的证据可以查找；或者是一些涉及性犯罪的案件，被害人不配合侦查机关取证的，而只有共犯之间的口供可以相互印证；还有受贿、行贿案件，除了当事人以外没有第三人。这些案件基本上都是犯罪嫌疑人、被告人投案以后或者通过其他案件透露的蛛丝马迹而得以侦破的，审判人员在经过仔细核查，排除了串供、诱供、指供以后，认为根据共犯之间口供的相互印证，可以排除其他可能性而认定案件的真实情况。但是假如将共犯的攀供理解是被告人、犯罪嫌疑人供述或辩解，则根据《刑事诉讼法》第 53 条的强制规定是无法定案的。在这种情况下，基于一种社会的责任感和工作的使命感，司法机关就会规避法律规定，而将共犯攀供理解成为“证人证言”。至于任意补强的观点，该观点一方面认为共犯攀供属于犯罪嫌疑人、被告人口供的范畴，但认为在这种情况下口供补强不是绝对的，可以任意补强，也就是可以补强也可以不补强，根据案件的具体情况而定。这种观点实际上是前几种观点的发展，但是从本质上讲还是出于规避《刑事诉讼法》第 53 条的目的。该学者的论述就集中的体现了这么一点：“能否定案的关键在于判断这类案件是否还需补强证据。但此时判断的依据不是强制补强规则（这是作者对《刑事诉讼法》第 53 条的称呼）而是口供可信程度，即这种情况不在强制补强之内，而属任意补强。……仅从形式上遵守《刑事诉讼法》规定，而忽视刑事诉讼本质和案件实体真实，刑事诉讼目的就难以实现。《刑事诉讼法》应当遵守，但在具体案件中，须从实际出发，做到刑事诉讼形式与实质、过程合法与目的实现相统一。”[1]

似乎可以这样说，对于共犯攀供性质的争论实际上转化为是否对《刑事诉讼法》第53条作灵活理解的争论，换一种方式表达也就是对能否规避《刑事诉讼法》第53条强制规定的争论。结果变成：学者坚持刑事诉讼法的原则，认为司法不能规避法律，而实务工作部门坚持认为，第53条的规定过于绝对，在实践中阻碍了司法部门追诉犯罪的活动，因此应当从《刑事诉讼法》的目的出发，灵活理解《刑事诉讼法》规定。

（三）本书的观点

在自由心证的大背景下，理论上任何进入审判程序的证据的证明力都依赖于法官的自由判断。但实际上在各国的法律中仍然保留了一些对证据证明力的强制性规定，其出发点是为了保证对证据的公正评价，或者基于各种刑事政策的需要，或者仅仅是法定证据制度的一种遗留。我国《刑事诉讼法》第53条就是对口供证明力的极大限制，使得口供在没有其他证据补强的情况下不能单独成为定案的证据，即所谓口供补强规则。这种特殊的限制是基于一定刑事政策的需要，即在我国特殊的社会历史环境下起到防止偏重口供和间接防止刑讯逼供的作用。这种刑事政策的设定在很大程度上体现了立法者对于司法者理性的一种怀疑，对于司法者自由裁量的一种约束。口供补强规则的设立是为了防止口供证据的虚假性，从而对口供的证明力进行补充。但是补强规则作为一项法律制度设立以后，它的存在并不是单纯的补充口供的证明力，而是成为一项定案的制度，也就是说即使口供被法官确认为客观无疑的情况下，它仍然需要被补强。从这个意义上讲，补

---

〔1〕崔敏主编：《刑事证据理论研究综述》，中国公安大学出版社1990年版，第141页。

强规则在一定的意义上脱离了口供本身的证明力的限制，成为一个独立的法律规则。在立法对于司法理性的怀疑和口供补强规则成为一项独立的法律规则的情况，任何法官不能凭借自身的判断来规避立法的规定。

可以说在我国现有的立法体系和其所体现的刑事政策下，学者们的看法和担忧是完全正确的。既然法律的强制性规定是立法出于对司法的一种不信任，那么司法实践部门显然不能以自己对于案情的判断来规避这条规定。因此在现有法律体制下，将共犯攀供理解为证人证言，并试图规避《刑事诉讼法》第 53 条关于仅有口供无法定案的规定是不正确的。

同时问题的另一方面是，在现有的刑事诉讼法律规定下，将共犯攀供严格的理解为犯罪嫌疑人、被告人供述和辩解，是否又具有完全的合理性呢？实践证明，共犯之间的检举和揭发实际上具有很大的证明作用。特别是在司法机关没有掌握犯罪事实的情况下，一些犯罪嫌疑人主动招认并揭发其他同案犯，根据其招认抓获同案犯，同案犯对此供认不讳，并与之前被抓获的犯罪嫌疑人口供形成相互印证，可以说这一类的共犯攀供的可信性是十分强的。那么根据现有法律规定，在没有其他证据的情况下，仅有犯罪嫌疑人、被告人供述和辩解是无法定案。我国《刑事诉讼法》第 48 条规定可以用于证明案件事实的材料都是证据。而对案件真实情况具有很大证明作用的共犯之间的检举和揭发却在理论和实践中处于这么一个尴尬的境地。

理论工作者有他的理念追求，有他的法律原则，实践工作者则更多地从功利的角度去理解和执行法律。公说公有理，婆说婆有理。这种理论与实践的矛盾从很大程度上体现了法律规则机械性与客观世界多样性之间的矛盾。可以说在现行的刑事诉讼体制内，对这种问题的争论也没有多大的意义。现实的做法是重新审视《刑事诉讼法》第 53 条的规定，重新评价这种简单而刚性的规定是否合理。假如以一种更现实的方法思考这个问题，即现实的司法实践实际上是寻找各种理由利用共犯之间的口供互证定案，甚至仅仅凭共犯攀供定案，与其否认现实，不如有效的对之进行规制。因此，我们可以考虑对《刑事诉讼法》第53条规定进行细化、优化，明确地规定共犯攀供的使用规则，协调理论与实践的矛盾，规制实践的各种做法，从而达到抑制共犯攀供的不利方面，并充分地发挥共犯攀供证明力的作用。当然这是从一种制度的设计、立法建议的角度来思考这个问题。

（四）攀供制度的设计

在设计新的制度之前，我们先看看世界各国，特别是存在证据或口供补强的国家、地区是如何解决这个问题的。

在普通法系国家由于不实行证据法定主义，因此也不会受到证据种类的困扰。任何有利于证明案件事实的证据只要不被证据排除规则所排除，都能进入法庭，发挥证明作用。由于在普通法系，共同被告的庭前口供，不论是有利于还是不利于被告，都属于传闻证据，因此也不能提交到法庭上来。当共同被告人自我归罪的陈述作为传闻证据的例外而提交到法庭上，而这种自我归罪的陈述中却实际包含有利于被告人的内容，那么这种提出在实际上起到有利于被告人的作用。至于在法庭上的陈述，由于普通法系允许任何知道案情的人以证人的方式作证，甚至于被告人本人都可以放弃沉默权为自己的利益作证，因此共犯也可以以控诉方的证人身份出现，作证反对被告人。但是基于对共犯作虚伪证言、推卸责任或报复被告人的防范，法庭对这种证言的证明力作了一定的限制。英国1994年《刑事审判与公共秩序法》第32条规定，在普通刑事程序中，当陪审团在依据某人提供的，没有得到补强的证据裁决被告人有罪时，仅仅因为该证人有属于下列情形之一，任何法庭必须提醒陪审团其特此取消——（a）该证人被指控为被告人的共犯。[1] 可见在普通法系，法律认可共犯口供（必须通过出庭作证的方式提出）的证明力，只是对于该证据的证明力通过补强的方式予以限制。

日本比较注重被告人反询问权，即当共犯做出攀供的时候，被告人有权行使反询问权，假如共犯以沉默权或反对自我归罪特权拒绝回答时，共犯的攀供不能作为证据。而当共犯没有行使沉默权或在其他的程序中受审，使得被告人对于攀供充分的行使了反询问权，则攀供可以作为证据使用。日本不承认共犯的证人资格，但是当共犯在分离程序中应当以证人的形式进行询问和反询问。以共犯攀供定罪且不受《刑事诉讼法》规定的口供补强规则的束缚，当然大多数的法官在实践中都要求进行证据补强。[2] "当有两名共犯的自白时，采纳补强证据不要说的观点便不存在任何问题。即使采取补强证据必要说，但因两名共犯自白，相互之间可以补强，对于否认有罪的本人，也可以据此认定其有罪。"[3] 由上可见，日本关注的是仅有共犯攀供能不能定案这个问题，对于共犯互证可以定案的观点在日本并不成为一个问题，只要确保被告人的反询问权，共犯的攀供完全可以成为一个补强证据。

我国台湾地区学者讨论的焦点也是仅有共犯攀供能不能定罪的问题。有学者认为"无论单独被告之自白和共同被告之自白，不得作为有罪判决之唯一证据，仍应调查其他必要之证据"，"共同被告不利于己之陈述固得采为其他共同被告人之犯罪事实之认定"，甚至认为共犯与被告人没有利益冲突的或者在其他程序受审

---

〔1〕 何家弘、张卫平主编：《外国证据法选译》（增补卷），人民法院出版社2002年版，第299页。

〔2〕［日］田口守一著，刘迪等译：《刑事诉讼法》，法律出版社2000年版，第257~260页。

〔3〕［日］石井一正著，陈浩然译：《日本实用刑事证据法》，五南图书出版公司1990年版，第315页。

的，可以以证人的身份作证。[1] 也有学者认为：如果共犯在不同程序中受审，则共犯的攀供可以跟证人证言一样直接给被告人定罪，如果在同一程序中受审的共犯，则仅有共犯攀供的案件需要补强，“故共犯系居于证人之地位时，其证言是否真实，虽不能以具结等方式以担保其真实性，仍应受命其对质，当事人、辩护人、代理人或辅佐人于调查证据时之询问，当事人或辩护人之诘问之保障。”[2]

对以上几个国家和地区，特别是日本和我国台湾地区，对于共犯攀供问题理论和做法的介绍，我们可以总结出以下几个方面：①他们关注的焦点是仅有共犯攀供的时候，是否应当进行证据补强，大多数的观点倾向于应当补强；②对于共犯攀供的证据形式不作很多的关注，但都认为应当保障被告人对于共犯攀供的反询问权和共犯的沉默权，对于经过充分的反询问的共犯口供都可以作为被告人的定罪根据，因此他们在证据不足的时候，比较注重将被告人与共犯分开处理，一方面保障被告人的反询问权，另一方面也确保共犯的沉默权；③对于共犯口供相互印证定案，在这几个国家和地区不成为一个问题，既然共犯攀供都可以作为定案的根据，那当然可以作为补强的证据，也就是共犯互证就能定案。

借鉴对以上几个国家和地区做法，以及根据我国的一些司法经验，我们可以对共犯攀供作以下几点设计：

（1）共犯攀供的证据形式。《刑事诉讼法》第53条应当明确共犯攀供包括在犯罪嫌疑人、被告人供述和辩解证据种类之内，并且共犯攀供不能作为证人证言的证据种类。

（2）对于仅有共犯攀供的情形，即被告人不认罪，而共犯认罪并做出攀供，而又无其他很有力的证据的，这种情况比仅有被

〔1〕 蔡墩铭、朱石炎：《刑事诉讼法》，五南图书出版公司1981年版，第150页。
〔2〕 陈朴生：《刑事证据法》，三民书局1979年版，第520页。

告人口供的案件还要复杂，因为被告人的供述在一定程度上是对自己的权利处分，其不真实的危险性只在于控诉部门的违法行为，而共犯攀供不属实的危险性不仅来自于控诉部门的违法行为，而且更多的还来自于共犯的基于报复等心态产生的栽赃行为。因此在定案的时候应当十分慎重，具体有以下几点要求：①共犯攀供作为证据提出必须经过被告人及其辩护人的反询问。由于共犯攀供从本质上讲区别于被告人自己的口供，因此对于这个类似于证人证言的证据必须经过被告人及其辩护人的反询问，或由被告人与之对质。假如被告人在反询问的时候保持沉默或拒绝对质的，则该证据不能使用，适当的时候可以考虑分开程序中进行审判，以同时确保被告人的反询问权和共犯的沉默权。②仅有共犯攀供的不能定罪，必须进行必要的补强，而且主张绝对补强，补强证据必须能将被告人和案件联系到一起。

（3）修改《刑事诉讼法》第53条规定，明确规定共犯互证的定案规则，该规则应当包括以下内容：其一，必须是共犯或被告人自首的案件，而且控诉机关是在其自首以后，根据口供才查获其他被告人，且他们之间的口供相互印证（实践中被告人或共犯先供述，侦查机关后掌握犯罪事实并抓获同犯的，且同犯又供认不讳的，这种情况一般能排除虚假或刑讯逼供的可能）；其二，共犯的攀供必须在法庭上做出，共犯在法庭上翻供的，不能定案；其三，对于共犯互证的，免除证据补强的要求；其四，对于先发现案情，后抓获犯罪嫌疑人的，共犯之间虽然口供互证，仍不能定案，必须按照普通的口供补强规则进行补强。

三、被害人陈述的正当性问题

（一）问题的提出

在我国刑事司法领域，刑事追诉的强职权色彩是一个不争的事实，公安、检察机关基于刑事追诉的需要随意选择性收集证据，随意剪裁证据，几乎成为惯例。随着证据裁判主义在我国法学理论和司法实务中日益得到认可及确立，[1] 建立一个完善的证据规则已经成了学者们日趋靠近实现的梦想。或许基于问题严重之先后以及解决难度之难易，在过去的研究和立法努力中，大致呈现出这样的侧重：主要集中于对人证的研究和规范，而较少涉足实物证据；其中对于人证的关注又集中于犯罪嫌疑人、被告人供述与辩解和证人证言，对于法定证据种类之被害人陈述则较少关注。刑事被害人往往被视为控诉方之一员，与刑事追诉机关有共同的利益，刑事被害人陈述自然被视为是天然应有利于追诉犯罪的证据，因此似乎对于被害人陈述的审查认定应该更侧重排除其夸大犯罪事实乃至于诬告陷害的可能。[2] 然而，司法实践并不总是或者说常常不是按照构想和安排进行的，无论如何被害人都是一个有着自身独立利益、独立思维、独立情感、独立诉请的活生生的

〔1〕 有学者认为，2010 年 6 月 13 日两高联合颁布的《关于办理死刑案件审查判断证据若干问题的规定》标志着证据裁判原则在我国的正式确立，其第 2 条明确规定："认定案件事实，必须以证据为依据"。参见陈光中："刑事证据制度改革若干理论与实践问题之探讨"，载《中国法学》2010 年第 6 期。

〔2〕 这一点我们的大多数教科书在有关被害人陈述审查部分的阐述中都有所表现，具体可见刘玫主编：《刑事诉讼法》，中国政法大学出版社 2008 年版，第 236 页；陈卫东主编：《刑事诉讼法》，中国人民大学出版社 2008 年版，第 153 页；陈一云主编：《证据学》，中国人民大学出版社 2010 年版，第 239 页。

自然人[1]，代表国家的刑事追诉机关的意见和倾向也并不能总是与被害人的意愿相符。被害人非常有可能做出与刑事追诉机关意愿完全相反的陈述，这是追诉机关非常不愿意看到的事情，尤其是在被害人后次陈述与先前陈述意见相反的情况下。那么面对这种局面，追诉机关会如何处理？

> 在北京大学学生陈伟强奸前女友缪某的案件中，缪某推翻先前陈述，多次向公安、检察机关递交情况说明，否认被强奸，结果被海淀警方以涉嫌伪证罪刑事拘留，在“经过公安机关的教育和一晚上的反思”后，称她以前写的不是强奸的情况说明错了，不是她的真实意思表示，“认错”之后，缪某随即被取保候审[2]，在警方的帮助下，缪某重新找到了“被害人”的身份和感觉，而陈伟则被判强奸罪成立，判处有期徒刑4年。2010年9月被发现的一起错案中，商丘柘城县公安局刑警大队副大队长余鹏飞隐匿能够排除强奸嫌疑的DNA鉴定结论，造成嫌疑人被错误追究刑事责任，1人死缓、2人无期、2人15年有期徒刑的严重后果。而且在该案中，我们同样看到了被害人两次不同的陈述：在一份笔录中，被害人说没有看清被告人，而后面却又说看清了并辨认了出来。[3] 在河南沁阳张永永涉黑团伙犯罪案件中，遭到抢劫赌资的受害人不但没有觉得大快人心，反而认为“他有点冤，对他有点同情”，他本不愿作证，是警方找了他三四个月，反

---

〔1〕 作为证据法中被害人陈述的被害人仅指自然人而言。

〔2〕 黄秀丽：“公权力作伪证：无人追究，无法追究”，载《南方周末》2001年1月27日。

〔3〕 戴爽：“河南男子因警察藏匿证据被以强奸抢劫罪判死缓”，载《中国青年报》2010年9月9日。

复做工作，他才答应了。[1]

在这些案件中，我们都可以看到被害人意愿与公诉方意愿相反的情形，并且最终据以定罪的被害人陈述往往是在控诉方反复做工作，甚至以刑事追诉为手段威胁下所取得，追诉方在其中勾兑了符合控诉要求的内容，也勾兑了公权力机关的意愿。当然，近现代法学理论中犯罪已经不再被单纯地看做对被害人个人的侵害，对国家利益的侵害被放到了更重要的位置，因此刑事纠纷已无私了之可能。所以，无论被害人意愿如何，都必须以事实依据决定是否进行刑事追诉。那是否被害人意愿就可以完全为追诉机关所忽略呢？不是。因为：其一，在一些案件中，被害人意愿本身就是侵害人行为是否构成犯罪的依据，最为典型的就是性侵害案件；其二，基于被害人意愿的被害人陈述是法定的证据种类，是司法裁判所赖以作出的重要依据，这对于那些被害人意愿并非构成犯罪依据的案件来说，被害人陈述与证人证言一样仍然是事实认定的重要证据。

（二）对被害人陈述制度存在问题的简单梳理

被害人陈述是被害人对于其所感知的案件情况的客观陈述，任何对于被害人陈述的干扰都是对该证据的污染，都会使其真实性大打折扣，从而影响其证明力。在这些案件中，我们能够非常清晰和深刻地感受到刑事追诉机关迫切的追诉心理。被害人处于辅助追诉犯罪的地位，他们必须按照追诉的需要提供证词，而未必是自己的亲见或者亲受，否则他将面临来自公权力的巨大压力，甚至有可能被追究刑事责任。

---

〔1〕 黄秀丽：“被圈定的‘黑老大’到底有多黑?”，载《南方周末》2010 年 3 月 17 日。

隐匿DNA鉴定结论的刑警大队副大队长余鹏飞受到了刑事追诉，但是可以肯定这只是一个迫于舆论强大压力和手段特别恶劣、后果特别严重的个案，其他手段、后果不是那么恶劣、严重也未能进入公众视野的案件，则如愿以偿地按照追诉方的意愿推进，无论被害人意愿如何，被告人都被顺利地追究了刑事责任。然而，被害人有苦难言，亦不敢言，这正是此类行为的可怕之处，因为追诉机关目的正当——为了惩罚犯罪、维护稳定；追诉机关手段正当——做被害人的工作让他们不必害怕、大胆陈述本就是他们的职责，即便是前后陈述不一致祭出刑事追诉的狠招也是合乎法律的，如果以后次犯罪嫌疑人无罪陈述为准，那你前次犯罪嫌疑人有罪陈述当然涉嫌诬告陷害了。可是怎么我们都觉得有问题，因为我们强烈地感受到了公权力对被害人意愿的强迫。

证据存在的意义是为了尽量发现和靠近客观真实，然而所有的证据都不可避免地夹杂有人的主观因素，那么主观因素越是较少地影响客观因素的证据就越是有助于裁判的证据。就被害人陈述而言，如前文所述，至少存在两种不同的主观因素会直接影响陈述的客观性：被害人的意愿、追诉机关的意愿。若二者意愿一致，如都不愿意追诉犯罪，那么好处在于不至于冤枉好人，但坏处在于有可能放纵犯罪，尤其是在被害人意愿本就是犯罪构成认定的依据的犯罪中，或者在被害人受到威胁或私了的利益诱惑时；如都迫切希望追诉犯罪，那么好处在于放纵犯罪的可能性会减少(但绝不会杜绝)，坏处在于有可能冤枉好人，此类情况同样容易出现在被害人意愿本就是犯罪构成认定的依据的犯罪中。若二者意愿不一致，如被害人希望追诉，追诉机关意愿放弃追诉，那么按照现行制度设计多数情况被害人难以实现追诉目的(《刑事诉讼法》对于刑事立案的监督规定乃一纸空文，这早有充分论证)；如被害人意愿放弃追诉，追诉机关希望追诉的情形，多数如前文案例所述，被害人不得不听任追诉机关的安排、勾兑，最后遂了公权力的意。仔细想来，这些分类分析中，有一方的意愿是从来没有被违背过的，就是追诉机关的意愿。

通常理解，按照我国《刑事诉讼法》的立法设计，刑事追诉机关既要收集有罪证据同时又要注意收集无罪证据，以防止冤假错案。若是追诉机关真能如我们的制度安排一样，以事实为依据，实事求是，从客观出发去调查取证，倒也无妨。然而，现代刑事诉讼职能理论以及司法实践已经否定了这种集双重、相反职能于一身的可能性，追诉机关总是倾向于有罪证据而忽视、无视无罪证据。并且，实践中总是有着种种因素（如维稳的政治任务）影响着他们的意愿，迫使他们去勾兑证据，远离客观，远离事实。然而，我们说，如果证据制度设计合理，即便如此也不必担心：其一，帮助裁判靠近真实的并不只是控诉方一方，出于脱离不利局面的迫切心理，辩护方会从相反的角度去对抗、质疑、证明（尽管辩护方无举证责任，但若能证明无罪显然更为有利，尤其是在当下我国尚无程序辩护可言的情况下）；其二，根据《刑事诉讼法》及相关司法解释，非法取得的证据不能作为定案的依据，经过追诉机关恣意勾兑的证据应该被排除在法庭之外；其三，即便进入了法庭，辩护方还有一道防线，就是交叉询问，通过交叉询问，自然可以最大可能地揭开真实的面纱。然而，悲剧的是，这些我们都没有。基于篇幅和意旨，我们无意追究这些负有调查和追诉犯罪职责的公权力机关公然妨害、勾兑被害人陈述背后的原因，这是个老生常谈的问题：帕卡的犯罪控制模式，为了控制犯罪可以置程序违法而不顾，也是工具主义的体现，人只是作为维护社会稳定的工具，当然更是我国“重实体轻程序”的表现，若不是办了错案，余鹏飞也不会受到刑事指控。那可能是更为宏观和更为微观的层面的任务，本书的研究目的仅在于从中观的层面进行制度分析。这些分析建立在一个前提下，即假定所有的类似案件都不存在腐败行为，假定所有的公权力机关工作人员都是善的。因为再好的制度设计都无法防止“恶”人作恶，法治从来都是中人之治。[1] 我们选取的是证据制度的视角，因为被害人陈述是法定证据种类之一种，被害人陈述被污染的情况之所以被忽略，证据制度肯定要承担一定的责任，在后文中，我们将对这些问题进行深入分析，并提出相应建议。

（三）被害人身份及职能对被害人陈述的影响

1. 被害人不同诉讼身份所带来的紧张关系

“程序是一种角色分派的体系。程序参加者在角色就位后，各司其职，互相之间既配合又牵制，恣意的余地自然就受到压缩。程序规定的内容在很大程度上是一种角色规范，是消除角色紧张（role strain），保证分工执行顺利实现的条件设定。”[2] 角色决定行为，决定其参加诉讼的目的，角色的正确定位是程序公正的开始。在刑事诉讼中，一般而言，某一主体不应同时担任两个以上的角色，否则便会发生角色冲突和紧张，便会给审判带来不公或者难以解决的混乱，最为典型的便是“自己做自己法官”情况，一个人如果同时担任当事人和裁判者的角色必将影响公正（无论是实质还是形式）。对于被害人的角色担当或者我国《刑事诉讼法》给予其的角色分派就存在这种紧张关系。在我国，被害人的角色有两个，当事人和实质上的证人。前者自不待言，后者亦早有观点认为被害人陈述是广义上的证人证言。[3] 从实质上看，被害人陈述与证人证言都属于人证、言词证据，都是知晓案情的自然人针对案件事实进行的陈述（证明），在很多国家的刑事诉讼

---

〔1〕 舒国滢、程春明：“西方法治的文化社会学解释框架”，载《政法论坛》2001 年第 4 期。

〔2〕 季卫东：“程序比较论”，载《比较法研究》1993 年第 1 期。

〔3〕 孙孝福、兰耀军：“被害人陈述之比较研究”，载《法学论坛》2004 年第 3 期。

中，也未对二者作出明确区分，都归为证言一类。二者的最大区别就在于主体不同，一个是犯罪行为的受侵害者，一个是与案件无涉的知情人。仅仅因为内容、形式相同的信息从不同角色的人的嘴中说出来就给予不同的分类，这从理论上来看确实是很难成立的。裴苍龄先生将证据只分为三类，物证、书证和人证，[1] 被害人陈述、证人证言都是人证，也即“特定人的陈述及其所陈述的、同待证事实相关联的事实”。我们虽然未必有足够的勇气认可这种分类，但其实就算是立法也承认（至少部分承认）被害人陈述是实质上的证言的说法，因为我国 2012 年《刑事诉讼法》第 125 条规定地非常清楚，“询问被害人，适用本节各条规定”，而“本节”为“第三节询问证人”；再如，两院三部颁布的《关于办理死刑案件审查判断证据若干问题的规定》第 17 条亦明确规定，“对被害人陈述的审查与认定适用前述关于证人证言的有关规定。”因此无论从被害人陈述的取得还是审查认定上，我国实际上都认可这种实质上证言的说法。而被害人的这种角色紧张直接反映在程序中的问题便是：

第一，其陈述的客观性因此降低，进而影响其证明力。被害人是案件当事人，与案件的处理结果有着直接的利害关系，因而比无利害关系的证人更加容易将一些主观的因素（如对犯罪的控诉和主张）掺杂在其陈述中。被害人作为当事人有权利参与审判的整个过程，因而其陈述实际上是处于一个不断修正的过程中[2]，尤其是被害人有权利参与到法庭的质证过程中，并有权以发问的方式进行质证，那么根据庭审情况和其他证据被害人随时修正自己的陈述使其朝着有利于自己（而未必是客观）的方向发展就大有可能了。而为了保证证人证言的可靠性，防止其产生预断或者

〔1〕 裴苍龄：“论证据的种类”，载《法学研究》2003 年第 5 期。
〔2〕 欧卫安：“被害人陈述与证人证言区别论”，载《河北法学》2009 年第 1 期。

受到庭审因素影响，证人只有在作证时才出现在法庭上，作证结束后必须退出法庭。因此，客观地说，证人证言要比被害人陈述更为客观、稳定。从证据的证明力上，被害人作为当事人本就已有过多主观倾向，加之庭审中的随机应变，一定会使其证明力大大降低。

第二，对其陈述的交叉询问产生障碍，公正性存疑。1996 年《刑事诉讼法》修改以来的庭审方式改革，在对人证的质证方式上引入了英美对抗制庭审中的典型的人证调查方式——交叉询问制度，强调控辩双方对证人进行言词询问，由提出证人的一方进行主询问，另一方进行反询问，并交替进行，以达到当庭查明证言真伪的效果。[1] 交叉询问制度真正建立的前提是一系列细致的规则（如询问规则、禁止诱导性提问规则、意见证据排除规则、异议规则、反对复合提问及混乱性问题规则、相关性规则等[2]）的明确确立及一系列证据制度（如证人强制出庭制度、证据开示制度、律师辩护制度等）的完善，然而我国刑事诉讼如上制度、规则皆处缺位，导致交叉询问基本流于形式。就角色和职能分配而言，交叉询问实际上依赖于一个二元主体（控方与辩方）[3] 的架构，交叉询问由控辩双方律师主导，无论被害人还是犯罪嫌疑人都只是控辩双方的证人，是交叉询问的对象而非主体，如此才能真正实行所谓主询问、反询问、再主询问、再反询问这样的交叉。否则询问主体多元就会造成混乱。被害人在我国属于当事人，按照现有规定，公诉人提出证人并进行主询问后，被害人及其代理人经审判长准许也可以向证人发问，那么混乱随即产生，这个

---

〔1〕 吴丹红：“交叉询问制度的中国问题”，载《西部法学评论》2008 年第 1 期。

〔2〕 陈卫东、王静：“我国刑事庭审中交叉询问规则之重构”，载《人民检察》2007 年第 22 期。

〔3〕 龙宗智：“我国刑事庭审中人证调查的几个问题”，载《政法论坛》2008 年第 5 期。

询问是否是主询问，是否需要遵循主询问所必须遵守的禁止诱导性发问规则?[1] 由于被害人是独立的当事人，检察机关提出的证人当然并不是被害人提出的证人，是否能把被害人的询问定义为主询问？如果笼统地也将其归为主询问，那辩护方是针对公诉人的还是被害人的询问进行反询问？我们知道美国实务界公认：一般案件，其输赢“决战”在主询问，完美的主询问应不留下任何疑点以给予对方反询问的机会，可能遭致反询问的疑点必须在主询问中厘清。[2] 若公诉人和被害人一个主询问比较完美，一个漏洞百出，以谁为准？谁要为此承担不利后果？在之后的再主询问中同样的问题依然存在。

当然，被害人同时作为当事人和实质上的证人，其本身即会给庭审造成不公正的印象。作为证人，在出庭作证、接受询问之前本就应该隔绝于其他证据（尤其是其他人证），如此方能确保其证言的证明力不受到污染。而作为当事人，被害人势必有权利参与庭审的整个过程，尤其在主询问和反询问中能够得到足够多的信息量，会自觉不自觉地修正其陈述的内容使之与其他有利于己的证据更加吻合、合理，当然也更易于被裁判者接受，这当然会影响到裁判的公正性。

2. 被害人的控诉（或者辅助控诉）职能导致其自由陈述受到限制

被害人有无陈述的自由，这在英美法系国家和大陆法系国家存在一定的分歧，在英美法系国家和日本，通常对包括被害人在

〔1〕 陈岚：“我国刑事审判中交叉询问规则之建构”，载《法学评论》2009 年第 6 期。

〔2〕 陈健民：“美国刑事诉讼中交叉询问的规则与技巧”，载《法学》2004 年第 4 期。

内的证人（亦称为“知情人”或者“潜在的证人”[1]）秉承任意侦查的原则，也即对于包括被害人在内的知情人没有强制调查的权力，对于知情人来说，没有配合调查的义务，日本甚至规定对知情人的调查适用调查犯罪嫌疑人的规定，但不适用告知沉默权的规定。[2] 当然，并非没有例外，这个例外的强制取证的理由便是社会安全受到紧迫的威胁，如英国在面对严重诈骗案件时，严重诈骗案件侦查局就有强制知情人提供情况和强制调取有关部门文件的权力，但亦有前提规定，即由此获得的证词或文件原则上不得在以后的诉讼中用作不利于该提供证词或文件的人的证据。[3] 另外，对非此类严重威胁社会秩序的犯罪，若必须提供知情人的证言，则强制权力不在侦查机关，而在法官，只有在法庭命令下，知情人才具有作证的义务。大陆法系国家虽亦赞同任意侦查为主的侦查原则，但在人证的取得上仍然将被害人与普通证人一样对之实行强制询问。我国也秉承此传统，按照通常理解，被害人承担有控诉（亦有学者称为辅助控诉）职能，因而其在刑事诉讼中存在的最大功利价值就是和公诉人一道（或者辅助公诉人）对被告人进行控诉、证明犯罪成立、提出惩罚要求。由此，被害人必须配合侦查机关的调查取证，配合公诉机关的公诉。2012 年《刑事诉讼法》第 52 条中明确规定，“人民法院、人民检察院和公安机关有权向有关单位和个人收集、调取证据。有关单位和个人应当如实提供证据”。这是对询问证人的规定，但第 125 条同时规定了也适用于询问被害人。因此，在我国被害人如实陈

---

〔1〕 欧卫安：“论被害人陈述的审前调查“，载《西南大学学报》（社会科学版）2009 年第 4 期。

〔2〕［日］松尾浩也著，丁相顺译：《日本刑事诉讼法》（上），中国人民大学出版社 2005 年版，第 54 页。

〔3〕 孙长永：《侦查程序与人权：比较法考察》，中国方正出版社 2000 年版，第 178 页。

述确是其义务。

那么，对被害人陈述的取得，是任意侦查恰当还是强制侦查恰当？或许强制侦查的理由在于：其一，现代犯罪理论已经不再仅仅视犯罪为对个人的侵害，国家亦是被害人，因此国家为打击犯罪、维护社会秩序的需要而有强迫被害人陈述的要求；其二，出于查明事实真相的要求，只有作为受侵害的被害人配合，真相才更容易被发现。实际上，这两个理由都是未必成立的，国家担心被害人出于怜悯、同情（如本书案例张永永涉黑团伙犯罪中受害人对张永永的同情）、受到威胁、受到利益诱惑而私了，实际上追诉机关担心无法取得的并非是证据理论上所言之被害人陈述，而是被害人对犯罪的控诉。被害人所做的言词叙述中，一般包括三个内容：对犯罪的控诉（对犯罪进行追诉的要求和愿望）、被害人陈述（对自己所感知的事实的描述）和被害人的主张，其中只有对自己感知事实的描述是被害人陈述，其余二者，控诉和主张皆非被害人陈述。所以从这个意义上讲，追诉机关担心的只是被害人不控诉而非不陈述。在这一点上，其实即便被害人不控诉，只要追诉机关有证据证明有犯罪发生并且需要追究刑事责任照样可以进行立案侦查，进行犯罪追诉，这是国家公诉垄断的自然要求。那么被害人陈述是否必要实际上就不再是一个是否追究犯罪的问题，而都集中于第二个理由，即出于查明真相的要求。就真实性而言，自然，自愿陈述要较之被迫陈述更为客观，掺杂的主观因素更少，更有利于接近案件真实。从固定证据的角度来看，被迫陈述更不容易被固定，因为受到强迫、非其本意，被害人就更容易改变陈述，如北大学生强奸案，被害人改变初次陈述其实就是这种心理。当然，追诉机关最为担心的是在庭审中被害人突然改变陈述，因此我们在这个案例中看到侦查机关为固定证据采取了并不正当的手段，以刑事追诉相威胁。另外一点，被害人陈述因其主体为被害人而有其特殊性，因为其受到了犯罪的侵害，若在侦查中又受到侦查机关的强制，被迫陈述，尤其是受到刑事追诉的威胁与强迫，那就是对被害人的“二次伤害”，于人情上亦难说通。所以，我们基本可以作出判断，对被害人陈述的取得，任意侦查要较之强制侦查为优。

（四）新近立法对被害人陈述的影响

无论实际上能否起到作用，非法证据排除规则的存在价值之一就是期望它能够对警察违法发挥威慑作用，[1] 起到遏止公权力机关在取证中侵犯公民基本权利的行为。非法证据排除规则当前已经作为程序正义的标志性规则被全世界所确认。[2] 我国《刑事诉讼法》和相关的司法解释早就有关于非法言词证据排除的相关规定，但由于诸多原因这些规定基本流于形式。2010年6月两院三部联合发布了两个证据规定，对排除非法证据的问题作出了较之以前更为系统的规定。这两部法律文件的颁行，标志着我国非法证据排除规则的框架结构已经初步形成。[3] 《两个证据规定》关于非法证据排除规则的规定主要集中于犯罪嫌疑人、被告人供述，对于违法取证形式、后果、审查主体和阶段、证明责任分配等进行了较为全面的规定，虽然仍然存在一些问题，但相比之前的粗糙规定已经有了长足的进步。唯对证人证言及被害人陈述的非法调查行为，《两个证据规定》着墨着实不多。在非法取证形式上，规定“采用暴力、威胁等非法手段取得的证人证言、被害人陈述，属于非法言词证据”。在违法后果上，规定“经依法确认的非法言词证据，应当予以排除，不能作为定案的根据”。在审

〔1〕［美］约书亚·德雷斯勒、艾伦·C. 迈克尔斯著，吴宏耀译：《美国刑事诉讼法精解》，北京大学出版社2009年版，第376页。

〔2〕陈光中：“刑事证据制度改革若干理论与实践问题之探讨”，载《中国法学》2010年第6期。

〔3〕陈瑞华：“非法证据排除规则的中国模式”，载《中国法学》2010年第6期。

查阶段、主体和证明责任分配上，规定“人民检察院在审查批准逮捕、审查起诉中，对于非法言词证据应当依法予以排除，不能作为批准逮捕、提起公诉的根据；在庭审中，检察人员、被告人及其辩护人提出未到庭证人的书面证言、未到庭被害人的书面陈述是非法取得的，举证方应当对其取证的合法性予以证明”。另外，《关于办理死刑案件审查判断证据若干问题的规定》对取证程序违法予以强制排除和取证程序有瑕疵的“可补正的排除”以及不出庭的证人证言不予认定的具体情形作了较为细致的规定。在笔者看来，对于被害人陈述的非法取得行为的排除至少存在以下没有解决的问题：

第一，何为“威胁”殊难判断。人身伤害当然是，针对犯罪嫌疑人本人或其亲属的重大不利威胁当然也是，[1] 那么北大学生强奸案对被害人推翻先前陈述即予以刑事拘留是否也是威胁呢？表面上看，侦查机关的行为并无不当，被害人第一次陈述行为违背其意愿，由此启动了侦查程序对犯罪嫌疑人采取了强制措施，后被害人以亲笔信形式改变陈述内容承认性行为出于自愿，那么被害人肯定做出了虚假陈述，以伪证罪或者诬告陷害罪追究其刑事责任似乎并无问题。然而，最大的“恶”即在于此，在完全合法的手段和形式掩盖下进行威胁，被害人的感受可想而知——有苦难言。这是一种不正当联接的行为，即将正当手段联接上不正当目的，有违正当程序的原则。某种意义上讲，这种行为之“恶”要远远超过公然的人身威胁之“恶”，因为它摧残的是人们心中的正义观念，污染的是“水源”——公权力行为的目的。对此类违法行为的审查需要非常细致的调查，非常仔细的认定，非专门的调查、听证程序不足以完成。

---

〔1〕 龙宗智：“两个证据规定的规范与执行若干问题研究”，载《中国法学》2010年第6期。

第二，非法手段范围有缩小嫌疑。《两个证据规定》对应当排除的非法获取被害人陈述的手段明确规定为“暴力、威胁等非法手段”，正如陈卫东教授所言，“对于非法手段的列举范围比现行《刑事诉讼法》[1] 第43条的规定还要窄，”[2] 对于1996年《刑事诉讼法》第43条规定的刑讯逼供之外的三种非法手段“威胁、引诱、欺骗”中的“引诱、欺骗”手段是否排除，是否属于“等”的范围语焉不详。2012年《刑事诉讼法》也与《两个证据规定》如出一辙，其第54条规定，对于采用暴力、威胁等非法方法收集的证人证言、被害人陈述，应当予以排除。看起来，立法和司法部门对于是否排除“引诱、欺骗”很犹豫。对于“引诱、欺骗”的取证行为，曾有学者论述过，认为“刑事审讯不可避免地带有欺骗的成分”，欺骗、引诱本就是刑事审讯中不可避免的谋略，[3] 并且美国联邦最高法院也曾在相关判例中容许了这种讯问方法[4]。然而，我们必须明确，首先，这种被容许的“欺骗、引诱”仅仅是针对犯罪嫌疑人的讯问谋略而言，并非针对证人的取证；其次，这种“欺骗、引诱”也并非没有限度，美国联邦法院在判例中的理由是，“警察的这种做法，在我们看来不足以造成对这个自愿供述的否认”，也即，“欺骗、引诱”必须不能造成违背被告人自由意志，否则亦是违法。如前文所述，从各国立法来看，对于证人证言的取得大多以自愿为原则。如果对犯罪嫌疑人合理引诱、欺骗不可避免的理由是出于功利的考虑（为侦查犯罪便利）和由于犯罪嫌疑人是涉嫌犯罪的“特殊公民”有义务忍受一定程度上的不利，那么对于证人（包括被害人）的欺骗、引诱的

---

〔1〕 此处指1996年《刑事诉讼法》。

〔2〕 陈卫东：“中国刑事证据法的新发展——评两个证据规定”，载《证据科学》2010年第5期。

〔3〕 龙宗智：“威胁、引诱、欺骗的审讯是否违法”，载《法学》2000年第3期。

〔4〕 Frazier v. Cupp，394 U. S. 731（1969）.

理由就仅仅在于前者了。所以，欺骗、引诱证人当然也要有界限：首先，欺骗、引诱证人作证必须是必要的，也即该证言是查明犯罪所必需的，并且非采取欺骗、引诱手段无法取得；其次，欺骗、引诱必须是有限度的，即不能剥夺或者抑制被告人的自由意志。超过该限度的欺骗、引诱即应认定为非法，应予以排除，至于是否非法应由司法进行裁量。

第三，非法由谁质疑、谁申请审查尚存较大疑问。如近些年的诸多刑事司法改革举措一样，《两个证据规定》着重关注了犯罪嫌疑人、被告人的权利保障，而对被害人的权利仍然未予以重视。《关于办理刑事案件排除非法证据若干问题的规定》多条（第4~6、12条）反复提到，被告人认为其供述是非法取得的由被告人及其辩护人在相应阶段提出，由此启动“审判之中的审判”——对证据能力问题的程序性裁判。谁受到了违法取证行为的侵害自然谁自己最清楚，也更为迫切地需要救济。但奇怪的是，我们在《关于办理刑事案件排除非法证据若干问题的规定》中看到，提出审查要求的人不是受到侵害的人，未到庭的被害人书面陈述是非法取得的，这要由被告人及其辩护人提出，作为职能、要求、利益对立的辩护方怎么可能知道被害人的陈述是合法取得的还是非法取得的呢？而且，条文中规定的是仅仅是未到庭的被害人的书面陈述，那对于出庭的被害人的书面陈述呢？有没有可能是非法取得的？当然有可能。然而由谁提出审查要求，怎样审查，没有只言片语。

第四，关于被害人出庭作证的问题仍然未能解决。依照我国《刑事诉讼法》的规定，被害人是当事人，可以委托自己的诉讼代理人，被害人可以亲自出席庭审，也可以由诉讼代理人代替出庭。司法实践中，被害人不出庭是一种常态，这就给前文提到的交叉询问造成了很大的困惑，被害人不出庭，对于其陈述就无法实施质证，交叉询问也无法进行，其陈述如何确认就成了难题。

《关于办理刑事案件排除非法证据若干问题的规定》作出了对证人、被害人翻证时的认定规则，即证人（被害人）在法庭上的证言与其庭前证言相互矛盾，如果证人（被害人）当庭能够对其翻证做出合理解释，并由相关证据印证的，应当采信庭审证言。也即以庭审证词为准，初步确立了直接言词原则，然而这就更需要被害人出庭。《关于办理刑事案件排除非法证据若干问题的规定》仍然并未强制所有证人、被害人出庭，仍旧作出了可以不出庭的规定，只是规定了两种情形若不出庭并且书面证言（陈述）经质证无法确认的，不能作为定案的根据：一是人民检察院、被告人及其辩护人有异议，同时该证言（陈述）对定罪量刑有重大影响；二是人民法院认为其他应当出庭作证的。证人、被害人不出庭是我国刑事诉讼中的一个顽疾，很多制度因此流于形式，《两个证据规定》仍未能解决这个问题，不能不说是一大遗憾。而且，笔者至今迷惑的是，为什么需要两个司法解释规定的实际上应该所有刑事案件都应当适用的规则？是为了凸显对死刑案件的特殊关注吗？那么《关于办理刑事案件排除非法证据若干问题的规定》是否就不适用其他非死刑案件了？如果这样的话，那相关制度的缺失就更多了。

（五）被害人陈述制度的完善建议

虽然我们都知道，问题的解决绝非一朝一夕的事情，也绝非单纯的证据制度能够解决，但我们仍然愿意提出这种构想。当然，很多问题学者们都已经探讨和构建得相当深入和完善了，而笔者只是简单重申一下：

（1）修正被害人身份冲突的问题。方法有二：要么取消被害人刑事诉讼当事人的诉讼地位，确立被害人控方证人的地位，同时修正证据分类，将被害人陈述、证人证言以及犯罪嫌疑人、被告人供述都归为人证；要么在维持被害人当事人的诉讼地位以及现有证据分类的前提下，对被害人这个特殊的当事人的诉讼权利、义务进行细致地梳理，尤其要注重保证其陈述的客观性不会因其当事人地位而受到影响。第一种方法最难逾越的障碍也许是被害人的诉讼地位仿佛下降，自 1996 年以来的提升好像出现了倒退。不需讳言的是，当下尽管我们已赋予被害人当事人之名，但实际上并无其实。被害人仍然是一种工具，是公诉方的附庸，并无地位改善可言。这与一国刑事诉讼的价值选择有关，在一个注重人权保障、注重程序公正的制度下，被害人是证人或者当事人都不会有较大的差别，其权利都会得到尊重和保障，而绝非是一个称呼就能够改变的。反倒不如大胆变革，做出有利于公正审判，有利于真相发现的努力。第二种方法是一个妥协，维持现有被害人地位格局不变，但需要承认其实质上的证人身份，那么如果出现了当事人身份和证人身份的冲突，要在庭审中优先选择证人身份。其实，这两种方法的共同之处就在于必须保障被害人陈述这种人证得到合乎程序正义理念的质证和认证，确保其证明力不会受到来自证据以外的因素（如身份）的干扰。

（2）确立人证取得以任意侦查为原则，以强制侦查为例外的取证规则。包括被害人陈述、证人证言、犯罪嫌疑人供述在内，所有的证人证言都应当在保障其自愿提供的前提下做出，这是对人的尊重，也是保证其客观性的要求，同时也是防止公权力任意勾兑证人证言的举措。所有证言，都要由提供者自愿做出，侦查机关原则上无强制取证的权力，但亦有例外：其一，即严重威胁社会秩序的重大犯罪，控诉方有强制询问的权力。但即便如此也不能把此权力赋予迫切追诉犯罪的侦查机关，如陈卫东教授在其《模范刑事诉讼法典》中建议，将此项权力赋予检察机关更为恰当。[1] 其二，若非重大犯罪案件，但该人的证言对证明犯罪为不可缺少时，不妨借鉴日本刑事诉讼相关规定请求法官询问证人，侦查中法官的这种询问，不仅具有强制性，亦具有证据保全含义，[2] 在日后的庭审中可以直接予以采信，同时也避免了翻证的难题。总之，弱化侦查机关的径行强制取证权，应是取证规范的目标。

（3）确立翻证免受刑事追诉为原则，承担刑事责任为例外的规则。为保障证言的自愿、客观，同时防止侦查机关逼取证言的发生，应当确立被害人及其他证人改变证言免受刑事追诉的规则。犯罪嫌疑人、被告人翻供尚且不需要为此承担刑事责任，被害人、证人需要为此遭受刑事追诉，确实无合理性解释。当然，这并不是说被害人、证人的任何翻证行为都不受追诉。对翻证行为应作具体的分析，主要以其翻证目的为依据，若翻证以诬告陷害、窝藏包庇等不正当目的为出发点，则必须追究其相应的刑事责任；若翻证仅因怜悯、同情或者受到胁迫而发生，则不应追究其刑事责任。

（4）明确非法取证行为的审查主体及程序。无论是犯罪嫌疑人、被告人还是被害人、证人，遭遇非法取证都是对其自由意志的侵犯，都有权对此提出控告，并要求审查其合法性。而因其证言面临不利的当事人，若知道取证违法亦有要求审查的权利。审查的主体和程序可以比照《关于办理刑事案件排除非法证据若干问题的规定》对于非法取得被告人供述行为的规定进行制度设计。

（5）强制证人出庭作证，真正实行交叉询问。证人不出庭，关于人证的一切调查手段都未免流于形式。若无法进行真正的交叉询问，书面审理、庭前预断仍然会成为主流。学界关于此论述已多，本章只再次提出，以呼应前文。

---

〔1〕 陈卫东主编：《模范刑事诉讼法典》，中国人民大学出版社 2005 年版，第 243 页。

〔2〕［日］田口守一著，刘迪等译：《刑事诉讼法》，法律出版社 2000 年版，第 84 页。

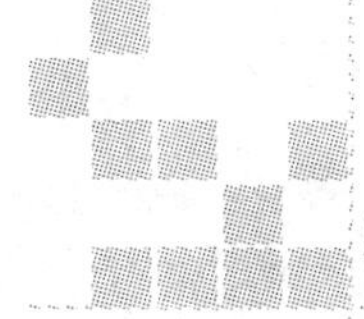

第六章

死刑程序的正当性问题探讨

一、死刑复核的方式正当性——从目的出发

死刑复核是刑事诉讼中的一项特别程序，从程序上来说死刑复核之特别有两点：其一，普通刑事案件在经过两级审理之后，即产生生效判决。[1] 而死刑案件在“终审”判决之后并不算终结，还会进入一个特别的复核程序。其二，理论上作为刑事诉讼程序的一种，作为会直接处分被告人生存权的死刑复核，应当具有诉讼的特征，然而这个特别程序并没有这样的司法性。第二点特别有点不同寻常，因此也招致了学界的一致批评。笔者拟从死刑复核程序的立法目的出发，来对之进行探讨，以图找到一个合理的解释。

（一）关于死刑复核程序的目的

目的，是人对某种对象的需要在观念上的反映，是人在行动

〔1〕 当然这是从普遍意义上来说，特殊案件经过申诉、抗诉等程序可能还会有重审和再审。

之前在观念上为自己设计要达到的目标，目的的实现是一个由主观到客观的过程。[1] 目的解释是法律解释的重要方法之一，目的解释从根本上是向前看的，强调为适应未来而解释法律，强调法条实现时所具有的合理含义。[2] 考察立法目的，对于时过境迁的理论和司法都有着非同寻常的意义，因为我们可以借此来明确立法的历史目的和现实功能的差距，找出目的实现出现偏差原因，从而修正司法方向或者修正目的。[3] 因此，在死刑复核程序的改革前夜，探讨一下死刑复核程序的目的，应该是一件有意义的事情。

1. 死刑复核程序的政策目的

新中国的死刑复核制度滥觞于中国古代自汉唐始贯穿千年封建社会的死刑“详复”、“复奏”。在中国古代，自汉开始，死刑的最终决定权统一由中央行使，一直到清末也未改变，只不过在不同的朝代，负责最后核准的机关和程序略有不同而已。关于死刑复核的历史，学者已有非常详尽的研究和论述，本书即不多赘述，仅拣关系密切之处，以供论述之据。依笔者看来，古代的死刑“复核”，大多由最高统治层——皇帝来直接、最终核准死刑，其直接目的在于限制死刑的适用。封建社会，儒家思想被奉为治国经典，主张“以德为主”，对刑罚的适用强调的是“明德慎罚”、恤刑慎杀。儒家政治思想的核心一曰“仁”（或称德）[4]、一曰“礼”，所谓“道之以德，齐之以礼，有耻且格”。[5] 董仲

---

〔1〕 辞海编辑委员会编：《辞海》，上海辞书出版社 1989 年版，第 1345 页。

〔2〕 ［美］理查德·A. 波斯纳著，苏力译：《法理学问题》，中国政法大学出版社 2002 年版，第 341 页。

〔3〕 因为目的是主观的，影响目的的因素有很多，比如法治环境、政策环境等，昨天的目的并不一定会在今天仍然具有正当性，因而目的有时也是需要修正的。

〔4〕 仁是建立在德的基础上的，孔子曰“五德”，即“恭、宽、信、敏、惠”，有此五德，方“为仁矣”。

〔5〕 杨伯峻译著：《论语释注》，中华书局 1963 年版，第 12～13 页。

舒《春秋繁露·俞序》中言到："霸王之道，皆本仁"，认为王道与霸道是一致的，即都以"仁"为基础。而早在春秋，孔子即曰："能行五者于天下，为仁矣。"哪五行？"恭，宽，信，敏，惠；恭则不侮，宽则得众，信则人任焉，敏则有功，惠则足以使人(《论语·阳货》)。"[1] 因此，儒家思想讲究"仁政"，为仁者，"宽则得众"，"天则任德不任刑也"[2]。儒家理论为封建专制等级特权的统治提供了理论的依据和思想上的指导。[3] 孟子曰："人皆有不忍之心，先王有不忍人之政矣。以不忍人之心，行不忍人之政，治天下可运之掌上"（《孟子·公孙丑上》)。"君行仁政，斯民亲其上，死其长矣。"他说："君仁莫不仁，君义莫不义，君正莫不正。一正君而国定矣"（《孟子·离娄上》)。孟子要求国君行仁政和重民的出发点，都是维护君权。因此，自汉始，儒家伦理被历代统治者奉为神圣，作为统治的思想。"恻隐之心，人皆有之，羞恶之心，人皆有之；恭敬之心，人皆有之；是非之心，人皆有之"（《孟子·告子上》)。由此出发，我们就不难理解，为什么封建君王对判处"草芥小民"死刑这样一个似乎并非属于"军国大事"的正常司法程序如此重视，乃至"三复奏"犹不足，还要"决前一日二复奏，决日又三复奏"。"恻隐之心"，难说未有，然而以此慎杀行为昭示天下，显示其"仁"，进而确保其统治地位的牢固恐怕是最根本的目的。正所谓"内多欲而外施仁义"(《汉书·汲黯传》)。

因此，古代的死刑"复核"其政治目的应当是第一位的，一方面彰显"仁义"，另一方面通过这种复杂的死刑"复核"程序也可以不断突显其无上的皇权。以"灭门知县"之威风、封疆大

---

〔1〕 杨伯峻译著：《论语释注》，中华书局1963年版，第190页。

〔2〕 董仲舒：《春秋繁露》，上海古籍出版社1989年版，第73页。

〔3〕 儒家思想所追求之"三纲"以及"忠"、"天子受命于天"等便为封建帝王的统治找到了理论上的合理依据。

吏之权柄乃至问鼎中枢之九卿三公，仍不能决生死。每次死刑的“复核”、复奏无不在提醒百官，谁在掌握着生杀予夺的大权。笔者认为这两者是封建社会死刑“复核”存在的重要政治目的，虽未明宣，而煌煌昭然。

新中国的死刑复核制度，很难说是否受到了传统的影响。但不可否认的是，在我国，中国共产党对司法的领导并不仅仅是理论的或观念形态的指引，更包括直接的有形管理。我国的法院总是能够及时地并尽最大努力地回应作为执政党的中国共产党在基本路线、方针、政策方面的变化。〔1〕因此，党的政策意图基本可以代表立法意图。可以肯定地说，新中国的缔造者——毛泽东的死刑观对党的死刑政策有着不可估量的影响。毛泽东在《论十大关系》中强调：“一颗脑袋落地，历史证明是接不起来的，也不像割韭菜那样，割了一次还可以长起来，割错了，想改正错误也没有办法。”〔2〕另外，毛泽东认为，死刑一旦滥用，一方面会引起死刑攀比，使刑罚变得没有差别，引发扩大化；另一方面也会失去人们对政权的同情、理解与支持从而丧失人心。〔3〕1951 年，毛泽东明确表示：“杀人不能太多，太多则丧失社会同情”〔4〕。在肃反运动中，针对机关肃反一个不杀的方针，毛泽东指出，这“不妨碍我们对反革命分子采取严肃态度。但是，可以保证不犯无法挽回的错误，犯了错误也有改正的机会，可以稳定很多人，可以避免党内同志之间互不信任”〔5〕。而死刑复核的政策基础也正

---

〔1〕贺卫方：《司法的理念与制度》，中国政法大学出版社 1998 年版，第 42～44 页。

〔2〕《毛泽东文集》（第 7 卷），人民出版社 1999 年版，第 38 页。

〔3〕蔡道通：“毛泽东的死刑观及其现实启示”，载《毛泽东思想研究》2001 年第 2 期。

〔4〕《毛泽东文集》（第 6 卷），人民出版社 1999 年版，第 121 页。

〔5〕《毛泽东文集》（第 7 卷），人民出版社 1999 年版，第 38～39 页。

在这里，[1] 由此，我们可以明确地推出，死刑复核的设立是有其政治目的（或者叫政策目的）的。这个目的便是，通过死刑复核程序来掌握刑罚的张弛程度，调节社会矛盾，维持社会稳定。而进入20世纪80年代，死刑复核权的几次下放，更在另一个层面上证明了这个目的。因为，死刑复核权的从最高人民法院到省高级人民法院的下放，跟我们的刑事政策密切相关，无论这个政策是“严打”还是惩治毒品犯罪。也就是说，如果社会秩序不佳，犯罪猖獗，那么国家的刑罚政策就会适当从严，死刑的核准便会适当从宽；如果社会秩序转好，那么国家的刑罚政策、死刑的核准就会向相反的方向转变。当然，笔者这样论证，并不是对党的司法政策提出质疑。因为，从社会主义国家的政治学基础来看，这样的司法政策是有其理论依据的。我国是人民民主专政的社会主义国家，中国共产党作为最先进的阶级无产阶级的先锋队组织，代表着全体人民尤其是劳动人民的根本利益，党的政策也是人民利益的体现。党的政策（或者说是国家的政策）与法律规则之间的矛盾关系是不存在的，相反应当是一致的。

2. *死刑复核程序潜在的救济目的*

其实无论是中国古代的死刑“复核”，还是目前的死刑复核制度，都存在这样一个潜在的目的，即通过死刑复核来实现对可能存在的错误判决进行纠正，实现对无辜面对死刑（或者不当面对死刑）[2] 的被告人的救济。《魏书·刑法志》记载：“论刑者部具状，公车鞫词而三都决之，当死者部报奏闻，以死者不可复生，惧监官不能平，狱成皆呈，帝亲临问，无异辞怨言，乃绝之。”可见，对死刑案件，封建统治者也担心出错，“以死者不可

---

〔1〕 参见胡云腾等：“论死刑适用——兼论死刑符合程序的完善”，载《人民司法》2004年第2期。

〔2〕 之所以称为不当是因为，某些案件被告人可能并不是“无辜”的，但却是不应当被判处死刑的，也即判处死刑的不当。

复生”，必须“无辞怨言”，方可处决。新中国的死刑复核程序就更加关注防止错误的发生，毛泽东反复强调杀错了人，“想改正错误也没有办法”。可见，在纠错与救济这一点上，古今是相同的。

其实，死刑复核程序的设立，在一定程度上反映了立法者的一种心态，即对司法（或者说是地方司法）的不信任。因为具有纠错功能的程序在刑事诉讼中（至少在条文中）是比较完善的。我们的《刑事诉讼法》中已经设置了二审程序，我们的上诉审不仅要审理法律问题还要审理事实问题，不仅要对控辩双方存在争议的问题进行审理，还要审理没有争议的问题。这样的救济程序难道还不完善？如果死刑复核仅仅出于救济的目的似乎是没必要存在的，然而司法实践偏偏告诉我们，作为普通救济手段的二审程序很多时候并没有起到相应的救济作用，死刑复核程序还是复核出了很多错案件，而且比例不低。[1] 当然，这跟我们整个刑事诉讼构造有着密切关系，比如法院内部广泛存在的向上级法院请示的问题就直接导致了二审程序的虚无。因此，据笔者看来，死刑复核程序在一种很无奈的情况下担负起了救济的重任，这也导致了很多问题，比如本来应当在一审、二审中解决的事实问题，不得不再次拿上死刑复核的台面进行再次审核。（这个问题会在后文有所论述，在此不作深入探讨。）或许我们的立法者太清楚司法现状了。当然，即便一审、二审的状况有了大幅度的改善，死刑复核程序也是有存在之必要的，除了上文探讨过的政策因素，还应当有一个考量，就是死刑关乎一个人的生命，关乎数个家庭的幸福，审慎本是其应有之意，其特殊的救济渠道宁愿备而不用也不能缺失。

---

〔1〕 2004 年 3 月 10 日，最高人民法院肖扬院长在《最高人民法院工作报告》中提到，最高人民法院“全年共审结死刑复核案件和刑事再审案件 300 件，其中，维持原判 182 件、改判 94 件、指令下级法院再审 24 件”。改判和指令再审的案件占全部审结案件的 39.33%。

3. 死刑复核目的的现在时

我们讨论如何改革死刑复核程序的问题，是因为我们在多年的司法实践中发现了很多问题，比如由于死刑核准权的下放导致死刑标准的不一致从而违背了形式正义的要求，再如死刑复核程序与二审程序的合并导致死刑复核名存实亡的问题等。为什么我们要修改？是这样的程序没有实现当初的目的吗？未必是。因为旧的死刑复核程序很好地贯彻了党在各个时期的刑罚政策，也实现了一定的救济目的。[1] 那么问题在哪里呢？是我们的目的要进行修正吗？笔者认为，修改的原因不是目的的变化，而是司法政策的变化。随着经济、法制环境的发展，社会给我们的刑事政策提出了更多的、更高的要求。人权保障的价值、程序正义的价值被赋予到了刑事诉讼中来。刑事诉讼程序不再仅仅具有一种工具性价值，还包含其自身的价值。这些，学者们都有详尽的探讨，笔者不多阐述。需要明确的是，死刑复核程序的政策目的和救济目的并没有发生改变。因为，无论人权保障的理念也好，程序正义的价值也罢，救济都是其应有之意。

原有的目的并没有改变，那么时代是否赋予了死刑复核制度新的目的呢？回答是肯定的。死刑复核之别于其他刑事诉讼程序，笔者理解，最根本之处在于在整个刑事诉讼程序中，程序正义是首要的价值目标，而在死刑复核程序中，实质正义是其首要的价值追求。这种实质正义体现在对形式正义的追求上。刑罚权是国家运用刑罚惩罚犯罪并恢复被犯罪所破坏的社会关系的国家权力，因此从实体角度，刑罚的设置应当兼顾社会公正性与社会功利性的双重标准。[2] 司法在刑罚适用上应当实现“法律面前人人平等”，同样情况同样对待，此即所谓“形式正义”。这就赋予了死

〔1〕 见上注肖扬报告，可见，死刑复核程序至少在最高人民法院还是实现了其救济目的的。问题关键在于应当收回而不是废除。

〔2〕 陈兴良：《走向哲学的刑法学》，法律出版社 1999 年版，第 435 页。

刑复核程序以新的使命，即保持一定时期内刑事裁决中适用死刑个案标准的一贯与统一。这个目的在之前是没有的，因为最高人民法院已经将大部分案件的死刑核准权下放到了各省高级人民法院，各省的标准各省掌握是不可能统一的。这一点，学者们已经深入探讨过。

（二）关于死刑复核程序的方式

笔者絮叨至此，方切入关键点，死刑复核应当是一种什么样的程序，是司法程序还是行政程序？对死刑复核程序目的的讨论目的也在于此，死刑复核程序是实现其目的的一种手段，所谓手段是为达到目的，实现目的的主体所用的工具、操作方式、方法等。目的是易逝的、暂时的，而手段在一定意义上说是长久的。手段因目的而生存，目的的状况，规定着手段的状况。[1] 死刑复核程序，应当是国家为了贯彻刑罚政策而设立的一个特别程序，具有哲学意义上的手段特征。因而，死刑复核的目的在相当程度上决定着死刑复核程序所应当采用的方式。

1. 目的带来的手段的矛盾

从死刑复核的救济目的出发，司法应当是最公正的方式。以司法的方式复核死刑案件，由死刑复核庭的法官在听取双方理由、辩驳的前提下作出是否执行死刑的判决或裁定，似乎对被告人救济的实现最为有利。如果应当设立一种司法裁判程序，随之而来的问题是：这种庭审审理的是事实问题还是法律问题，还是二者兼而有之？如果死刑案件的事实问题仍然需要在死刑复核法庭进行审理，是否仍然需要被告、被害人、证人、鉴定人等诉讼参加人出庭？如果程序果真如此，岂不是相当于再次重复了一审程序？国家是否有足够的司法资源？最为重要的是，如果相应的措施可

[1] 聂凤峻："论目的与手段的相互关系"，载《文史哲》1998年第6期。

以保证事实清楚（或者至少法律事实清楚），是否还有必要进行这样的审理呢？

而如果从刑事政策目的出发，那么行政审查程序应当是最合理的方式。行政审查富有效率，在某种特殊司法状况下（比如治安形势如20世纪80年代初那样恶化）更有利于刑事司法政策的快速实施。但行政审查程序同样会带来一系列难以解决的问题。如果说法律审，可以采取不开庭的书面审理的方式（事实上，西方国家也确实有这样做的）[1]，那么在中国死刑复核程序既审事实又审法律的情况下，如果不开庭审理而仅仅依据一、二审的书面材料，是否能真正实现救济？这样的审理方式又有否违反直接言词原则的嫌疑？这样的最终裁决又有多大程度上的可接受性？

可见，由目的决定的手段的做法在很大程度上是有着矛盾之处的，似乎是非此即彼，要么采取公开审理的方式追求救济目的，要么采取书面审理的方式更方便政策的贯彻。在笔者看来，二者并不是完全不可妥协的，只要解决了产生两者矛盾的前提，便可迎刃而解了，这个前提便是死刑复核的内容是事实问题还是法律问题。

2. 解决矛盾的关键——死刑复核的内容

死刑复核程序具有纠错的功能，目前的这种纠错既包括了纠事实认定问题之错，也包含了纠法律适用之错。也即，立法者对地方法院（中级人民法院和高级人民法院）的“不信任”既包括事实认定问题也包括法律适用问题。这与我国整个的司法体制有着密切的关系，笔者看来以下两点决定了司法程序的实体公正性

---

〔1〕 美国上诉法院审理上诉案件主要是进行法律审，一般进行书面审，不再传唤证人，不再审查证据，也不进行辩论。参见卞建林、刘玫：《外国刑事诉讼法》，人民法院出版社、中国社会科学出版社2002年版，第217页。

大比率可疑：一是法官不独立[1]；二是程序的虚无。可见，死刑复核程序的改革与刑事诉讼中所有的程序改革问题一样，牵一发而动全身。如果不彻底改革我们的司法程序，仅仅“头疼医头、脚疼医脚”是解决不了根本问题的。目前我们的问题在于，不能不医，尽管现有的“医疗条件”实在太简陋。而这两个问题的解决非一朝一夕，也非仅仅刑事诉讼的改革所能解决的了的事。在这种情况下，我们也只能通过死刑复核程序来作出无奈的救济，无论是事实问题还是法律问题。尽管从应然上，事实问题应当是初审乃至二审所应当确定解决的问题。从长久考虑，未来的刑事诉讼程序改革应当坚决树立程序至上的观念，在程序本位保障下实现事实认定的确定[2],那么死刑复核程序只需针对法律适用进行裁决。目前的状况下，我们只能妥协。

3. 死刑复核方式的选择

既然我们无法在死刑复核程序中回避事实问题，那么是否就意味着复核程序就一定要采取司法方式呢？如果是全面的司法审理程序，这会涉及被告人、证人、鉴定人等的出庭问题，涉及死刑复核庭的庞巨编制问题，也涉及司法的效率问题。我们国家是无法承担如此巨大的司法成本的，程序的参与者也无法承担。或许，我们可以从美国的刑事法院的量刑程序中找到些许灵感。美国大多数州及联邦通常将认罪、科刑分两个阶段处理：第一个阶段只论究被告人是否有罪，而完全不考虑被告人应如何量刑。待判定被告人有罪之后，法院另外再举行一个科刑的听审。被告人的刑期通常由法官决定，但有的州规定，被告人应否判处死刑必

---

〔1〕 关于法官的不独立，很多学者都有论述，学界也一直在呼吁。笔者认为，法官更多的不独立并不是来自于党政干预、层级指导、人大监督、舆论导向，这些都不是普遍性的问题，更多的来自于当事人、律师及所托的法官的熟人。这与中国的“人情社会”密切相关，不是短期能解决的问题。

〔2〕 此确定应当是法律事实的确定而非客观事实的确定。

须由陪审团决定。[1] 量刑听证会通常在公开法院正式举行，然而，证据规则没有审判时那么严格。被告人享有律师代理的权利，包括在被告人不能支付私人律师费用时为其提供指定的律师。法院可能听审证据，但法官通常基于律师的陈述、判决前报告和罪犯的陈述作出判决。[2] 在量刑听证会中，影响法官量刑的主要因素有：①判决前调查报告。[3] 判决前调查报告一般由该司法区缓刑执行部门负责进行调查，另外辩护方也可以提交判决前调查报告以提供对法官量刑有用的信息资料。调查报告一般包括对犯罪的有罪和悔恨的评估以及罪犯对被害人产生的经济和情感影响、罪犯的目前状况（包括受教育程度、目前的职业和就业条件、家庭状况和其他资料）。②被害人影响陈述。这种陈述是以书面报告的方式提交法庭，主要说明被害人和被害人家庭因罪犯的犯罪行为而遭受的伤害，包括身体的、经济的、情感的和心理的伤害。③检察官的量刑建议。这是由辩诉交易在美国大行其道造成的，尽管法官可以拒绝该建议，但一般法官不愿意使答辩谈判得以运行的一系列企盼落空。④律师的陈述。⑤罪犯的陈述。也就是说，听证会的方式并不一定符合司法程序的要素，影响法官或陪审团量刑的主要是书面材料。

我们之所以将美国的量刑程序作为参考，是因为死刑复核程序不仅仅是一个纠错程序，更是一个量刑复核程序，死刑复核庭在很大程度上要复核罪犯的罪行是否恶劣到“非杀不可”的程

---

〔1〕 王兆鹏：《美国刑事诉讼法》，元照出版公司 2004 年版，第 19 页。

〔2〕 参见［美］爱伦·豪切斯泰勒·斯黛丽、南希·弗兰克著，陈卫东、徐美君译：《美国刑事法院诉讼程序》，中国人民大学出版社 2002 年版，第 572 页。

〔3〕 当然判决前调查报告主要是为法官确认那些适用中止刑罚和缓刑的罪犯。但这并不意味着法官在其他定罪程序中不受其影响，何况我们借鉴西方做法，不应当是机械地借鉴，我们完全可以创造性地将其应用到我们认为能起到作用的程序中，而不必在乎其在国外是适用什么样的诉讼。

度。另外，死刑复核程序的纠错功能又类似于上诉审，尽管发起的主体根本不同，但在功能上颇有类似。因此，我们再借鉴一下美国的上诉审也未尝不可。

一般来说，美国上诉法院不决定审判的结果是否正确，而是考虑在法院诉讼过程中的程序错误和对被告人权利的触犯行为。上诉法院的决定与法律问题有关，而与事实问题无关。如果上诉法院发现审判法院犯了程序错误，就决定这种错误是否可能影响案件的结果。[1] 任何一方都可以申请口头辩论，法院可以命令口头辩论，但在上诉已经是无意义时、争议的问题最近已经由当局解决时、上诉状和记录中已经提出事实和法律的辩论并且口头辩论对裁决无重大帮助时不进行口头辩论。[2]

或许，我们可以大胆融合美国量刑听证与上诉审这两种程序来设计我们的死刑复核方式，笔者将其称为有限的司法审查方式，即死刑复核程序原则上以书面审查为主，审查的书面材料除了一审、二审的相关卷宗之外，至少还应当包括辩护律师的判决前调查报告、被害人影响陈述。这样便赋予了辩护律师、被害人参与死刑复核程序的权利，至于检察机关的量刑意见，理论上应当与辩护报告同样受到法官重视。但笔者看来，在目前的司法状况下，还是暂且不要纳入审查的范围为好。因为，在我国诉讼尚具“流水线”特点、法院与检察院同质色彩浓厚的情况下，检察机关的量刑建议很可能会主导法官的判决，从而“驱逐”辩护调查报告。当然，死刑复核并不排斥司法听证，但正式的司法听证应当在以下两个前提之一出现时进行：①辩方提出一、二审中有程序性违法的情况；②控辩任何一方提出口头辩论请求。所有的程序

---

〔1〕 参见［美］爱伦·豪切斯泰勒·斯黛丽、南希·弗兰克著，陈卫东、徐美君译：《美国刑事法院诉讼程序》，中国人民大学出版社 2002 年版，第 53 页。

〔2〕 卞建林、刘玫：《外国刑事诉讼法》，人民法院出版社、中国社会科学出版社 2002 年版，第 217 页。

性违法行为，无论是否会影响到死刑的判决结果都应当受到司法审查，这样方能彰显程序本位。而辩论请求应当受到限制，无论何方提出辩论请求必须书面提交申请，其中必须写明争议的焦点及理由，如果该理由在一、二审卷宗中有所记录，则该申请不被受理。

此外，死刑复核程序应当主要针对程序问题、法律问题、量刑衡量来进行，至于事实问题，理论上应当在一、二审解决，这样就会赋予一、二审以更大的压力，而且我们已经看到了最高人民法院在这方面将要进行的努力。[1]

二、死刑犯的亲属及辩护律师的正当权益保障

（一）聂树斌案件的简单回顾

聂树斌案件是2005年的热点案件，因其可能是错杀无辜曾经一度引发学界和公众的广泛讨论，并且该案错判可能性的暴露恰逢最高人民法院收回死刑复核权的前夜，这就使得它具有了更高的理论价值。然而，随着死刑复核权的顺利“回归”，这个案件也逐渐淡出了人们的视野。2013年，最高人民法院陆续纠正了一批在社会具有极大影响力的刑事错案，最高人民法院沈德咏一级大法官在《人民法院报》撰文《我们应当如何防范冤假错案》，预示着最高人民法院对纠正刑事错案的严肃态度。在这一风向的

〔1〕 参见“法制日报记者就二五改革纲要访最高法有关负责人 ——以改革的思维推进司法改革”，载《法制日报》2005年10月26日。文中提出“为了确保正确适用死刑，最高人民法院决定同时还要对死刑案件的一、二审程序进行改革。基于二五改革纲要提出的改革要求，各中级人民法院和高级人民法院的审判工作将更加繁重，任务将更为艰巨，因此务必要做好充分准备，克服各种困难，坚决落到实处。”

吹动下，“聂树斌案”这个对于程序法学研究、对于中国的法治进程有着重大意义的案件再度回到人们的视线。2013年六七月间，河北省高级人民法院在邯郸市开庭审理“聂树斌案件”的“真凶”王书金，当年诸多已被尘封的、秘密的证据材料开始展现在公众面前。“聂树斌案件”的启示很多，我们只择其一点——对于死刑犯亲属及辩护律师的及时获知裁决权来进行分析。我们先简单回顾一下案件的基本过程〔1〕：

1994年8月5日，石家庄市西郊孔寨村附近发生一起强奸杀人案，石家庄市公安局郊区分局将犯罪嫌疑人聂树斌抓获并宣布破案。1995年4月27日，经石家庄市中级人民法院一审、河北省高级人民法院二审并复核，聂树斌以强奸罪和故意杀人罪被执行死刑。2005年1月，河北另案在逃犯罪嫌疑人王书金被抓获，主动交待自己才是10年前聂树斌案的“真凶”。2005年以来，聂树斌的母亲多次向河北省高级人民法院提出申诉，都被驳回，理由是没法提供原判决书。据媒体调查，案件自一审、二审及死刑复核，直至聂树斌被枪决，聂树斌的家人从未收到过判决书。聂树斌的母亲张焕枝一直为寻找判决书绞尽脑汁。各方向法院讨要判决书的所有努力均以失败告终，聂树斌的前辩护人李树亭曾四次前往河北省高级人民法院索要判决书，法院以领导正在调卷为由拒绝提供。另一位辩护人张思之在正当法律途径无法讨得判决书的情况下，曾试图运用私人关系，但最终也没有结果。〔2〕2007年

〔1〕 案件的过程参考了赵凌：“‘聂树斌冤杀案’悬而未决 防‘勾兑’公众吁异地调查”，载《南方周末》2005年3月24日；“‘聂树斌冤杀案’：复查结果‘很快出来’”，载《南方周末》2005年4月7日；“‘聂案绝对不会不了了之’”，载《南方周末》2005年4月28日；“‘真凶’上诉求增其罪 聂树斌案绝处逢生”，载《南方周末》2007年11月1日。

〔2〕 赵凌：“‘真凶’上诉求增其罪 聂树斌案绝处逢生”，载《南方周末》2007年11月1日。

4月，一审被判处死刑的王书金向河北省高级人民法院提出上诉，理由是检察院未诉其强奸杀害康某的罪行，从而导致无辜者聂树斌蒙冤。2007年四五月，有神秘人以特快专递的方式，分别给聂家寄来聂树斌案的一、二审判决书。判决书显示，终审判决是在1995年4月25日作出的，两天后聂树斌便被执行了死刑。2007年8月15日，张焕枝再次来到河北省高级人民法院申诉立案，尽管材料齐全，仍然被拒绝立案。其中一个工作人员回答："上面有交待，你们这个案子比较特殊，我们不能随便接待"。张焕枝被法警逐出立案大厅。〔1〕

（二）对本案判决书送达合法性之分析

聂树斌案件涉及的问题很多，而且举国关注，这样的案件对于中国的法治建设本身就是一个绝好的契机，它可以成为程序正义——这种"看得见的"而又为我国公众所普遍不理解、不认可、不接受的正义〔2〕的最佳范本，可以成为中国刑事司法改革进程中的一个重要的里程碑。因为，仅就目前媒体披露的情况来看，恐怕很难给本案下一个确切的实体结论，将来的进一步调查是否能够还原案件的客观真相也未可知晓。或许，我们所能触摸到的永远都只是大象的耳朵或者鼻子、尾巴。但是，作为一个平凡人，我们必须接受这样正义，因为我们早就知道，实体正义是

---

〔1〕 赵凌："'真凶'上诉求增其罪　聂树斌案绝处逢生"，载《南方周末》2007年11月1日。

〔2〕 10年前的刘涌案中，公众的态度很明确地告诉我们，中国传统文化中所隐含的实质理性思维影响之深已经成为中国法治建设的最大阻碍。现代法治文明建立在形式理性的基石之上，这种理性恰恰与中华之传统相悖。因此，笔者认为，法治的实现有赖于公众的"觉醒"，而司法理论与实践在公众"觉醒"之前也并非无所作为。"唤醒"乃是当今中国法治建设之重要任务，"唤醒"公众的方法有很多种，或许刘心武解读红楼梦的方式值得我们借鉴，此外，借助某一为公众所关注之案件也向为各国立法、司法所采纳。

看不见的正义，看得见的是程序正义。“聂树斌案”究竟是否是错案至少现在还不好下结论，但我们可以肯定的是，这个案件有着太多的程序上的不公正，或者至少可以说是程序上的问题：比如，由可能是冤案的裁判者河北省高级人民法院对自己裁判的案件进行审查；再如，再审审查以秘密方式进行，再审申请人及代理律师无权参与；还有，人民法院能否以无判决书为理由不予受理申诉；对本案关键证人，后来被抓获也认罪的所谓“真凶”——王金书的处理等。出于笔者的研究旨趣，本章仅关注其中长期为理论界和实务界所忽视的一点，即刑事诉讼相关主体的及时获知裁决权。

1. 根据1979年《刑事诉讼法》的分析

从前面对“聂树斌案件”的梳理中，我们可以看到，聂树斌被执行死刑10年后，“真凶”出现，然而案件并没有因此峰回路转，其亲属要求重审的申诉的被接受历尽了周折，其程序上的理由是申诉人“没有提供原审判决书”。然而，事实是：自1995年“聂树斌案”历经一审、二审并复核，直至聂树斌被执行死刑，聂树斌的亲属、辩护律师从来没有收到过一审及二审判决书。

聂树斌案件的审判程序是在1996年《刑事诉讼法》修订前进行完毕的，自然适用1979年《刑事诉讼法》，根据1979年《刑事诉讼法》第121条第2款的规定，“当庭宣告判决的，应当在5日以内将判决书送达当事人和提起公诉的人民检察院；定期宣告判决的，应当在宣告后立即将判决书送达当事人和提起公诉的人民检察院”。这是关于一审判决送达的规定，对于二审判决的送达则根本没有明文规定，但在第141条规定，“第二审人民法院审判上诉或者抗诉案件的程序，除本章已有规定的以外，参照第一审程序的规定进行。”可见，1979年《刑事诉讼法》将判决书送达的对象限定为“当事人和提起公诉的人民检察院”，而将时限定为“当庭宣判5日内、定期宣判立即送达”。由此看来，聂树斌案件的一、二审判决书未送达其亲属及辩护律师并不违反当时的《刑事诉讼法》。换句话说，是法律的不周全导致了被告人亲属及辩护律师无法得到判决书，也就为上级人民法院拒绝受理申诉找到了借口。

2. 根据1996《刑事诉讼法》的分析

当然，1996 年《刑事诉讼法》已经修订了，那么 1996 年《刑事诉讼法》修订生效之后是否就不存在这样的问题了呢？进行一下比较，我们就会发现，1996 年《刑事诉讼法》在判决书的送达上并没有进行丝毫修改。1996 年《刑事诉讼法》第 163、195 条即分别照搬了 1979 年《刑事诉讼法》第 121、141 条的规定，只字未改，也未增加条文进行修改。也就是说，按照 1996 年《刑事诉讼法》，判决书（包括一、二审）送达的对象仍然是“当事人和提起公诉的人民检察院”；时限为“当庭宣判 5 日内、定期宣判立即送达”。其实进步并非没有，只是不在《刑事诉讼法》这一基本法条文之内。1996 年《刑事诉讼法》解释第 183 条对此作了进一步的规定，将一审判决书送达的对象扩大为“当事人、法定代理人、诉讼代理人、提起公诉的人民检察院、辩护人和被告人的近亲属”，并规定对于这些对象的送达应当遵循当庭宣判 5 日内、定期宣判立即送达的时限。同时还规定，“判决生效后还应当送达被告人的所在单位或者原户籍所在地的公安派出所。被告人是单位的，应当送达被告人注册登记的工商行政管理机关”，对于这些对象的送达，并没有规定送达时限。所需要注意的是，对二审判决，1998 年《刑事诉讼法》解释并没有如同《刑事诉讼法》“参照第一审程序的规定进行”这样的规定。因此，按照 1996 年《刑事诉讼法》及相关司法解释：①一审判决应当在法定时限内（当庭宣判 5 日内、定期宣判立即）送达至当事人、法定代理人、诉讼代理人、提起公诉的人民检察院、辩护人和被告人的近亲属；其他应送达的对象还有被告人所在单位或者原户籍所在地的公安派出所及被告人注册登记的工商行政管理机关，但不受时限限制。②二审判决应当在法定时限内（当庭宣判5日内、定期宣判立即）送达当事人和提起公诉的人民检察院。③以上两点仅仅针对“判决”而言，对于“裁定书”和“决定书”的送达并无明文规定。

3. 根据2012年《刑事诉讼法》的分析

2012年，《刑事诉讼法》进行了第二次大修并且已经颁布执行，那么其中关于判决书送达的规定是怎样的呢？其第196条第2款规定，“当庭宣告判决的，应当在5日以内将判决书送达当事人和提起公诉的人民检察院；定期宣告判决的，应当在宣告后立即将判决书送达当事人和提起公诉的人民检察院。判决书应当同时送达辩护人、诉讼代理人。”2012年修订后的《刑事诉讼法》解释第247条第2款规定，“判决书应当送达人民检察院、当事人、法定代理人、辩护人、诉讼代理人，并可以送达被告人的近亲属。判决生效后，还应当送达被告人的所在单位或者原户籍地的公安派出所，或者被告单位的注册登记机关。”对于二审判决、裁定的送达，2012年《刑事诉讼法》仍然没有作出规定，《刑事诉讼法》解释第335条规定，“第二审人民法院可以委托第一审人民法院代为宣判，并向当事人送达第二审判决书、裁定书。第一审人民法院应当在代为宣判后5日内将宣判笔录送交第二审人民法院，并在送达完毕后及时将送达回证送交第二审人民法院。委托宣判的，第二审人民法院应当直接向同级人民检察院送达第二审判决书、裁定书。”

可见，2012年《刑事诉讼法》及相关司法解释在判决、裁定的送达上并未作大的改动，与1996年《刑事诉讼法》区别之处在于送达的文书从判决扩大到了判决、裁定。

4. 小结

通过以上分析，我们可以得到下面的结论：

（1）法院没有向聂树斌的亲属及辩护律师送达一、二审判决书并不违反当时的《刑事诉讼法》。

（2）假设聂树斌案件发生1996年《刑事诉讼法》、2012年《刑事诉讼法》修订后，根据当时的《刑事诉讼法》及相关司法解释，人民法院仅对向聂树斌的亲属和辩护律师送达一审判决书负有法定义务，对二审判决书及裁定的送达并没有法定义务。

但是，实然并不意味着应然，合法也并不意味着合理，否则法律也就没有进步的可能了。那么，判决、裁定对辩护人、诉讼代理人、被告人近亲属以及有关单位的送达究竟应不应该成为一种法定的程序性义务呢？或者换个说法，获知裁决对于这些主体而言究竟应不应该成为一种权利呢？这就是接下来我们要论证的问题。

（三）及时获知裁决权的理论依据

所谓及时获知裁决权，是指诉讼程序的参与主体及其他主体有及时得到司法裁判的结果的权利。及时获知裁决权的主体包括两部分：一是诉讼程序的参与主体，包括诉讼双方当事人及法定代理人、诉讼代理人；二是部分其他主体，比如死刑案件中的死刑犯亲属。获知裁决的途径主要有三：一是裁决书的送达；二是裁决的公开宣告；三是司法机关的通知。无论裁决以什么样的途径被获知，以上主体都应当享有及时获知裁决的权利，原因分析如下：

1. 作为程序参与主体的获知裁决权

刑事诉讼程序是一个由多方主体参与的“游戏”，这些参与主体从职能上大致可以划分为三类，即控诉、辩护和审判。他们要么是站在控诉方的角度，实施或者帮助对犯罪进行控诉（这些主体包括侦查机关、检察机关、被害人及其代理人以及控方提出的证人）；要么是站在辩护方的角度，实施或者帮助辩护（包括被告人、辩护人、辩护方提出的证人）；另外还有作为中立裁决方的法官以及为保证诉讼正常进行的参与人员（主要包括鉴定人和翻译人员）。现代刑事诉讼即是由此控、辩、裁三方构造所组成，而无论学界所谓“当事人主义”或者“职权主义”或者二者的混合。对于诉讼程序的参与主体而言，他们之所以积极参与到刑事审判的过程中来有三个理由：

第一，诉讼义务的要求。如果将刑事诉讼程序比喻成一场由法官主持并充当裁判，控辩双方直接对抗的“竞赛”的话，那么这场竞赛的参与者都必须遵循一定的竞赛规则。而这些规则正是为了保障“竞赛”的顺利进行和公平竞争。诉讼程序的参与主体必须为遵循“竞赛”规则而履行一定的诉讼义务，否则“竞赛”将无法进行下去。

第二，对于那些与刑事审判结果有着某种利害关系，或者为支持某一方参与到诉讼中的主体而言，他们积极地参与刑事裁判的制作过程，其目的就是对裁判结果的形成能够发挥有效的影响和作用，希望能够得到对本方有利的裁判结果。这种目的在公诉人、被害人及其诉讼代理人、被告人及其辩护人等主体身上，表现得更为突出。那么对于他们而言，积极而有效地参与到诉讼程序中来是一种权利，及时获知自己所参与的审判程序的最终裁判结果当然也自是一种权利。没有任何“竞赛”的参加者不关心“竞赛”的结果，不关心自己的努力是否得到了应有的“收获”。这正是诉讼参与者的主体地位之自然要求。

第三，对于大多数程序参与者，尤其是诉讼当事人双方以及支持他们的参与者而言，最终裁决的结果与他们个人的利益大多有着或多或少的联系。被告人受到国家专门机关的刑事追诉，他的人身自由、财产、名誉乃至生命权都处于未决的状态；被害人有着强烈的追究侵害其合法权益的被告人刑事责任、获得赔偿的愿望；侦查部门和起诉部门为了控诉成功全力以赴；辩护人受委托或者由法庭指定为被告人尽辩护职责。这些主体对于裁决结果都抱有热切的期盼。就诉讼程序参与主体个体而言，他们的某种权益因刑事审判而处于某种未确定的状态，刑事裁决即是确定的宣告。这不仅仅对被告人如此，其他参与主体亦然，这也意味着被害人要求惩罚犯罪、获得赔偿的愿望是否能为国家所满足。控诉能否成功直接涉及侦查人员、公诉人员、辩护人的个人事业是否在一件具体案件上得到成功，甚至直接涉及他们个人的职务晋升、经济收益，这是不言而喻的。从另一个方面讲，根据马斯洛的心理学需要等级表，人的最高需要就是“自我实现的需要”〔1〕。胜利的裁决会让这些“法律人”们感到一种成就感。而费劲心机地参与到这场激烈的“争斗”中，却没有任何“输赢”的消息，恐怕是对他们最大的折磨。这给他们所带来的“挫败感”恐怕要大于知道本方“争斗”失败的消息，因为他们会感到受到了法庭的漠视。正因为如此，获知裁决对于诉讼参与主体而言，应该被视为一种权利。参与并不意味着一切，谁都不会不在乎结果。

2. 作为其他主体的获知裁决权

在刑事诉讼中，还有一部分主体，尽管他们并不是程序的参与者，但因为他们与案件或者案件当事人有着某种关系，他们会对裁决结果也抱有急于知道的期盼。这方面的理由或许需要从程序之外来获得。人类在创设司法来解决纠纷的时候，考量的并不仅仅是正义，还必须将诸如秩序、自由、效益等因素综合考虑在内。正如博登·海默所言：“一个法律制度若要恰当地完成其职能，就不仅要力求实现正义，而且还须致力于创造秩序。”〔2〕现代法治社会的诸多诉讼制度，也正是出于这方面的考虑。比如，西方国家在规定了证人有出庭作证的义务的同时，也规定了部分

---

〔1〕［美］弗兰克·戈布尔著，吕明等译：《第三思潮：马斯洛心理学》，上海译文出版社 1987 年版，第 57 页。

〔2〕［美］E. 博登海默著，邓正来译：《法理学：法哲学与法律方法》，中国政法大学出版社 1999 年版，第 318 页。

主体享有证言特免权，主要涉及配偶、近亲属以及辩护律师、医生、神职人员、知悉国家公务秘密的公务人员等特定职业者。这些例外规定体现了法律对人性以及特定的道德关系的维护，是正义对秩序的一种让步。当然，政府颁布的法律与人们在现实生活中遵循的活法（living law）之间很可能出现某种分歧，尤其在如同我们这样正在向法治社会迈进的国家中。理想的状况是，立法者制定的规范同整个社会的价值判断及真正利益完全一致，这也应该是立法乃至司法所需要尽量实现的目标。

刑事审判的主体，尤其当事人，他们都是社会的组成分子，在面临刑事纠纷之前都是社会中的一个个基本组成单元。正是有了这些单个主体的存在，社会才能有效运转。他们在日常生活中，各司其职、各担其责，都是某个特定单元的组成。刑事纠纷的出现在中断了他们个人的正常工作、生活的同时，也中断了其所组成单元的正常运转。家庭可能因此而不完整，单位可能因此而发生些许工作上的变动，也即很多并未参与诉讼程序的主体也因此出现了某种不确定的状态。对于他们而言，获知刑事纠纷的解决结果当然也应是无需过多讨论的权利。只有这样，受到刑事审判影响的诸多因素才能回归到之前的状态，秩序才能得到恢复。

3. 及时获知裁决权对于救济的实现和程序公正的意义

首先，及时获知才能及时救济。获知裁决是一项权利，但同时获知也应该是及时的，也即不应该受到不必要的拖延。这一方面是因为裁决的及时获知，可以缩短各种社会关系因刑事审判而处于待定状态的时间；另一方面，及时获知也同时意味着及时救济。对于前者，自不待言，权益不定、后果不明不仅仅对受到刑事追究的被告人是一种“无益而残酷的折磨”[1]，对于其他权益

〔1〕［意］贝卡利亚著，黄风译：《论犯罪与刑罚》，中国大百科全书出版社1997年版，第56页。

因诉讼而处于悬而未决状态的主体而言也同样如此。那么这种待定状态越短，也就越有利于社会关系的确定、秩序的恢复。另一方面，相关主体能否及时获知裁决，也往往意味着能否获得及时救济，这对于当事人来讲有着特别的意义。刑事诉讼是在程序法限制和规范下进行的活动，针对的是控、辩双方通过争讼而展现出来的“事实”，这种事实由于诉讼程序本身对种种价值的考量而对诉讼活动在时间、手段等方面进行限制从而可能不同于案件的“客观真实”。那么就很可能存在着“错误”的可能。正是因为如此，刑事诉讼才会设立二审程序来救济一审的可能错误。也正是因为如此，包括我国在内的很多国家并不规定绝对意义上的“最终裁决”，总会设立一种特别的救济渠道，如审判监督程序。从这方面看，当事人及相关主体在裁决后及时获知裁决，也是对其实现救济可能的保障。及时获知案件的审理情况，案件当事人及其法定代理人、近亲属方能够在申诉时做到有的放矢，不至于让申诉权流于形式。

其次，及时获知裁决权作为一项程序权利，可以成为对抗程序不公的有力武器。今天，刑事诉讼已经不再单纯被当做是实现实体法的工具，刑事诉讼的程序价值越来越受到学者们的重视。随着人们对于权利以及由其所衍生的程序价值的理解的深入和认同，在刑事诉讼程序的公正标准上越来越达成了一些基本的共识，这被称为刑事诉讼的最低限度的公正标准，这些标准大致有：“程序参与原则、中立原则、程序对等原则、程序理性原则、程序自治原则、程序及时和终结原则”[1]。所谓最低限度，也就意味着尽管遵守了这些标准不一定能够实现人们所要求的全部正义，但是违背这些标准则一定是不正义的。推行这些标准主要有两种途

〔1〕 参见陈瑞华：《刑事审判原理论》，北京大学出版社 1997 年版，第 60～61 页。

径：一是宣示权利，即赋予相关程序主体以一些基本的程序权利；二是否定评价，即对于违反这些标准（或者说侵犯了所宣示保护的那些权利）的行为从法律（包括实体法、程序法）上予以否定性的评价。因此，程序权利在立法上的确立是非常重要的，无异于武器的授予。没有权利做后盾，程序的参与者在遭受到程序不公正时，就如同赤手空拳一样，尤其是当程序的不公来自武装完备的国家公权力时。正是在这个意义上说，确立和授予权利，也是刑事诉讼所一直秉承之“平等武装”精神的要求。

聂树斌的家人在申诉问题上的遭遇恰恰就证明了这一点。在我国，审判监督程序是作为一种纠错机制而存在的，目的在于最大限度地实现实体正义。当事人及其法定代理人、近亲属启动审判监督程序的渠道只有一种，即申诉。理论上讲，司法对于申诉案件应当审慎地处理，因为从司法的经济性、权威性角度考虑，审判监督程序应该严格控制，司法应当做到使尽量少的生效判决、裁定被再次审理。这个目标的实现，主要依赖于一、二审裁判过程的公正，从而加大生效裁决的可接受性，减少其错误的可能性。另外，对于审判监督程序应当设立明确的排除机制，这种机制的作用一方面旨在将所谓“无聊的”或者没有充分理由的申诉申请排除在再审程序之外，以节约司法资源，维护司法尊严；另一方面，其更为重要的作用在于最大限度地排除来自司法的恣意、行政的干预及其他非理性因素对于审判监督程序提起的干扰。回顾聂树斌案件，河北省高级人民法级人民法院和最高人民法院先后以无法提供原判决书为理由拒绝受理其母亲的申诉申请。理由冠冕堂皇。聂母收到“神秘人”寄来的判决书后，第四次来到河北省高级人民法院申诉立案仍然未被受理，工作人员回答：“上面有交待，你们这个案子比较特殊，我们不能随便接待”[1]。这个回答令人遐思无限：河北省高级人民法院拒绝受理申诉的真正理由究竟是什么？其实这个回答是人们早就预料得到的，只是由于缺乏判决书而一直无法将河北省高级人民法院逼迫到这个窘境。或者说，正是由于聂母手中没有权利的武器，所以她只能“忍气吞声”，其实还有一个选择就是“上访”，那是对于“秩序安定”所更为不利的一条路径。当然，我们的目的并不在于陷哪级法院于不义，而在于追求一种程序的正义，这个正义的一个基本出发点是：所有裁判的依据必须来自于程序之内和法官的理性，而不能掺杂程序外的因素和法官的非理性，这就是“程序理性”和“程序自治”的要求。法治的进步离不开这种一次次地陷公权力于窘境的过程，只有这样，司法才能改进以避免下一次的窘境出现。而如果聂母拥有及时获知裁决权，恐怕这个“窘境”早在两年前就出现了，或许那样，司法的公正性和权威性就不至于遭受这样大的质疑了！

笔者理解，我国《刑事诉讼法》及相关司法解释之所以未对二审裁决对当事人和检察院之外的主体的送达作出明确规定，主要原因在于在我国实行的是两审终审制。对于终审判决、裁定，没有再上诉的可能，只能通过审判监督程序来进行救济，而审判监督程序的启动出于“有错必纠”的理念并没有时间上的限制，因此二审裁决的送达不像一审那样受限于上诉期。如果法律的制定者真的是这样考虑的话，那是根本错误的。因为，错误的纠正应该是“越早越好”，而不是“早晚都行”。错误裁决的延长会给被告人权益造成更大的损失，会大大增加司法成本，同时也可能会使本来可以被发现的新证据遭到时间的磨灭。当然，也许会有

---

〔1〕 赵凌：“‘真凶’上诉求增其罪　聂树斌案绝处逢生”，载《南方周末》2007年11月1日。

这样的疑问：二审裁决必须在法定期限内送达当事人，那当事人不就可以及时采取救济措施吗？事实上，当事人一般并不精通法律，那自然他（她）对终审之后的救济恐怕知之甚少，没有律师的帮助恐怕很难获得有效的证据。更何况如果裁决通过被告人辗转到达辩护律师，也恐怕会浪费很多时间或者错失取得新证据的最佳时机。“迟来的正义为非正义”，笔者想不仅仅是诉讼及时原则如此，恐怕救济及时也是一样的。

4. 死刑犯亲属及辩护律师及时获知裁决权的特殊性

死刑以合法剥夺人的生命权为代价来实现对犯罪人的惩罚，从而追求一种秩序上的安定，是人类发明的最严酷的刑罚之一。死刑由于其严酷性和一旦执行之后的不可逆性而在裁判程序上异于其他刑事裁判程序。死刑犯亲属和辩护律师及时获知裁决权除了上文提到的理由外，还有着不同于普通刑事案件的独特理由：赋予死刑犯亲属、辩护律师及时获知判决权是实现对死刑犯最后救济的保障。对于死刑案件而言，有着纠错时间上的紧迫性。死刑案件不同于普通刑事案件，“人死不能复生”，错误的死刑裁决一旦被执行将造成无法挽回的后果，这就加剧了死刑案件救济的紧迫性。死刑终审裁决的宣告并不一定意味着死刑执行的同时执行，执行与宣告之间一般会有一定的时间差，尤其是在死刑复核权收回最高人民法院之后，死刑二审与复核程序分离，二审裁决与执行之间的时间差会明显拉大。辩护律师在这段时间内，大有可为。新的证据有可能被发现，审判人员枉法裁判的情况也可能暴露，那么建立在此基础上的审判监督程序就很有可能被启动。问题是，正如“聂树斌案件”所出现的情况，死刑执行完毕，死刑犯的亲属及辩护律师才知情，使得辩护律师对死刑终审裁定及执行毫无可预见性。这种情况下，发现了启动审判监督程序的法定情形又能怎样呢？救济还来得及吗？这恐怕就不仅仅是辩护律师作为程序参与者被忽略的“挫败感”了，这会直接损害司法尊严，阻碍法治进程。

另外，对于死刑犯亲属而言，及时获知裁决，也才能谈得上与即将离世的亲人的最后的见面。死刑犯亦是人，也有父母子女，也有七情六欲，犯罪的受害者其实并不仅仅是被害人及其亲属，也同样包括被告人的亲属。刑事司法的功能不仅仅在于惩罚与预防，更在于恢复被犯罪破坏的社会关系。无论被告人多么罪大恶极，其亲属是无罪的，保障死刑犯亲属的会见权，是司法人性化的体现。后文我们将结合另外一个案例阐述这个问题。

（四）死刑复核裁定的获知权、死刑犯亲属的会见权——“曾成杰案件”的启示

一国法治文明程度的标志，并非是这个国家最大多数成员的权益是否得到保障，而恰恰是这个社会最少数成员的权益保障情况，也就是“社会最弱势群体的权益”。在刑事诉讼中，正当的最好注解应该是处于强大国家追诉之下的犯罪嫌疑人、被告人的正当权益保障，而死刑犯则应该是刑事诉讼正当程序所关注的最重之处。如何对待死刑犯，实际上彰显了一个国家的司法文明程度。并且，对于死刑犯的权益保障，不仅仅只涉及审前程序（这也非常重要，并且应属首位），也同样不能忽视审判后的相关程序，尤其是死刑复核到执行程序这一死刑犯人生的最后阶段。我国刑事诉讼法学研究和相关立法的注意力多集中在审前，对于审判后关注甚少。2013 年的“曾成杰案件”使得这一问题受到了一定的注意。

曾成杰，是 2008 年震惊全国的“湘西集资案”的主犯之一，该案由于民间集资涉嫌“非法”，引发底层集资者的群体性事件，最终数十名官员和商人入狱，曾成杰是唯一被判处死刑的商人。“曾成杰案件”必将会成为中国法治发展路程上的又一个具有里程碑意义上的案件。“曾成杰案件”背后疑点众多，依照现有公

开资料来看，有涉及本书前文所提到的“选择性追诉”的可能。这些疑点主要来自《南方周末》的相关报道，[1] 当然，报道是否属实尚未可知，但总可以怀疑，这些疑点有四：其一，湘西大规模集资完全是在当地政府的鼓励和保护下开展的；其二，2008 年 9 下旬，湘西州爆发的大规模群体性事件，其主要引发者并非曾成杰的“湘西吉首三馆房地产联合开发公司”（下称“三馆公司”），甚至被警方抓获的 60 名打砸抢分子中，只有 2 人是集资户，并且不是三馆公司的客户；其三，辩护律师以及曾成杰女儿所提供的证据显示，三馆公司实际资产为 23.8 亿元，即使偿还高息集资的本金和利息，仍然有相当大的盈利空间，而当地政府单方进行的资产鉴定不管其资产的市场价格而采取了“成本计算法”，结果其资产仅被鉴定为 7.7 亿元；其四，三馆公司既非湘西集资案的始作俑者，也非集资金额最高的企业，结果曾成杰却成了承担刑事责任最重的企业负责人。综合以上信息，我们当然可以做出合理怀疑，即便认定集资诈骗罪无疑，那为什么其他罪行更重的没有被判处死刑，而单单选择了曾成杰呢？如果再联系到政府有意作低评估，那么其背后真实的目的就令人不寒而栗了。当然，笔者只是怀疑，并没有确切的证据，也留待观察以后的证据。

“曾成杰案件”引发网络舆论关注点是其死刑执行程序的正当性问题。曾成杰的死刑核准通知在 2013 年 6 月 14 日即下达，但其女儿直到同年 7 月 14 日才通过湖南省高级人民法院发言人答记者问知道；死刑在同年 7 月 12 日执行，7 月 14 日曾成杰家人才接到长沙市中级人民法院的死刑执行通知单：“接此通知后，限在一周之内到火葬场领取骨灰，到看守所领取遗物”[2]。核心问题

[1] 刘长：“他为湘西集资案承担最重责任”，载《南方周末》2013 年 7 月 18 日。

[2] 刘俊：“曾成杰的死刑之路”，载《南方周末》2013 年 7 月 18 日。

有二：其一，死刑复核裁定该不该送达死刑犯亲属及辩护律师；其二，死刑犯执行前该不该保障其亲属的见面权。

我国《刑事诉讼法》第240条第2款规定，“最高人民法院应当将死刑复核结果通报最高人民检察院”；2012年《刑事诉讼法》解释第358条规定，“最高人民法院应当根据有关规定向最高人民检察院通报死刑案件复核结果。”可见，无论最高人民法院还是执行死刑的第一审人民法院都没有通知死刑犯亲属、辩护律师死刑复核的结果的义务，甚至根据法律条文及司法解释的规定都没有通知死刑犯的义务。那么，是否有必要或者说是否应该通知呢？这几乎是当然的事情。剥夺一个人的生命的最为残酷的刑罚，最终的裁决当然应该通知本人、亲属、辩护律师等方啊！并且应该毫不迟疑地通知，在执行前一定时间内通知。通知的理由前面论述过：一是保障最后的救济机会；二是程序参与主体的主体性要求；三是为保障死刑犯与亲属最后的会面权。在“曾成杰案件”中，这些理由无一不被验证着。一直到曾成杰被（秘密）执行死刑的当日，曾成杰的家人、辩护律师都没有放弃最后的救济机会。曾成杰的辩护律师在2013年7月12日上午赶赴最高人民法院提交新的证据，下午2点才把材料递交进去，而曾成杰在上午已被执行死刑。而辩护律师2013年7月12日上午才在负责复核的法官口中知道了实际上早在一个月前就核准的死刑裁定。至于会面，就更没有任何安排的可能性了。

死刑执行法院长沙市中级人民法院面对舆论的质疑回应道，2013年7月12日上午，法院在验明曾成杰正身时告诉他有权会见家属，但他没提这个要求。验明正身即死刑执行前的最后一道技术程序，这个时候能会见的几率还存在吗？那么，在我国刑事诉讼法律体系内，究竟死刑犯有无会见亲属的权利呢？

与曾成杰案件一样，聂树斌的亲属在死刑执行前也没有得到见面的机会。从1994年9月聂树斌被捕直至第二年4月被执行枪决，聂树斌的母亲张焕枝仅在一审庭审结束后见过儿子一面，时间大约两分钟。1995 年 4 月 28 日，聂树斌的父亲聂学生照例前往看守所为儿子送生活用品，工作人员告诉他，不用再来了，你儿子昨天已被枪决。[1] 聂树斌的家人就是这样知道儿子被执行实行的消息的。当时的《刑事诉讼法》（1979 年《刑事诉讼法》）没有规定死刑犯亲属的会见权，1996 年《刑事诉讼法》也没有规定，1998 年《刑事诉讼法》解释第 343 条规定："执行死刑前，罪犯提出会见其近亲属或者其近亲属提出会见罪犯申请的，人民法院可以准许"。"可以"两个字将诸多希望能够在罪犯人生最后的路上再送一程的亲属挡在了高墙之外。出于安全方面考虑，法院通常拒绝这种请求。在一些地方法院，比如北京、辽宁、广东等地先后出现了破冰之举，允许死囚临刑前会见亲属。[2] 2012 年《刑事诉讼法》迎来了久违的修改，但是仍然没有规定死刑犯亲属的会见权。2012 年《刑事诉讼法》解释对此问题有突破，其中第 423 条规定，"第一审人民法院在执行死刑前，应当告知罪犯有权会见其近亲属。罪犯申请会见并提供具体联系方式的，人民法院应当通知其近亲属。罪犯近亲属申请会见的，人民法院应当准许，并及时安排会见"。但是，曾成杰仍然没有得到最后的机会。

---

〔1〕 赵凌："'聂树斌冤杀案'悬而未决　防'勾兑'公众吁异地调查"，载《南方周末》2005 年 3 月 24 日。

〔2〕 2003 年，北京市高级人民法院制定了《关于死刑犯与近亲属会见的实施意见（暂行）》和《关于在死刑犯会见亲属工作中司法警察工作程序的意见（试行）》对死刑犯会见近亲属工作做了详细安排。《北京青年报》2005 年 1 月 17 日发表题为"北京准许死刑犯临刑会见亲属"的报道，报道中提到，"2004 年北京的两个中级法院对所有提出"临刑会见"申请的死刑犯，都给予了批准和安排。"《法制日报》2005 年 5 月 23 日报道，辽宁省辽阳市也出现了第一个被允许在执行死刑前会见家属的死刑犯罪。《南方日报》2006 年 1 月 3 日，刊载了"广东首次允许死囚临刑前会见亲属"的报道，2005 年 12 月 29 日，佛山顺德区第一看守所出现了广东第一个被允许在执行死刑前会见家属的死囚。

很显然，这或许存在程序违法。之所以说是或许，是因为究竟长沙市中级人民法院是否履行了告知义务我们根本无从得知，我们只知道，长沙市中级人民法院回应公众的质疑道："7 月 12 日上午，法院在曾成杰验明正身时告诉他有权会见家属，但他没提这个要求。"曾成杰提没提，我们永远无法知道了，我们只知道法院没有安排会见。我们也知道，法院解释说，"由于案卷中没有曾成杰子女的联系方式，故当日执行后将通知书邮寄给曾成杰的女婿（大女儿丈夫）"〔1〕。这种说法当然也必然受到了公众的广泛质疑。实际上，在这种常识性的问题面前，再多的解释也是枉然，因为法院并不想安排会见的意图是非常明显的。那么，为什么？这是我们百思不得其解的地方。

按照我国传统的法律意识，法与人性往往是在一种对立的场合出现的，比如"大义灭亲"会普遍受到社会的道德赞誉〔2〕。而考泰西司法往往以人性为出发点，追求的是法与人性的和谐统一。这样的理念上的差异，表现在司法领域便是对人权的保障力度之大不同。现代法治社会，人作为自然存在的主体越来越受到关注，从而逐渐摒弃了那种将人视为工具的价值观念。古希腊哲学家普罗泰戈拉早在两千多年前就提出："人是万物的尺度，是存在者之存在的尺度，也是不存在者之不存在的尺度。"〔3〕法治的发展绝不是以脱离人性要求为代价的，相反，人类法治发展史上每一次成功的司法改革都包含了人性化的价值取向，并由此推动了法治的发展。〔4〕人性化司法，必须以人为标准，以人为目的，实行人

---

〔1〕 刘俊："曾成杰的死刑之路"，载《南方周末》2013 年 7 月 18 日。

〔2〕 当然，为了维护纲教伦常，我国古代也有"亲亲得相首匿"这样的亲属隐匿原则，但亲属隐匿仅以轻罪为限，而谋反、谋大逆、谋判这样的重罪则排除在外。也即为了维护更高的"纲教伦常"的大义，亲属"灭亲"是一项义务。

〔3〕 杨适：《哲学的童年》，社会科学出版社 1987 年版，第 358 页。

〔4〕 刘晓兵："人性化司法改革的哲学思考"，载《社会科学》2004 年第 4 期。

文关怀。无论什么样的人，哪怕他罪大恶极，他也仍然应该享有人的尊严，也仍然要受到人道的待遇。歌德曾有过这样一句名言："不管应惩罚人、还是关爱人，必定把人当人看。"对于被判处死刑的罪犯也是如此，正是因为他们即将被处决，即将离开人世，他们的人性就更应该得到尊重。并且这已经不仅仅是死刑犯自身的人性问题，在其背后更有着与其有着亲情、爱情、友情等联系的亲友的存在。刑罚再正当，也不应当不考虑这些人性因素。"临刑一杯酒"不正是我们经常在小说、影视中所看到的吗？

那为什么长沙市中级人民法院就是不安排会见呢？原因之一是因为司法解释的规定"很软"，并不具有执行力。我们看第423条的规定，用了三个"应当"，可是如果像长沙市中级人民法院这样没有按照"应当"去做呢？没有任何后果，甚至没有记录，没有监督，没有救济，没有惩戒。那这个"应当"有什么意义呢？如同我国《刑事诉讼法》中无数个"应当"一样，没有任何强制力。还有一个原因，我们只能归结为"不作为"。在我国当前，维稳是一项政治任务。对于行政化色彩浓厚的法院而言，维稳与计划生育一样贯彻"一票否决制"。对于曾成杰这样已经引发舆论高度关注的案件，法院不愿意再节外生枝也是题中之义，在这种想法面前，死刑犯的权利那就顾不得了。尤其加上法是软法，法院不通知家属，也没办法通知家属，甚至家属都不知道，那就没有违法成本，法院于是作出了这样的选择。可是这种选择却恰恰引发了更大的舆论事件，并且最大的伤害其实来自于对司法公信力的破坏。那些拙劣的、蹩脚的解释，成为人们怀疑司法的最好注脚。

相信，在司法人性化呼声渐高的背景下，随着人性化司法改革的进一步深入，从程序法上保障死刑犯亲属会见权必然是可以预期的。但问题是如果死刑犯亲属对死刑的终审裁定毫不知情，这种保障能落到实处吗？如"聂树斌案件"、"曾成杰案件"一样，死刑执行完毕了亲属才知道，保障又从何谈起呢？因此，对于死刑案件，必须保障罪犯亲属的及时获知裁决权，否则司法人性化就很难在死刑案件中得到落实。